普及类国家古籍整理图书专项资助项目

中华传统价值观丛书

天下兴亡
匹夫有责

李圣华 编注

人民文学出版社

图书在版编目(CIP)数据

天下兴亡　匹夫有责/李圣华编注.—北京:人民文学出版社,2018
(中华传统价值观丛书)
ISBN 978-7-02-014751-9

Ⅰ.①天… Ⅱ.①李… Ⅲ.①社会主义建设—价值论—中国—通俗读物 Ⅳ.①D616-49

中国版本图书馆 CIP 数据核字(2018)第 278294 号

责任编辑　葛云波
装帧设计　黄云香
责任印制　徐　冉

出版发行　人民文学出版社
社　　址　北京市朝内大街 166 号
邮政编码　100705
网　　址　http://www.rw-cn.com

印　　刷　三河市鑫金马印装有限公司
经　　销　全国新华书店等

字　　数　291 千字
开　　本　880 毫米×1230 毫米　1/32
印　　张　11　插页 3
印　　数　1—5000
版　　次　2019 年 2 月北京第 1 版
印　　次　2019 年 2 月第 1 次印刷

书　　号　978-7-02-014751-9
定　　价　38.00 元

如有印装质量问题,请与本社图书销售中心调换。电话:010-65233595

目 录

前言 ……………………………………………… *1*

国家危难,匹夫有责

曹刿论战 ……………………………………… 《左传》*3*
弦高犒师 ……………………………………… 《左传》*6*
申包胥如秦乞师 ……………………………… 《左传》*9*
战于郎 ………………………………………… 《礼记》*12*
北征 …………………………………………… 杜 甫 *14*
虞允文传(节选) ……………………………… 《宋史》*23*
关山月 ………………………………………… 陆 游 *32*
病起书怀(二首) ……………………………… 陆 游 *35*
兵部尚书于公谦传(节选) …………………… 王世贞 *38*
五人墓碑记 …………………………………… 张 溥 *56*
周忠介公遗事 ………………………………… 汪 琬 *62*
江天一传 ……………………………………… 汪 琬 *68*
寄家书 ………………………………………… 江天一 *74*
吴同初行状 …………………………………… 顾炎武 *78*
先妣王硕人行状(节选) ……………………… 顾炎武 *82*
孙嘉绩 ………………………………………… 黄宗羲 *86*
画网巾先生传 ………………………………… 李世熊 *89*

1

天下平治，舍我其谁

长沮、桀溺耦而耕	《论语》	99
陈成子弑简公	《论语》	101
予岂好辩哉	《孟子》	103
吾何为不豫哉	《孟子》	108
与高司谏书	欧阳修	110
朋党论	欧阳修	116
登闻检院上钦宗皇帝书	陈 东	121
辞谢命上皇帝书(节选)	陈 东	134
戊午上高宗封事	胡 铨	143
上孝宗论撰贺金国启	胡 铨	150
劾魏忠贤二十四大罪疏(节选)	杨 涟	152
狱中血书	杨 涟	159
与东林诸友	高攀龙	162

经邦济世，深谋远虑

进美芹十论	辛弃疾	167
自治(节选)	辛弃疾	173
郁离子(七条)	刘 基	178
深虑论(选二)	方孝孺	187

忠心许国，九死不悔

哀郢	屈 原	195
议纠合两淮复兴(三首)	文天祥	200
扬子江	文天祥	205
至温州	文天祥	207

自叹	文天祥	209
上丞相留忠斋书	谢枋得	211
初到建宁赋诗一首	谢枋得	226
辞洞斋华父二刘兄惠寒衣	谢枋得	228
下吏	李梦阳	231
明故兵部武选员外郎赠太常少卿谥忠愍		
杨公墓志铭(节选)	徐　阶	233
朝审途中口吟(二首)	杨继盛	237
狱中同杨大洪魏廓园顾尘客周衡台袁熙宇夜话	左光斗	239
入槛	缪昌期	242
述行	李应升	244
贻赵总督书	张煌言	246
一纪	张煌言	251
即事有感	张煌言	253
八月辞故里拟绝命词自鄞解省	张煌言	255
精卫	夏完淳	258
细林野哭	夏完淳	260
自叹	夏完淳	265
拨闷	张家玉	267
夜走博罗(二首)	张家玉	269
梦马	张家珍	272

爝火不灭，道存国存

生祭文丞相	王炎午	277
望祭文丞相	王炎午	289
文山道人事毕壬午腊月初九日	汪元量	292
登西台恸哭记	谢　翱	294

3

散发	谢 翱	300
梅花二首	谢 翱	302
写愤三首	郑思肖	304
一是居士传	郑思肖	307
解梅嘲	舒岳祥	311
京口即事(二首选一)	顾炎武	314
精卫	顾炎武	316
感旧十四首(选二)	黄宗羲	318
两异人传	黄宗羲	320

关键词 ………………………………………………… 324

前　言

在中国历史上，每值天下危亡、治道衰颓之际，匹夫挺然而出，以天下为己任，不计自身安危，勇于担当。如屈原、申包胥、杜甫、欧阳修、陈东、岳飞、虞允文、胡铨、辛弃疾、陈亮、陆游、文天祥、谢枋得、叶居昇、方孝孺、于谦、王阳明、杨继盛、高攀龙、杨涟、周顺昌、刘宗周、黄道周、祁彪佳、倪元璐、江天一、张煌言、夏完淳、张家玉、黄宗羲、顾炎武、王夫之，以及佚名画网巾先生（见李世熊《画网巾先生传》）、沈烈士、张锯匠（见张岱《石匮书后集·义人列传》），关心国家民族命运，汲汲于世用，乃至舍生取义，虽九死而不悔，被称作忠人烈士、慕义君子。匹夫心怀天下，奠立了中华民族的文化品格，"天下兴亡，匹夫有责"成为传统价值观的核心要素。

一、"匹夫"之义

"匹夫"一词，在《论语》中凡两见：《子罕篇》："子曰：'三军可夺帅也，匹夫不可夺志也。'"《宪问篇》："子曰：'管仲相桓公，霸诸侯，一匡天下，民到于今受其赐。微管仲，吾其被发左衽矣。岂若匹夫匹妇之为谅也，自经于沟渎，而莫之知也。'"在《孟子》中凡八见：其一为梁惠王曰："寡人好勇。"孟子曰："王请无好小勇。夫抚剑疾视曰：'彼恶敢当我哉！'此匹夫之勇，敌一人者也。

王请大之","文王一怒而安天下之民。"(《孟子·梁惠王下》)其二为鲁平公将往见孟子,嬖人臧仓曰:"何哉,君所为轻身以先于匹夫者!以为贤乎?"(《孟子·梁惠王下》)余六次皆孟子答门人万章时所提及:"为其杀是童子而征之,四海之内皆曰:'非富天下也,为匹夫匹妇复雠也。'"(《孟子·滕文公下》)"(舜)身为天子,弟为匹夫,可谓亲爱之乎?"(《孟子·万章上》)"匹夫而有天下者,德必若舜、禹,而又有天子荐之者。故仲尼不有天下。"(《孟子·万章上》)"思天下之民,匹夫匹妇有不被尧、舜之泽者,若己推而内之沟中,其自任以天下之重如此!"(《孟子·万章上》)"舜尚见帝,帝馆甥于贰室,亦飨舜,迭为宾主。是天子而友匹夫也。"(《孟子·万章下》)"思天下之民"一条又见于《孟子·万章下》,语重复。

孔、孟所说"匹夫""匹夫匹妇",谓庶人,即小民、丘民、百姓。"匹夫不可夺志"一节,皇侃《论语义疏》卷五:"谓为匹夫者,言其贱,但夫妇相配匹而已也。又云:古人质,衣服短狭,二人衣裳唯共用一匹,故曰匹夫匹妇也。"《论语注疏》邢昺疏沿用夫妇相匹为释:"帅,谓将军也。匹夫,谓庶人也","士大夫已上有妾媵,庶人贱,但夫妇相匹配而已,故云匹夫。""匹夫匹妇之为谅"一节,邢昺疏:"谅,信也。匹夫匹妇,谓庶人也。无别妾媵,唯夫妇相匹而已。言管仲志在立功创业,岂肯若庶人之为小信,自经死于沟渎中,而使人莫知其名也。"孔子言"匹夫不可夺志",赞庶人勇气可嘉;言"匹夫匹妇之为谅",不苟同庶人重于小信。孟子谓梁惠王好"匹夫小勇"。臧仓称孟子"匹夫",以其为庶人。孟子称舜贵为天子,其弟象不应为"匹夫"。又谓尧、舜皆"匹夫而有天下"。孔孟所谓"匹夫",俱指庶人,或对"天子"言,或对诸侯、卿士、大夫言。

关于"匹夫",《荀子·大略篇》:"古者匹夫五十而士。""古之贤人,贱为布衣,贫为匹夫。"《儒效篇》:"匹夫问学,不及为士,则不教也。"《王霸篇》:"人主者,以官人为能者也;匹夫者,以自能为能者也。人主得使人为之,匹夫则无所移之。"匹夫可"士",可"天子",可"贵富",其别即在贱贵不同,穷达迥异。《庄子·杂篇·盗跖》有"仲尼、墨翟穷为匹夫","故势为天子,未必贵也;穷为匹夫,未必贱也。贵贱之分,在行之恶美"之语。对天子言,孔子、墨子皆匹夫;对诸侯言,孟子为匹夫。就尧、舜言,未为人主前,亦是匹夫。故《韩非子·功名》曰:"桀为天子,能制天下,非贤也,势重也;尧为匹夫,不能正三家,非不肖也,位卑也。"

匹夫与天子之分,在"穷""势"有别,"禄之天下""穷至匹夫"各异。天子有贤与不肖,匹夫亦有贤与不肖。自先秦至魏晋,世人谈说"匹夫之勇""匹夫之谅""匹夫之孝""匹夫之仁",不免寓含贬义。孔孟不赞同匹夫好小勇、小善甚于仁德。《左传·僖公二十四年》"天王出居于郑",杜预注:"讥王蔽于匹夫之孝,不顾天下之重。"《左传·桓公十五年》"郑世子忽复归于郑",杜预注:"修小善,絜小行,从匹夫之仁,忘社稷之大计。故君子谓之善自为谋,言不能谋国也。"儒者不赞同"匹夫之勇""匹夫之孝""匹夫之仁",盖因其以小害大,意非专贬庶人。魏晋至唐代,推尊门阀望族,贵、庶之分判然。自宋以后,科举大盛,匹夫易为国家所用。后世匹夫之义略有小变,天子一家外,皆为匹夫。农夫商贾、百工之民固皆匹夫,士大夫虽贵为宰相,亦莫能外。所谓"匹夫",概指天下士民。

二、"天下兴亡"之辨

明遗民顾炎武《日知录·正始》云:

> 有亡国,有亡天下。亡国与亡天下奚辨?曰:易姓改号,谓之亡国;仁义充塞,而至于率兽食人,人将相食,谓之亡天下。魏、晋人之清谈,何以亡天下?是《孟子》所谓杨、墨之

言,至于使天下无父无君而入于禽兽者也。昔者嵇绍之父康被杀于晋文王,至武帝革命之时,而山涛荐之入仕……夫绍之于晋,非其君也,忘其父而事其非君,当其未死三十余年之间,为无父之人亦已久矣,而荡阴之死,何足以赎其罪乎!……自正始以来,而大义之不明遍于天下,如山涛者,既为邪说之魁,遂使嵇绍之贤,且犯天下之不韪而不顾。夫邪正之说,不容两立……是故知保天下,然后知保其国。保国者,其君其臣肉食者谋之;保天下者,匹夫之贱,与有责焉耳矣!(《日知录集释》卷十三)

顾炎武辨"保国""保天下"之异,提出"保天下"重于"保国","保天下",匹夫虽贱而有责。后世沿之,清末民初学者尤多昌言"匹夫有责"。光绪二十二年(1897),梁启超《变法通议·论幼学》:"顾炎武曰:'有亡国,有亡天下。'梁启超曰:'强敌、权奸、流寇,举无足以亡国,惟吏胥可以亡国;外教、左道、乡愿,举无足以亡天下,惟学究足以亡天下。欲救天下,自学究始。'""夫以数千年文明之中国,人民之众甲大地,而不免近于禽兽,其谁之耻欤?顾亭林曰:'天下兴亡,匹夫之贱,与有责焉已耳!'人人以为吾无责也,其亡忽焉也;人人以为吾有责也,其兴浡然也。"(《饮冰室合集》)章炳麟《革命道德说》:"昔顾宁人以东胡僭乱,神州陆沉,慨然于道德之亡","匹夫有责之说,今人以为常谈,不悟其所重者乃在保持道德,而非政治经济之云云。"(《太炎别录》卷一)梁、章之说各有识见,梁氏径云"天下兴亡",章炳麟直提"匹夫有责"。其时"匹夫有责"已为常谈。叶昌炽《陆韬庵诔》:"匹夫有责,愿以死济。"(《奇觚庼文集》卷下)尚秉和《辛壬春秋·清臣殉难记》载江阴赵彝鼎尝自称:"国家兴亡,匹夫有责。"

顾氏"保天下"之说遥接孟子,孟子则得于孔子。春秋末,孔子见天下礼崩乐坏,倡仁义礼乐以救世。其道不行,犹"知其不可而为之"(《论语·宪问篇》),每自称"吾以从大夫之后也,故不敢不言"(《左传·哀公十四年》),意非轻于"匹夫",而在拯溺天下自任,不肯稍息。战国时,天下以攻伐为贤,丧乱更甚。孟子述孔子之道,以时世不同,乃有小变,思保民为上,鼓吹王道,欲以仁义匡合天下。所论"保民而王",不离于"仁义之本""为政以德",重在"保天下"。尝游事齐宣王、魏惠王,虽长于游说,而齐、魏不能用。孔孟之徒身处衰世,怀"平治天下"之志,周流不已。孔子曰:"如有用我者,吾其为东周乎?"(《论语·阳货篇》)曾子曰:"士不可以不弘毅,任重而道远。"(《论语·泰伯篇》)孟子曰:"如欲平治天下,当今之世,舍我其谁也?"(《孟子·公孙丑下》)后世匹夫匹妇,关心家国天下,如宋太学生陈东以上书直言死,明末吴民颜佩韦、杨念如等以抗击奄党死,都体现了庶人担当天下的精神。

欲论"匹夫有责",必先明辨"兴亡"之义。"天下兴亡"不仅指向朝代更替,还指向治道兴衰。一治一乱,构成中国历史的基本形态。虽然平治少,乱世多,"兴亡"之义犹可辨。

首先,"亡天下"不等于家天下覆亡,其衡量标志是"道丧",为政失德。匹夫如何定"正统",亦据天下是否平治,仁德是否为本。

对世道变迁,孔子有清晰的认识。《论语·为政篇》:"子张问:'十世可知也?'子曰:'殷因于夏礼,所损益,可知也;周因于殷礼,所损益,可知也。其或继周者,虽百世,可知也。'"在他看来,周恐未必永传无替,故倡"为政以德""本于孝悌"。门人子路、子贡以齐桓公杀公子纠,召忽死之,管仲不死,又相桓公,因疑其"未仁"。孔子则赞管仲相桓公"九合诸侯","一匡天下,民到于今受其赐",曰"如其仁,如其仁"(《论语·宪问篇》)。其中已蕴含孟子"保天下"之义。孟子承孔子之说,倡"仁义"治天下。梁惠王问:"德何如则可以王矣?"孟子曰:"保民而王,莫之能御也。"(《孟子·梁惠王上》)《孟子·尽心下》指出:"不仁而得国者有之矣,不仁而得天下未之有也。""民为贵,社稷次之,君为轻。故得乎丘民而为天子。""丘民",即百姓、匹夫。齐宣王问"汤放桀,武王伐纣"之事曰:"臣弑其君,可乎?"答曰:"贼仁者谓之贼,贼义者谓之残;残贼之人,谓之一夫。闻诛一夫纣矣,未闻弑君也。"(《孟子·梁惠王下》)赵岐注:"言残贼仁义之道者,虽位在王公,将必降为匹夫。故谓之一夫也","《书》云'独夫纣',此之谓也。"孟子以夏桀、商纣失道,等之匹夫。汤伐桀,《论语》未见誉辞,《孟子》并举商汤、周文王,赞其除暴安天下之功。《孟子·万章上》称"故就汤而说之,以伐夏救民";又深叹唐虞择贤禅让,匹夫可以德有天下。自夏立国,其法不行,孔子空有舜、禹之德而"不有天下"。荀子论"兴亡",与孟子相类。《荀子·君道篇》:"道者何也?曰:君道也。君者何也?曰:能群也。能群也者何也?曰:善生养人者也,善班治人者也,善显设人者也,善藩饰人者也。……四统者俱而天下归之,夫是之谓能群。不能生养人者,人不亲也;不能班治人者,人不安也;不能显设人者,人不乐也;不能藩饰人者,人不荣也。四统者亡而天下去之,夫是之谓匹夫。故曰:道存则国存,道亡则国亡。"孟子求能"保天下""安天下之民",荀子所谓"道存则国存,道亡则国亡",得天下则天子,失天下则匹夫,与之同调。

秦、汉而后,随着君权及中央集权强化,以家天下定"正统",指易姓改号之"亡国"为"亡天下",不重"保民""保天下",致使"亡国"与"亡天下"不辨。北宋而后,汉人政权与少数民族政权更替变化,"正统"判定存在两大形态:一是以家天下定"正统",元、清皆"正统";二是以"夷夏大防"定"正统",元代宋,清代明,均"余分闰位",宋、明之亡非仅"亡国",并亦"亡天下",元、清之兴实亦"亡天下"。

按孔、孟、荀所说,易姓改号,天下未必亡;"仁义充塞",姓虽未易,天下已危。顾炎武叹说"亡国""亡天下"不辨,"大义不明";不明"保天下""保国"之异,"匹夫有责"难言矣。黄宗羲对此也有深刻的反思,《原君》:"古者以天下为主,君为客,凡君之所毕世而经营者,为天下也。今也以君为主,天下为客,凡天下之无地而得安宁者,为君也。"《原臣》:"盖天下之治乱,不在一姓之兴亡,而在万民之忧乐。是故桀、纣之亡,乃所以为治也;秦政、蒙古之兴,乃所以为乱也。"其意亦重于"保天下""保民",措意甚深。

其次,"天下兴亡"不在政治统治的稳固与崩坏,而在华夏礼乐的传承与否。

礼乐是中华文明最有价值的创造之一。夏、商、周是礼乐文明奠立时期,礼乐对三代文化信仰、文化制度、政治制度确立都有着重要的意义。中国传统价值观生成于三代,礼乐思想、仁义观念的源头无不在此。仁义与礼乐互为表里,相辅相成。礼崩乐坏,亦即"道丧"。三代以后,礼乐成为衡量"天下兴亡"的重要标准,即以"治礼义"(《孟子·梁惠王上》)、"弃礼义"(《战国策·赵策三》),论定"兴"或"亡"。《战国策·赵策三》载鲁仲连义不帝秦之由:"彼秦者,弃礼义而上首功之国也。权使其士,虏使其民。彼则肆然而为帝,过而遂正于天下,则连有赴东海而死矣,吾不忍为之民也。"秦兼有天下,终以失礼乐、仁义,世论其为"乱",而非"兴"。如黄宗羲《原臣》所云:"秦政、蒙古之兴,乃所以为乱也。"

复次,明于"夷夏之辨""夷夏大防",以夷乱华、夷变夏为"亡天下"。

衣冠礼乐、仁义为本是华夏文明的创造,始于唐虞,奠立于三代,孔子集其大成。孔子赞管仲之功曰:"微管仲,吾其被发左衽矣。""被发左衽",即衣冠礼乐为夷狄所变。《论语·八佾篇》:"子曰:'夷狄之有君,不如诸夏之亡也。'"谓华夏无君,礼乐、仁义犹存,夷狄有君,终恃气力。"夷夏之辨",根本上即明于"文明",重于衣冠礼乐,崇信仁义为本。由此"夷夏大防"成为"天下兴亡"的一大判断标准。

自五胡乱华以来,中国历史上出现多次夷夏政权交替、南北分治的局面,最著者为晋室东渡、宋室南迁、宋元鼎革、明清易代。靖康之变后,南北分治及夷变华夏长达五百余年。东晋北伐,桓谭、刘裕各有建功。所关涉晋室中兴,不惟在复兴晋之正统,还在于逐夷兴夏。金兵南侵,北宋亡;元兵南下,南宋亡;清兵入关,明朝倾覆。这三次大的历史变革,皆非由汉人政权暴虐无道所致。宋、明君主本无大恶,徒以异族入侵亡国。在汉人看来,此"亡国"即"亡天下"。宋、明士民冀望中兴,除维护宋、明正统外,还包括持重仁义、尊奉礼乐、严辨夷夏三大方面内容。从这一意义上说,岳飞、张浚等人的北伐,郑成功、张煌言等人的抗清,都有着特殊的内涵。宋、明士人及遗民持"夷夏大防"以辨"正统",多激烈之论。如辛弃疾《自治》:"古今有常理,夷狄之腥秽不可以久安于华夏。"陈亮《上孝宗皇帝第一书》:"臣窃惟中国,天地之正气也,天命之所钟也,人心之所会也,衣冠礼乐之所萃也,百代帝王之所以相承也,岂天地之外夷狄邪气之所可奸哉!"宋遗民郑思肖之论尤为激烈,《古今正统大论》云:

> 后世之论古今天下正统者,议率多端。自《春秋》后,史笔不知大伦所在,不过纪事耳。纪事而不明正理,是者非,伪者正,后世无以明其得失,诸史之通弊也。中国之事,系乎正统;正统之治,出于圣人。……夷狄行中国事,非夷狄之福,实夷狄之妖孽。譬如牛马,一旦忽解人语,衣其毛尾,裳其四蹄,三尺之童见之,但曰"牛马之妖",不敢称之曰人,实大怪也。《中庸》曰:"素夷狄行乎夷狄。"此一语盖断古今夷狄之经也。拓拔珪,十六夷国,不素行夷狄之事,纵如拓拔珪(注云:伪称元魏,伪谥文帝)之礼乐文物,僭行中国之事,以乱大伦,是衣裳牛马而称曰人也,实为夷狄之大妖,宁若即夷狄而行夷狄之事以天其天也?君臣华夷,古今天下之大分也,宁可紊哉!(《心史·杂文》,《井中奇书考》)

郑思肖尊夏攘夷,以夷狄入主中原为"亡天下"。北魏袭用汉人礼乐文物,思肖亦贬其"僭行中国之事,以乱大伦"。顺治二年(1645),清人颁薙发令、易服令。薙发易服,即如胡铨《戊午上高宗封事》所说"裂冠毁冕,变为胡服"。汉人士民多有不薙发易服而殒其身者。即使薙发易服,心犹多不屈。明遗民屈大均作《长发乞人赞》:"哀今之人,谁非刑余?为城旦舂,髡也不如","拔我一毛,宁死王铁。为我之学,不同杨朱","无发则鬼,所在一车。有发则人,今惟一夫。"(《翁山文外》卷十二)

宋、明亡国,非因帝王失德、酷虐无道;元、清据有天下,非因有仁厚之德。故郑思肖《久久书》愤懑说:"吾为大宋民,吾君之德不纣,彼非姬发而夷狄,天如之何倾有道之国?""然昔之国亡,必有太康、孔甲、桀、纣、幽、厉、哀、平、桓、灵、僖、昭之君,酷虐祸乱,大坏天下数十年,民大怨憝,奚而不丧?本朝人君,万无一焉,故愤闷不平。"(《心史》,《井中奇书考》)以孟子"一治一乱"之理来看,自不可解。"外乱"变逆,以致"亡国",国丧而天下亡,则宋、明士民"保国",亦是"保天下"。不可否认,"夷夏大防"有一定的民族狭隘性,但由其重于仁义道德、礼乐文明,不当视为落后的观念。

仁义,礼乐,夷夏,构成"天下兴亡"之辨的三大要素。"保国"与"保天下"有所不同,当夷夏之变介入,二者趋于合一。一般说来,在传统价值观中,"保天下"重于"保国",仁义、礼乐重于正统。当然,汉人不乏忠于一姓,置"保国"于"保天下"之上者;亦不乏以异族新朝为正统,推"夷夏大防"入顽固不化、不识世变者。崇尚仁义、礼乐,以"保天下"审视"兴亡",无疑超越了单纯的"保国"观念。顾炎武《日知录》指出不知"保天下",徒知"保国",犹是"大义不明"。黄宗羲《原臣》也强调:"为臣者轻视斯民之水火,即能辅君而兴,从君而亡,其于臣道固未尝不背也。""兴亡"之辨,诸说纷杂。要之,崇仁义,尚礼乐,辨夷夏,体现了中华传统价值观的主流。

三、"匹夫"之责

"天下兴亡",匹夫又有何责?无疑,推尊仁义,崇尚礼乐,以保天下,是匹夫应对兴亡治乱的主要责任。以下从急纾国难、天下平治、经邦济世、忠心许国、道存国存等方面略述之:

其一,危亡之际,急纾国难。匹夫激于国家大义,勇于有为。其人如张巡、许远、南霁云、颜真卿、颜杲卿、杜甫、虞允文、文天祥、谢枋得、陆秀夫、于谦、金声、吴其沆、夏允彝、夏完淳、张家玉、张家珍、江天一、孙嘉绩、张煌言、麻三衡、吴应箕、吴易、陈函辉、张煌言,不胜其计。南宋绍兴末,虞允文奉命犒军采石,以完颜亮渡江在即,招散兵迎战。或曰:"公受命犒师,不受命督战。他人坏之,公任其咎乎?"允文叱曰:"危及社稷,吾将安避!"(《宋史·虞允文传》)采石大捷,有关载记不免夸大。然若无允文迎击,金兵渡江甚为可能。明英宗为宦官王振唆使,亲征瓦剌,土木堡被俘。朝内恟惧,于谦临危受命,坚守京师,击退来敌。英宗被俘,瓦剌居为奇货,挟之攻宣府、大同。于谦扬言:"社稷为重,君为轻。"瓦剌计不得逞。王世贞《于谦传》叹说:"功以之成,祸以之生。"盖于谦以天下为重,忘自身安危。明亡之际,书生竞纾国难,死为鬼雄,徽州江天一、松江夏完淳皆其烈者。宋、明两代,百姓奋起者亦不乏其众。天启间,魏忠贤阉党屠戮东林正士,其事与东汉末党锢之祸相类。东林之难,关涉国家大故。士大夫慷慨赴义,民间亦风起云动。杨涟被逮,壮士剑客聚而谋救于道中。锦衣卫官旗至桐城逮左光斗,县中父老子弟张橄,示击缇骑。李仲达就逮,郡中士民攘臂奋呼,险生变故。周顺昌被逮,激吴民之变,颜佩韦、杨念如等人愤而殴击官旗。宋、明亡国之际,百姓抗争,飞蛾扑火,不知名者多。张岱《石匮书后集·义人列传》所载萧山商贩沈烈士、锯匠张烈士,皆失其名。顺治五年,沈烈士椎牛酾酒,集里中少年数百人,祭旗起义。清兵选悍骑千人来击,沈、张迎战,力尽死。清兵曰:"自入关来,未曾见此好蛮子。"

其二,天下平治,舍我其谁。国家危亡,"肉食者鄙",不足"保民""保天下",匹夫乃越位代之。元兵将至临安,丞相陈宜中逃遁,文天祥骤擢右相,奉使元营。言官谏臣尸餐素位,庸庸食禄,正士职掌他曹,布衣无禄位之寄,而上言直谏,批鳞折槛,宋人胡铨、陈东、明人叶居昇、杨继盛、杨涟等皆是。陈东率太学生伏阙上书宋钦宗,乞斩蔡京、梁师成、李彦、朱勔、王黼、童贯等"六贼",以谢天下,决策亲征,以威北敌。宋高宗即位,陈东上书乞留李纲,罢黄潜善、汪伯彦,又请亲征以还二帝,治诸将不进兵之罪,以作士气。布衣欧阳澈亦上书言事,并斩于市。宰臣秦桧主和,王伦引金使萧哲、张通古以"诏谕江南"为名南来,士民群情激愤。胡铨抗疏,乞斩王伦、秦桧、孙近,《戊午上高宗封事》激呼"臣备员枢属,义不与桧等共戴天。区区之心,愿斩三人头,竿之藁街","臣有赴东海而死耳,宁能处小朝廷求活耶",足可砭顽起懦。洪武初,朱元璋下诏求言。叶居昇上书言"分封太侈""求治太急""用刑太繁",极陈利害,语皆切直,下狱瘐死。嘉靖间,严嵩、严世蕃父子结党营私,朝政紊乱。谢瑜、叶经、王宗茂、何维柏、沈炼、徐学诗、杨继盛、吴时来、张翀等劾之,叶经、沈炼、杨继盛身死,余皆被谴。诸子非不知抗颜直论,批鳞折槛,或将为奸邪所陷,危及家人,终不肯弃"天下平治"。"舍我其谁",最可见中国知识分子的精神持守与价值取向。

其三,经邦济世,忧危竑议。黄宗羲《原臣》:"吾无天下之责,则吾在君为路人。出而仕于君也,不以天下为事,则君之仆妾也;以天下为事,则君之师友也。"士人关心世变,竭其思虑,发为忧危竑议,以为经邦济世之用。如贾谊、晁错、王禹偁、范仲淹、欧阳修、陈亮、辛弃疾、刘基、宋濂、方孝孺、王阳明、海瑞、倪元璐等,皆济世之才。陈亮好"伯王大略,兵机利害",竭忧国事,屡上书宋孝宗,陈说中兴大计。其《上孝宗皇帝第一书》疾呼"人心之不可惰,兵之不可废",欲孝宗"痛自克责,誓必复仇,以励群臣,以振天下之气,以动中原之心"。书中详陈"国家立国之根本""天下形势之消长",反思宋立祚以来政治得失,批评当世儒生"方低头拱手以谈性命,不知何者谓之性命","得富国强兵之术者,皆狂惑以肆叫呼之人"。其说不免偏激,然大有道理。辛弃疾进宋孝宗《美芹十论》,上宰相虞允文《九议》,皆有洞见。《宋史·虞允文传》:"言逆顺之理,消长之势,技之长短,地之要害甚备。以讲和方定,议不行"。洪武间,朱元璋用意自专,法令严酷,政弊滋甚。方孝孺身在草野,跋然而忧,谓圣王之治,先德教而后政刑,作《深虑论》十篇,思深虑远。他如解缙《大庖西封事》、王阳明《奏闻宸濠伪造檄榜疏》、海瑞《治安疏》、汤显祖《论辅臣科臣疏》,或效贾谊献长治久安之策,或直言极谏,献除弊革陋之计。

其四,忠直许国,九死不悔。《孟子·告子上》:"生亦我所欲,所欲有甚于生者,故不为苟得也。死亦我所恶,所恶有甚于死者,故患有所不避也。"张溥《五人墓碑记》:"以明死生之大,匹夫之有重于社稷也。"值天下变故,匹夫以身许国,矢志复仇,或衔恨沉渊,忧愤而死,或慷慨捐生,从容就义。张巡、许远、南霁云、文天祥、史可法、吴易、夏允彝、黄道周、江天一、夏完淳、张家玉、瞿式耜、张同敞、张煌言等皆其人也。安史之乱,叛军攻睢阳,张巡、南霁云与许远共守睢阳。张巡大呼誓师,眦裂血流,齿牙碎。城陷,不屈死。颜杲卿守常山郡,城破被俘,骂贼不屈,断舌而死。崖山之败,陆秀夫负幼帝赵昺蹈海,军民从死者众。明亡之际,东南士民抗清最烈。江天一佐金声倡义旗于徽州。兵败,金声以其有老母在,劝说从死无益,天一不肯,同解至南京,十月八日,并斩于市(龚翰《江天一传》,《江止庵遗集》卷八)。同死者尚有陈际遇(按:《雪交亭正气录》作"陈子皮",民国《歙县志》卷七《人物志》注云"陈,一作程")、吴国桢、佘元英。休宁王世德以金声被执,必欲从之,见金声被刑,自刎死。女子舍生取义,亦多有之。顾炎武嗣母王氏在清兵下昆山、常熟后绝食而殁,临终遗命炎武:"我虽妇人,身受国恩,与国俱亡,义也。汝无为异国臣子,无负世世国恩,无忘先祖遗训,则吾可以瞑于地下。"(顾炎武《先妣王硕人行状》,《亭林余集》)顺治二年,会稽章钦臣佐孙嘉绩起兵。明年,江上师溃,钦臣入山结寨。妻金氏能用兵,山中呼为夫人营。夫妇被执,金氏例没为奴,嫚骂不屈,官吏恐吓以磔刑,金氏曰:"死则死耳,吾不可辱。"竟磔之(《鲁之春秋·金氏传》)。死生事大,匹夫匹妇不爱其家,不惜其生,其死皆关涉家国天下。

其五,爝火不灭,道存国存。孟子主于"保天下",荀子则曰:"道存则国存,道亡则国亡。"就儒家所辨"兴亡"言,国亡不意味天下亡,国兴不意味天下兴。当君道不失,国家遭遇"大厄","保天下"与"保国"合为一体,宋朝士民抗元,明朝士民抗清,俱是"保国"而"保天下"。宋、明之社既屋,士民犹多不屈,以"道存"求"国存"。郑思肖《一是居士传》:"今天下人悉以为非赵氏天下,愚哉","大宋粹然一天也,不以有疆土而存,不以无疆土而亡。"(《心史·杂文》,《井中奇书考》)清薙发令下,汉人士子不甘受辱,或引颈受戮,或逃于空门,匿居土室,遁隐深谷,徙居海外。黄宗羲《两异人传》载"避世之最善者"二人(《南雷集外文》),虽得于传闻,实生动记录了清初江南士民心系民族家国的一段痛史。遗民与逸民不尽同。归庄《历代遗民录序》云:"凡怀道抱德,不用于世者,皆谓之逸民;而遗民则惟在废兴之际,以为此前朝之所遗也。"(《归庄集》卷三)宋、明遗民严辨夷夏,"怀道抱德,不用于世"。如谢枋得抗元兵败,卖卜建阳。元廷访求遗逸,枋得力辞不赴,甘为大元"游惰民""宋顽民",余生所欠,惟有一死。被强执至大都,即绝食死。遗民各竭其力,护惜爝火不灭,宋、明虽亡其国,犹以"道存"而存。此亦见"匹夫有责"之意。

四、选注原则和旨趣

本编选注诗文,节录经史、杂著,得93篇。共分五个单元:国家危难,匹夫有责;天下平治,舍我其谁;经邦济世,深谋远虑;忠心许国,九死不悔;爝火不灭,道存国存。各单元选文大旨,前已述之,此略及其他:

(一)选文不避名作熟篇,稍事生新,兼重为用。

本编选文略于唐前,详于宋后。唐前名家名篇,历代选家多录,注解亦详。宋后之作,尤其是明清之作,虽名篇传诵不衰,然合于本编题旨者甚多,大都未经历史检汰、注家详解。为避免肤熟,且为求广大之意,故本编选录唐前之作少,宋以后之作多。

名家名作今或不录,或略存之,或生篇与熟篇并列,稍求生新。如贾谊《陈政事疏》、韩愈《张中丞传后叙》、王禹偁《待漏院记》、海瑞《治安疏》、屈大均《读陈胜传》、全祖望《梅花岭记》、龚自珍《明良论》、林则徐《赴戍登程,口占示家人》、鲁一同《关忠节公家传》、黄遵宪《冯将军歌》、丘逢甲《春愁》、康有为《京师强学会序》、秋瑾《宝刀歌》,又如《后汉书·马援传》《后汉书·李膺传》《后汉书·范滂传》《晋书·祖逖传》《清史稿·冯子材传》及《左传·鲁昭公二十四年》"郑伯如晋"一节、《战国策·赵策三》"鲁仲连义不帝秦"一节、刘向《列女传》"鲁漆室女"一节,皆不录,而选屈原《哀郢》、杜甫《北征》、欧阳修《与高司谏书》《朋党论》、张溥《五人墓碑记》,以及《论语》《孟子》《礼记》数节,以见略存之义。陈东之文,于《登闻检院上钦宗皇帝书》外,更录《辞诰命上皇帝书》。胡铨之文,于《戊午上高宗封事》外,更录《上孝宗论撰贺金国启》。辛弃疾词不录,于《进美芹十论》外,更录《自治》。王炎午《生祭文丞相》《望祭文丞相》二名篇并录。谢翱诗文,于《登西台恸哭记》外,更选《散发》《梅花》诗。杨涟之文,于

《劾魏忠贤二十四大罪疏》外,更录《狱中血书》。文天祥《指南录后序》《正气歌》不录,而选《议纠合两淮复兴》《扬子江》《至温州》《自叹》诸诗。张煌言《奇零草序》不录,而选《贻赵总督书》一文及诗《一纪》《即事有感》《八月辞故里拟绝命词》。夏完淳《狱中上母书》《大哀赋》不录,而于《精卫》《细林野哭》诗外,更录《自叹》一首。顾炎武诗文,《日知录》"正始"一则不录,而于《精卫》外,更选《吴同初行状》《先妣王硕人行状》二文及诗《京口即事》。郑思肖《一是居士传》、舒岳祥《解梅嘲》、徐阶《杨公墓志铭》、杨继盛《朝审途中口吟》、高攀龙《与东林诸友》、江天一《寄家书》、顾炎武《先妣王硕人行状》、黄宗羲《思旧录·孙嘉绩》《两异人传》、李世熊《画网巾先生传》、张家玉《揆闷》《夜走博罗》、张家珍《梦马》等,皆不愧经典之作,虽选家不乏,但鲜有注解,盖属今之稍生新者。其他可选篇目尚多,如汤显祖《论辅臣科臣疏》、吴应箕等《南都防乱公揭》、史可法《遗书》、瞿式耜《浩气吟》、张岱《石匮书后集·沈烈士、张烈士传》、屈大均《长发乞人赞》等,本编因篇幅有限,未能选录。

本编选文兼重为用,不擅自裁革,断其文气,伤其元气,并见匹夫思深虑远,非徒以气盛。细读这类文字,可明古今兴亡之故、治乱之理,有裨于经世致用。概言之,选文既重于明德性,又重于鉴世之用。

(二)注释参酌古今,略事辨正。

本编所选诸篇,多已有古人旧注或今人新注。唐前之作,大抵以参酌旧注为主,时参考今人新注,大都注明。其间虽有参考,而意见不合,则不复注明,既为避讳,亦为免去口舌之争,殆本编非专事订正考辨。

汉唐章句训诂,颇可效法。本编诗注略效蔡梦弼《杜工部草堂诗笺》,时或数句一解,重于由来、意旨、典故、本事,兼作字词训释;文注略效张孟兼《释登西台恸哭记》,数句或一段作一注,通其大旨，兼作字词训释。诗文、杂著注释，颇重旧典出处、今典考覈，时嫌冗赘。编者以为非此不能发覆作者意旨，故不惮其繁。本编发明虽少，但力求发覆作者苦心，读者翻览，庶几可见。

本编所选诸篇已有古今注解者，不轻易袭用，必先自为，再掇采旧说，或补葺完善，或新作发明。兹举数例如下：

历代名家注杜，可谓盛矣。今人选注杜诗，时多发明，然犹有可商量者。如《北征》"平生所娇儿，颜色白胜雪"二句，今或谓白雪以喻颜色白皙俊美，不免误解。此后八句皆写儿女衣衫不备寒态，惟此二句写饥状，合之十句，并写儿女饥寒。王嗣奭《杜臆》："颜色白胜雪，乃饥色也。"仇兆鳌《杜诗详注》径引之，皆可信。

张溥《五人墓碑记》见于明崇祯刊本《七录斋文集存稿》卷三，向为选家所重，注者不下十余种，惜多沿讹袭谬。此篇究竟作于何时，罕见详考。天启七年（1627）十一月一日，诏布魏阉罪状，魏忠贤畏罪死。文震孟撰并书《募恤五人后碑》在天启七年，五人之葬虎丘当在是冬，张溥作记亦在此际。崇祯元年，诏赠周顺昌太常寺卿，谥忠介。文中"是以蓼洲周公忠义暴于朝廷，赠谥美显，荣于身后"，盖后来所增。颜佩韦等被杀于何时，世多未知。同治《苏州府志》沿康熙旧志称天启六年七月"弃吴民颜佩韦五人于市"。康熙二年（1663）十二月十八日，计六奇亲至五人墓，《明季北略》卷二《周顺昌》："至十月，公柩至阊门河下。马杰云：'周吏部忠臣已死，速杀我等，去辅彼作厉鬼击贼！'颜佩韦云：'上本是毛都堂，今本下，生杀在彼，我辈杀了，先去寻他。'毛闻之大怒，适报升兵侍，即委理刑斩五人于阊门吊桥。"其说可信。五人就义在天启六年冬，张溥所记"夫五人之死，去今之墓而葬焉，其为时止十有一月"，无误。至于文中字句，今注易误者大抵有三：一是崇祯刊本记时有未确者，即"予犹记周公之被逮，在丁卯三月之望"。顺昌被逮在天启六年丙寅，非七年丁卯。其为编校偶误，抑或手民之误，今未能详。检抄本《张太史订正七录斋集》、明崇祯刻本《媚幽阁文娱二集》《颂天胪笔》,皆作"丁卯三月之望"。涵芬楼抄本《明文海》作"丙寅三月"。今注家多未指出此误。二是"吾社之行为士先者,为之声义",注家多谓"吾社"指复社,未详其为江南应社,当时尚未结复社。三是"缇骑按剑而前",注者多未详"缇骑"指锦衣卫校尉,即官旗。《明季北略》卷二《周顺昌》:"锦衣卫掌堂田尔耕遣官旗张应龙、文之炳等六十余人分拿公等。十五日至苏州。"宣旨之日,"旗尉文之炳等妄自尊大,不察民情,持械击百姓","佩韦等不胜愤,振臂大呼曰:'吾辈谓天子诏耳,东厂何得逮官?'首击之炳,百姓从者千计,以伞柄击缇骑"。其当注而未注者,亦有数条。此举一例,如"而五人亦得以加其土封,列其姓名于大堤之上"。五人墓在虎丘山塘,墓基即普惠生祠,毛一鹭媚珰所建。五人初非葬于山塘,阉败,始移葬于此,"大堤之上",即山塘。虎丘故有白公堤,自虎丘至金阊,盖七里而遥,俗称山塘(范允临《计部张公重修白公堤碑记》,《输寥馆集》卷四)。

汪琬为清初古文大家,其《周忠介公遗事》《江天一传》采他人之说或听之传闻,载记时可存疑,或有显误,未见注家指出。如《江天一传》所载江天一事得闻于同郡翁天章。开篇曰:"少丧父,事其母及抚弟天表,具有至性。"按方熊《江天一传》,天一父士润为崇德皂林驿驿丞。按龚翰《江天一传》、魏禧《江天一传》及道光《歙县志》卷八《忠节》,士润一名大润,字元玉,官武昌金牛岭巡检。张献忠攻武昌,士润率乡兵拒之,自沉于江。顺治二年十月,天一《寄家书》云"只是父亲远在天涯,不知消息为憾","父在远地"。汪文"少丧父"之语未确。

明人所云"二祖十宗",有具体所指。二祖,谓太祖朱元璋、成祖朱棣。十宗,谓仁宗朱高炽、宣宗朱瞻基、英宗朱祁镇、宪宗朱见深、孝宗朱祐樘、武宗朱厚照、世宗朱厚熜、穆宗朱载垕、神宗朱翊钧、光宗朱常洛,而惠帝朱允炆、代宗朱祁钰不在其列。杨涟

《劾魏忠贤二十四大罪疏》"可以见二祖十宗之灵",《狱中血书》"对二祖十宗与皇天后土、天下万世矣",汪琬《周忠介公遗事》"二祖十宗实式冯焉",皆此定指。左光斗《狱中同杨大洪魏廓园顾尘客周衡台袁熙宇夜话》"上与二祖列宗欣其缘","二祖列宗"即"二祖十宗"。今或不明其为定指,而曰"指熹宗以前明朝的皇帝",不妥。

前人未有详注者,本编自为释,略事考证。杨涟《劾魏忠贤二十四大罪疏》、李世熊《画网巾先生传》、黄宗羲《两异人传》、谢翱《梅花二首》诸篇皆是。兹不例举。

本编选文仅能粗别为五类,限于篇幅,佳作未录者多有之。注解最为不易,不知者但以为翻检辞书,即亲为之,择释字面,常不免隔靴搔痒,南辕北辙。盖不深究作者之旨,强为解说,误人恐深。笔者初不知敬畏,率易从事,悔之已晚。近十年来,绝口不应选注之役。人民文学出版社策划出版《中华传统价值观丛书》,周绚隆先生命我承其一。受命三载,彷徨不已,乃强为之,历时岁半得六十余万字,删繁就简,粗成一编。重检一过,念旧伤新痛,心自警然。此编初选篇目,尝祈请王允亮、莫崇毅、鲍有为诸君相助。选文失于当,解题失于偏,评说失于支离,注释失于粗疏,文字失于冗赘,穿凿附会,沿讹袭谬,语不中的之弊,诚所不免,皆有待于贤者之教。

国家危难,匹夫有责

曹刿论战[1]

〔**解题**〕《春秋》经文："十年春,王正月,公败齐师于长勺。"鲁胜齐于长勺,《左传》传之略详,即此选"曹刿论战"一节。庄公九年(前685)夏,鲁伐齐,送公子纠回国即位,公子小白先即位,是为齐桓公。八月,齐大败鲁师。明年春,乘胜而进。庄公将战,鲁国勇士曹刿不顾乡人"肉食者谋之,又何间焉"之劝,教庄公以战,战则请从。曹刿,《史记·鲁周公世家》作"曹沫",云:"八年,齐公子纠来奔。九年,鲁欲内子纠于齐,后桓公。桓公发兵击鲁,鲁急,杀子纠","十三年,鲁庄公与曹沫会齐桓公于柯。曹沫劫齐桓公,求鲁侵地。已,盟而释桓公。桓公欲背约,管仲谏,卒归鲁侵地。"曹刿应邦难而出,为后世垂范。智臣猛士于兴亡之际,每忧"肉食者鄙",勇于担当,急纾国难。

十年春,齐师伐我[2]。公将战,曹刿请见[3]。其乡人曰:"肉食者谋之,又何间焉?"[4]刿曰:"肉食者鄙,未能远谋。"乃入见,问:"何以战?"公曰:"衣食所安,弗敢专也,必以分人。"[5]对曰:"小惠未遍,民弗从也。"[6]公曰:"牺牲玉帛,弗敢加也,必以信。"[7]对曰:"小信未孚,神弗福也。"[8]公曰:"小大之狱,虽不能察,必以情。"[9]对曰:"忠之属也,可以一战。"[10]

战则请从,公与之乘[11]。战于长勺,公将鼓之[12],刿曰:"未可。"齐人三鼓,刿曰:"可矣。"齐师败绩,公将驰之[13],刿曰:"未可。"下视其辙,登轼而望之[14],曰:"可矣。"遂逐齐师。

即克[15],公问其故,对曰:"夫战,勇气也。一鼓作气,再而衰,三而竭。彼竭我盈,故克之。夫大国,难测也,惧有伏焉。吾视其辙乱,望其旗靡,故逐之。"[16]

——清嘉庆二十年南昌府学重刊宋本
《十三经注疏》本《左传·庄公十年》

[1] 曹刿论战:清人吴楚材、吴调侯编选《古文观止》选此,题作《曹刿论战》。清人方观旭《论语偶记》、李雍熙《翠岩偶集》等皆言及"曹刿论战"。

[2] 齐师伐我:伐,谓讨伐、报伐。杜预注:"不书侵伐,齐背蔇之盟,我有辞。"孔颖达曰:"'我有辞'者,齐来伐我,为公伐齐、纳子纠,来报伐也。公之伐齐,大夫来盟于蔇,许以子纠为君,令鲁伐齐,纳子纠。彼自背盟,伐鲁非责鲁也。鲁有此辞,故齐人不合伐也。"(《春秋左传正义》)

[3] 公:谓鲁庄公,姬姓,名同,鲁桓公之子。董仲舒《春秋繁露》卷四称其"好宫室,一年三起台,夫人内淫两弟,弟兄子父相杀,国绝莫继"。

[4] "肉食者谋之"二句:谓国有大事,肉食者已有定谋,又何必厕身其间。肉食者,林尧叟注:"谓在位有禄食肉者。"(《左传杜林合注》)间,义同"与",林尧叟注:"犹厕也。"

[5] "衣食所安"三句:林尧叟注:"衣食二者,虽吾身之所安,弗敢自专其有,必以分与人之冻馁者。"专,自专,独享。

[6] 小惠未遍:杜预注:"分公衣食,所惠不过左右,故曰未遍。"

[7] 牺牲玉帛:牛羊豕之属,玉珪璧帛,用以祭祀。弗敢加也,必以信:谓祭祀必诚。牺牲玉帛,自有常数。祝、史为司祭祀之官,陈信于鬼神,不敢以小为大,以恶为美。《左传·桓公六年》:"祝、史正辞,信也。"加,夸大不实。

[8] "小信未孚"二句:林尧叟注:"此特一念之小信,未孚于上下,神未必降之福。"孚,杜预注:"大信也。"

[9] "小大之狱"三句:林尧叟注:"言争讼刑罚之类,虽不能遍察其曲

直当否,必尽己之情,以求人之情。"

［10］忠之属也:林尧叟注:"庄公以情察狱,为忠之一端。民感其忠,思欲报上,故可用以一战。"

［11］公与之乘:杜预注:"共乘兵车。"

［12］长勺:鲁国之地,在今山东莱芜境。江永《春秋地理考实》卷一:"《汇纂》:《路史》曰成王以商民六族锡鲁公,有长勺氏、尾勺氏。此商民所居也。"鼓之:鸣鼓以进军。

［13］败绩:大败。林尧叟注:"大崩曰败绩。"驰之:驰军以追。

［14］下视其辙:下车察视其车辙之迹。登轼而望之:登车前横木以望齐师旌旗。轼,车前横木。

［15］既克:已取得胜利。克,战胜。

［16］"夫战"十三句:言争战之道,以勇气为主。兵以鼓进,一鼓正勇气发作之时;再鼓,则敌有玩心,勇气渐衰;三鼓,则敌有怠心,勇气已竭。彼既三鼓,我军久不得进,骤而鼓之,勇气方盛,所以克齐师。大国难测,恐其诈,设伏兵。望其车辙乱、旌旗倒,知非诈,故驰军逐之。参见林尧叟注。

弦高犒师

〔**解题**〕 按《左传》,鲁僖公三十二年(前628),郑文公卒,穆公即位,与晋交好。同年冬,晋文公卒。秦穆公为进霸中原,不听蹇叔劝阻,遣百里视(字孟明)、蹇术(字西乞)、蹇丙(字白乙)率师侵郑(参见《史记·秦本纪》)。明年春,至滑国,郑商人弦高遇于道,以犒师为名,示己有备,且使人遽告于郑。秦师仅灭滑而还。晋师狙击于崤,秦师大败。《古文观止》选《左传》"展喜犒师"一节,未选"弦高犒师"一节。僖公二十六年夏,齐孝公出兵伐鲁。鲁大夫展喜见孝公,劝退齐师。展喜犒师,以大夫受诸侯国君之命;弦高则以一商贾犒师,为郑国除患。匹夫爱其邦,智存其国,其人虽微,其事关涉甚大。《历代名贤确论》卷八十三《德宗一》:"昔弦高犒师,而郑国除患。"明人董应举《严海禁疏》:"昔弦高犒师,秦兵却走。"清人熊人霖《侠客行》:"终不如贾人弦高犒师策,道路一言存君国。"

三十三年春,秦师过周北门,左右免胄而下[1]。超乘者三百乘[2]。王孙满尚幼,观之,言于王曰:"秦师轻而无礼,必败。轻则寡谋,无礼则脱。入险而脱,又不能谋,能无败乎?"[3]及滑,郑商人弦高将市于周,遇之,以乘韦先,牛十二犒师[4],曰:"寡君闻吾子将步师出于敝邑,敢犒从者。不腆敝邑,为从者之淹,居则具一日之积,行则备一夕之卫。"[5]且使遽告于郑[6]。郑穆公使视客馆,则束载、厉兵、秣马矣[7]。使皇武子辞焉[8],曰:"吾子淹久于敝邑,唯是脯资饩牵竭矣,为吾子之将行也。郑之有原圃,犹秦之有具囿也,吾子取其麋鹿以闲敝邑,若何?"[9]杞子奔齐,逢孙、杨孙奔宋[10]。孟明曰:"郑有备矣,不可冀也。攻之不克,围之不继,吾其还也。"[11]灭滑而还。

——《十三经注疏》本《左传·僖公三十三年》

[1] 周北门:周王城洛邑北门。免胄:谓脱去头盔。古代将士头盔,秦汉前称胄,后称兜鍪。免胄而下,孔颖达曰:"郑玄《诗笺》云:'兵车之法,左人持弓,右人持矛,中人御车。'故左右下,御不下。"

[2] 超乘:林尧叟注:"谓超上车而乘之。盖左右免胄而下,超乘而上,欲其速也。"

[3] "王孙满"十句:王孙满,周大夫,其时尚幼,见秦师,觇其必败。《吕氏春秋·悔过》:"师行过周,王孙满要门而窥之,曰:'呜呼!是师必有疵。……'"王,谓周襄王,姬姓,名郑,周惠王子。轻而无礼,杜预注:"谓过天子门,不卷甲束兵,超乘示勇。"无礼则脱,林尧叟注:"无礼,则待敌必然疏脱。"脱,疏脱,杜预注:"易也。"

[4] 滑:滑国,周时姬姓封国,都于滑(今河南睢县西北),后徙费(今山东临沂费县西北)。鲁僖公三十三年,为秦所灭。市于周:市易于周,在周做买卖。乘韦先:孔颖达曰:"遗人之物,必以轻先重后,故先韦,乃入牛。"乘,谓四。韦,谓熟革。

[5] 寡君:谓郑穆公。步师:行军。腆:厚。淹:久。积:刍米菜薪。

[6] 遽:传车,犹后之驿递。

[7] 郑穆公使视客馆:嘉庆重刊宋本《春秋左传正义》无,据《左传杜林合注》补。郑穆公,姬姓,名兰,郑文公子。秦穆公以其依于晋,且晋文公新逝,出兵伐郑。使视宾馆,先是去岁,秦穆公接到戍郑杞子密报:"郑人使我掌其北门之管,若潜师以来,国可得也。"故郑穆公得弦高之报,使人视杞子馆舍。杞子,秦国大夫。僖公三十年,秦、晋合兵伐郑,秦穆公与郑订盟而还,杞子、逢孙、杨孙三人留戍。束载、厉兵、秣马:谓严兵以待秦师。束载,

捆物装车。厉兵,磨砺兵器。秣马,喂好马匹。

[8] 皇武子:郑国大夫。辞焉:谢辞秦大夫戍郑者,使去。

[9] 脯资:干肉和粮食。资,杜预注:"粮也。"饩(xì)牵:牛羊豕。为吾子之将行也:杜预注:"示知其情。"原圃、具囿:园囿名。闲:使……得以清闲。

[10] 杞子、逢孙、杨孙:秦国大夫,秦穆公留戍郑国者。杞子掌郑人北门之管,知谋泄,奔齐。逢孙、杨孙亦不敢归秦,奔宋。

[11] 孟明:百里视字孟明,秦大夫百里奚子,奉命与蹇西乞、白乙率兵伐郑。知郑有备,还师至崤,为晋师所败,三将被擒,后释归。

申包胥如秦乞师[1]

〔**解题**〕楚公子弃疾弑楚灵王自立,是为楚平王。平王囚伍奢,忌其二子伍尚、伍员皆贤,诈召之。伍员奔吴,父、兄皆死。伍员矢志复仇。平王死,昭王即位。昭王十年(前506)冬,伍员与吴王阖闾伐楚。昭王亡奔,吴师入郢。楚大夫申包胥入秦告急,秦发兵,败吴师,昭王得复入郢(《史记·楚世家》《史记·秦本纪》)。申包胥与伍员为友,一为复仇几亡楚,一为存国而复楚。申包胥乞师与鲁仲连义不帝秦相并称。申包胥痛哭秦庭,七日勺水不进,大夫爱其邦国,忠直令人浩叹。宋玉《九辩》:"窃美申包胥之气盛兮,恐时世之不固。"庾信《哀江南赋》:"申包胥之顿地,碎之以首。"谢枋得《与李养吾书》:"程婴、杵臼、乐毅、申包胥果何人哉?天地间大事,决非天地间常人所能办。使常人皆能办大事,天亦不必产英雄矣!"

初,伍员与申包胥友[2]。其亡也,谓申包胥曰:"我必复楚国。"申包胥曰:"勉之!子能复之,我必能兴之。"[3]及昭王在随[4],申包胥如秦乞师,曰:"吴为封豕、长蛇,以荐食上国,虐始于楚。寡君失守社稷,越在草莽,使下臣告急,曰:'夷德无厌,若邻于君,疆埸之患也。逮吴之未定,君其取分焉。若楚之遂亡,君之土也。若以君灵抚之,世以事君。'"[5]秦伯使辞焉[6],曰:"寡人闻命矣,子姑就馆,将图而告。"对曰:"寡君越在草莽,未获所伏,下臣何敢即安?"[7]

立依于庭墙而哭,日夜不绝声,勺饮不入口七日。秦哀公为之赋《无衣》[8]。九顿首而坐[9]。秦师乃出[10]。

——《十三经注疏》本《左传·定公四年》

[1] 申包胥如秦乞师:语本《左传》。自汉以后,史家纪申包胥乞师事,多沿此语。后世选家沿以为题。

[2] 伍员:字子胥,楚人。奔吴,相吴王阖闾称霸,兴师伐楚,大败楚军,入郢,掘平王墓,出其尸,鞭之三百。吴越争霸,阖闾卒,伍员助吴王夫差复仇,为太宰嚭所谮死。见《史记·伍子胥列传》。

[3] "其亡也"七句:《史记·伍子胥列传》:始伍员与申包胥为友,伍员奔亡,谓包胥曰:"我必覆楚。"包胥曰:"我必存之。"及吴兵入郢,伍员求昭王既不得,乃掘楚平王墓,出其尸,鞭之三百。申包胥亡于山中,使人谓伍员曰:"子之报仇,其以甚乎?"申包胥入秦告急,立于秦廷,昼夜哭。秦哀公怜之,曰:"楚虽无道,有臣若是,可无存乎?"乃遣兵救楚。亡,出逃。复,杜预注:"报也。"《史记》引作"覆"。刘绩《春秋左传类解》:"与'覆'同。旧以为报,非。"

[4] 昭王在随:吴兵至郢,昭王入云梦,走郧,再奔于随。见《史记·伍子胥列传》。昭王,姓芈,熊氏,名壬,楚平王子。楚平王遣费无忌为太子建求秦女,继自娶秦女,而疏太子。秦女生子轸。平王卒,轸即位,是为昭王。随,随国,楚附庸国。

[5] "吴为封豕"三句:言吴贪害如蛇、豕,蚕食天下,从上国始于楚。《淮南子·修务训》引作:"吴为封豨、修蛇,蚕食上国,虐始于楚。"封,大。豕、蛇,喻贪。荐,再,数。上国,谓中夏众诸侯国。虐,害。始于楚,始谓先,言将次至秦。寡君,谓楚昭王。越,远。"夷德无厌"三句:林尧叟注:"吴有楚,则与秦邻。"取分,杜预注:"与吴共分楚地。"灵君,秦君威灵。抚,存恤。

[6] 秦伯:秦哀公,嬴姓,赵氏,秦景公之子。使辞焉:使人辞谢。

[7] 伏:隐处。

[8] 《无衣》:谓《诗经·秦风·无衣》,凡三章,篇旨有异说。《毛诗序》:"《无衣》,刺用兵也。秦人刺其君好攻战,亟用兵而不与民同欲焉。"或

谓《无衣》乃秦人攻逐犬戎作。

　　[9] 九顿首:杜预注:"《无衣》三章,章三顿首。"顿首,叩头下拜。杨伯峻注:"古无九顿首之礼,申包胥求救心切,秦哀公肯出师,故特别感谢以至九顿首。"

　　[10] 秦师乃出:杜预注:"为明年包胥以秦师至张本。"

战 于 郎

〔**解题**〕鲁哀公十一年(前484),齐国书率师伐鲁,战于郎,鲁童子汪踦死国事。鲁人欲以成人礼殡之,问于孔子,孔子许之。汪踦事见于《礼记·檀弓下》,孔颖达曰:"此节论童子死难之事"。童子死国,后世不乏其人,如夏完淳、张家珍皆闻于世。最早见于载记者,则为汪踦。

战于郎[1]。公叔禺人遇负杖入保者息[2],曰:"使之虽病也,任之虽重也,君子不能为谋也,士弗能死也。不可,我则既言矣。"[3]与其邻重汪踦往,皆死焉[4]。鲁人欲勿殇重汪踦,问于仲尼[5]。仲尼曰:"能执干戈以卫社稷,虽欲勿殇也,不亦可乎!"

——《四部丛刊》景宋本《礼记·檀弓下》

[1] 郎:鲁国近邑名,近于鲁国都。《左传·哀公十一年》作"郊"。

[2] "公叔禺人"句:郑玄注:"见走辟齐师,将入保,罢倦,加其杖颈上,两手掖之休息者。禺人,昭公之子。《春秋传》曰公叔务人。"陆德明音义:"禺,音遇,又音务。"孔颖达曰:"禺、务声相近,声转字异也。"保,县邑小城。

[3] 使之虽病:谓徭役烦。任之虽重:谓赋税多。"君子不能为谋也"二句:郑玄注:"君子,谓卿大夫也。鲁政既恶,复无谋臣,士又不能死难,禺人耻之。""不可"二句:谓既言人不能死,己不敢不死。

[4] 与其邻重汪踦(yī)往:郑玄注:"奔敌,死齐寇。邻,邻里也。重,

皆当为童。童,未冠者之称","《春秋传》曰童汪踦。"

〔5〕勿殇:谓以成人之丧殓葬。殇,未成年而死。古人年十九以下,以殇礼祭之。《礼记·丧服小记》:"丈夫冠而不为殇,妇人笄而不为殇。"《礼记·檀弓》所载汪踦之殡,殆礼之变。仲尼:孔子,名丘,字仲尼。

北　征归至凤翔,墨制放往鄜州作[1]

杜　甫

〔**解题**〕唐代大诗人杜甫字子美,与李白并称"李杜",与陶渊明、白居易并称"陶杜白"。天宝十四载(755)十一月,安史之乱爆发。杜甫痛心疾首,奔走救国。"国家不幸诗家幸",安史之乱也造就了一代杜陵诗史。《北征》一首作于至德二载(757),堪称杜陵诗史长篇第一,古今罕匹。先是杜甫兵乱中移家鄜州羌村,闻唐肃宗即位于灵武,只身投奔,道中为叛军逮至长安。至德二载夏脱逃,历尽艰险,至行在凤翔。五月,授左拾遗。时房琯罢相,杜甫上书辩护,触怒肃宗,宰相张镐为解,免罪。闰八月,许回鄜州探家。归而赋《北征》,全诗共一百四十句,计七百字,家事、身世、国事熔为一炉,笔调沉郁悲壮,动人心魄。叶梦得《石林诗话》卷上:"至老杜《述怀》《北征》诸篇,穷极笔力,如太史公纪传,此固古今绝唱。"查慎行评云:"叙事言情,不伦不类,拉拉杂杂,信笔直书。作者亦不知其所以然,而家国之感,悲喜之绪,随其怅触,引而弥长,遂成千古至文,独立无偶。"(《杜诗集评》卷一)此据《杜甫全集校注》,参酌旧注。

皇帝二载秋,闰八月初吉[2]。杜子将北征,苍茫问家室[3]。维时遭艰虞,朝野少暇日[4]。顾惭恩私被,诏许归蓬荜[5]。拜辞诣阙下,怵惕久未出[6]。虽乏谏诤姿,恐君有遗失[7]。君诚中兴主,经纬固密勿[8]。东胡反未已,臣甫愤所切[9]。挥涕恋行在,道途犹恍惚[10]。乾坤含疮痍[11],忧虞何时毕?靡靡逾阡陌,人烟眇萧瑟[12]。前登寒山重,屡得饮马窟[13]。邠郊入地底,泾水中荡潏[14]。猛虎立我前,苍崖吼时裂[15]。菊垂今秋花,石戴古车辙[16]。青云动高兴,幽事亦可悦[17]。山果多琐细,罗生杂橡栗[18]。或红如丹砂,或黑如点漆。雨露之所濡,甘苦齐结实[19]。缅思桃源内,益叹身世拙[20]。坡陀望鄜畤[21],岩谷互出没。我行已水滨,我仆犹木末[22]。鸱鸟鸣黄桑,野鼠拱乱穴[23]。夜深经战场,寒月照白骨[24]。潼关百万师,往者散何卒[25]?遂令半秦民,残害为异物[26]。况我堕胡尘,及归尽华发[27]。经年至茅屋,妻子衣百结[28]。恸哭松声回,悲泉共幽咽[29]。平生所娇儿,颜色白胜雪[30]。见耶背面啼[31],垢腻脚不袜。床前两小女,补绽才过膝。海图拆波涛,旧绣移曲折[32]。天吴及紫凤,颠倒在裋褐[33]。老夫情怀恶,呕泄卧数日[34]。那无囊中帛[35],救汝寒凛慄。粉黛亦解苞,衾裯稍罗列[36]。瘦妻面复光,痴女头自栉[37]。学母无不为,晓妆随手抹。移时施朱铅,狼籍画眉阔[38]。生还对童稚,似欲忘饥渴。问事竞挽须,谁能即嗔喝[39]?翻思在贼愁,甘受杂乱聒。新归且慰意,生理焉能说[40]。至尊尚蒙尘,几日休练卒[41]?仰观天色改,旁觉妖气豁[42]。阴风西北来,惨澹随回纥[43]。其王愿助顺,其俗善驰突[44]。送兵五千人,驱马一万匹[45]。此辈少为贵[46],四方服勇决。所用皆鹰腾,破敌过箭疾。圣心颇虚伫,时议气欲夺[47]。伊洛指掌收,西京不足拔[48]。官军请深入,蓄锐何俱发[49]。此举开青徐,旋瞻略恒碣[50]。昊天积霜露,正气有肃杀[51]。祸转亡胡岁,势成擒胡月。胡命其能久,皇纲未宜绝。忆昨狼狈初,事与古先别[52]。奸臣竟菹醢,同恶随荡析[53]。不闻夏殷衰,中自诛褒妲[54]。周汉获再兴,宣光果明哲[55]。桓桓陈将军,仗钺奋忠烈[56]。微尔人尽非,于今国犹活[57]。凄凉大同殿,寂寞白兽闼[58]。都人望翠华,佳气向金阙[59]。园陵固有神,扫洒数不缺[60]。煌煌太宗业,树立甚宏达[61]。

——萧涤非主编《杜甫全集校注》卷四,人民文学出版社2014年版

[1]北征:自凤翔归鄜州。征,谓行。赵次公谓:"班彪自长安避地凉州,作《北征赋》,公亦因所往之方同,故借二字为题耳。"仇兆鳌注:"自行在往鄜州,鄜州在凤翔东北,故以'北征'命题。"杜甫此行发凤翔,经麟游、邠州、宜君,至鄜州。归至凤翔:至德二载夏,杜甫逃出长安,至凤翔。凤翔,唐初,为岐州。天宝初,改扶风郡。至德初,改凤翔郡,寻改凤翔府,号西京。肃宗即位,以为临时行在。墨制:犹墨敕。皇帝亲书,不经外廷加印即下达的命令。见李肇《翰林志》。鄜州:本秦、汉上郡城,后魏置东秦州,改北华州,后改鄜州。隋罢州,置鄜城郡。唐复为鄜州。天宝初,改洛交郡,后置保大军节度。乾元初,仍为鄜州。先是杜甫以兵乱,自奉先携家至白水。潼关失守,白水沦陷,乃携家至鄜州羌村。

[2]皇帝:谓唐肃宗。二载秋:谓至德二载,时在闰八月。初吉:《诗经·小雅·小明》:"二月初吉,载离寒暑。"《毛传》:"初吉,朔日也。"朔日,夏历初一。后泛指月初。此指初一。

[3]杜子:杜甫自称。苍茫:犹侘傺,失意恍惚貌。家中消息不明,心甚挂之。然探问家室非出己意,且当国家用人之际,不忍归视,故云"苍茫"。本篇诗句"道途犹恍惚",亦可见之。问家室:探问妻子儿女。

[4]维时:犹斯时。遭艰虞:谓国家遭难,军兴孔急。

[5]"顾惭"二句:承上两句,以见其不愿归家及失意之悲。蓬荜,蓬门荜户,贫陋家室。

[6]怵惕:惶恐不安。《礼记·祭义》:"春,雨露既濡,君子履之,必有怵惕之心,如将见之。"

[7]"虽乏"二句:仇兆鳌注:"公为拾遗,故恐君有遗失。"

[8]中兴主:谓唐肃宗李亨。天宝十五载六月,潼关失守,唐玄宗奔蜀。七月,太子李亨即位灵武,是为肃宗,改元至德。杜甫《喜达行在所三首》其三:"今朝汉社稷,新数中兴年。"经纬:经纬天下,治理国家。密勿:谓黾勉,勤勉努力。《汉书·刘向传》:"勉强以从王事,则反见憎毒谗诉,故其《诗》曰:'密勿从事,不敢告劳。无罪无辜,谗口嚣嚣。'"

[9]东胡:谓安史叛军。《旧唐书·安禄山传》:"营州柳城杂种胡人也。"《旧唐书·史思明传》:"营州宁夷州突厥杂种胡人也。"赵次公谓是年正月安庆绪已弑父禄山,故指安庆绪。

[10]行在:即行在所,天子行幸所居。此指凤翔。恍惚:心神无着。

[11]疮痍:战伤之苦。

[12]"靡靡"二句:王粲《从军诗》:"悠悠涉荒路,靡靡我心愁。四望无烟火,但见林与丘。"靡靡,犹迟迟。《诗经·王风·黍离》:"行迈靡靡,中心摇摇。"阡陌,田间道。人烟,曹植《送应氏诗》:"中野何萧条,千里无人烟。"眇萧瑟:言人皆避乱,无留居者。萧瑟,犹萧条。

[13]寒山重:谓重叠非一山,跋涉劳苦可知。"屡得"句:意谓所经皆含疮痍。饮马窟,古乐府有《饮马长城窟行》。

[14]邠(bīn)郊:邠州,古豳国。周先祖公刘曾居豳。唐开元十三年,改豳州为邠州。泾水:按《括地志》,泾水发源泾州东,南流过邠州界,至高陵入渭水。荡潏(jué):水流貌。

[15]"猛虎"二句:曹操《苦寒行》:"熊罴对我蹲,虎豹夹路啼。"吴瞻泰曰:"'邠郊'四句言秦中险阻","猛虎,状苍崖之蹲踞。"

[16]"石戴"句:赵次公曰:"陵谷迁变,石上仍有辙迹也。"

[17]"青云"二句:愁思难解,借景以慰藉。仇兆鳌曰:"阮籍诗:'托志青云上。'殷仲文诗:'能使高兴尽。'"

[18]罗生:丛生。橡栗:栎实。

[19]"雨露"二句:《礼记·祭义》:"雨露既濡。"《淮南子·泰族训》:"雨露以濡之,其生物也。"蔡梦弼曰:"山果杂橡栗之类,或红或黑,皆沾雨露之恩;或甘或苦,同时结实。微物尚得其所若此,可以人而不如之乎?"

[20]缅思:遥想。桃源:即桃花源。陶渊明《桃花源记》叙秦时人避乱入桃花源,其后人与外隔绝。后世以桃源指世外。"益叹"句:蔡梦弼曰:

17

"甫叹身居乱世,不能为桃源之隐,足见其谋之拙也。"

[21] 坡陀:山岗起伏不平。鄜畤(zhì):即鄜州。春秋时,秦文公"作鄜畤,用三牲郊祭白帝焉"。见《史记·封禅书》。

[22] "我行"二句:蔡梦弼曰:"心欲速至,故先行,已到水滨,而仆从迟在木末也。"木末,《楚辞·九歌·湘君》:"采薜荔兮水中,搴芙蓉兮木末。"王洙曰:"木末,言犹远也。"我仆,语本《诗经·周南·卷耳》:"陟彼砠矣,我马瘏矣。我仆痡矣,云何吁矣。"仇兆鳌《杜诗详注》:"《杜臆》:'公先至水滨,望家切而行步速也。'《诗》:'我仆痡矣。'《楚辞》:'搴芙蓉兮木末。'"

[23] "鸱鸟"二句:写兵兴后悲惨景状。鸣黄桑,黄桑即柘,叶可饲蚕,材可制弓。拱乱穴,陆佃《埤雅》卷十一:"今一种鼠,见人则交其前足而拱,谓之礼鼠,亦或谓之拱鼠。"

[24] "夜深"二句:王粲《七哀诗》:"出门无所见,白骨蔽平原。"今或引《资治通鉴》所载至德元载十二月回纥兵与郭子仪军合,大破叛军,子仪还军洛交,谓"当即此役所遗留之惨景,非指哥舒翰潼关之败"。然"白骨"对应下之"秦民",或言百姓死于丧乱,非仅谓将士死于战事。

[25] "潼关"二句:感慨哥舒翰灵宝兵败,潼关失守,关中百姓遭难。蔡梦弼曰:"潼关乃京师之喉咽","甫深为哥舒叹惜也。"按《旧唐书·哥舒翰传》,哥舒翰以兵二十万守潼关,天宝十五载六月,引师出关,四日次于灵宝西原,八日与叛军战。崔乾祐以数千人先据险要,官军轻敌躁进,溃败,死者数万。哥舒翰回守潼关,为部下蕃将火拔归仁劫送洛阳。杜甫《潼关吏》:"请嘱防关将,慎勿学哥舒。"散何卒,溃散仓卒。卒,同"猝"。

[26] 秦民:谓关中百姓。仇兆鳌注:"长安旧为秦地,故曰秦民。"异物:身死化为异物。蔡梦弼曰:"异物,鬼也。秦地之民,半为鬼物。言将非其人,祸延天下。"

[27] 堕胡尘:自谓陷于叛军。明年夏脱逃,间关至凤翔。尽华发:赵次公曰:"言尽华发,则其存者于离乱之久,见其尽老也。"至德二载,杜甫困于长安。

[28] 经年:杜甫至德元载七月离鄜州,明年闰八月始返。衣百结:鹑衣百结,状写妻子儿女衣服破败、生计困顿。

[29] "恸哭"二句:相见恸哭,借松声、悲泉言之。杜甫《羌村三首》其

一:"妻孥怪我在,惊定还拭泪","邻人满墙头,感叹亦歔欷。"

[30]"颜色"句:写儿之饥色。王嗣奭《杜臆》:"颜色白胜雪,乃饥色也。"仇兆鳌《杜诗详注》径引为注。今或谓白雪以喻颜色白皙俊美,不免误解。以下八句,皆写儿女衣衫不备寒态,惟此二句写饥状,合之十句,并写儿女饥寒。

[31]耶:古同"爷",谓父亲。《韵府》:"俗人谓父曰耶。"

[32]"床前"四句:呼应"妻子衣百结",写两小女衣裙破旧,鹑衣,以鹑鹑羽短色杂,形容衣着破败不堪,补丁极多。蔡梦弼曰:"言妻子寒冻,以图障旧绣补裰而为小儿短衣,故波涛为之拆,绣纹为之移,天吴及紫凤之类,或颠或倒,其贫苦可知也。"

[33]"天吴"二句:赵次公曰:"天吴,海图所画之物;紫凤,旧绣所刺之物。剪旧物以补竖衣,故拆移而颠倒也。"李长祥曰:"既可笑,又可怜,想见旧家贫困。"天吴,即水伯。《山海经·海外东经》:"朝阳之谷,神曰天吴,是为水伯","其为兽也,八首人面,八足八尾,皆青黄。"《山海经·大荒东经》:"八首人面,虎身十尾,名曰天吴。"紫凤,赵岐《三辅决录》卷一:"太史令蔡衡对曰:'凡象凤者有五:多赤色者凤,多黄者鹓雏,多青者鸾,紫者鸑鷟,白者鹔鹴。今五色多青,乃鸾,非凤也。'"张华注《禽经》"亦曰鸑鷟"条:"凤之小者曰鸑鷟,五彩之文,三岁始备也。"裋(shù)褐,粗陋布衣。裋,一作"短"。《方言》:"关西谓襜褕短者为裋褐。"《汉书·贡禹传》:"妻子糠豆不赡,裋褐不完。"颜师古注:"裋者,谓僮竖所着布长襦也。褐,毛布之衣也。"

[34]"呕泄"句:极言不乐观此。

[35]那无:犹岂无。那,一作"能"。杜甫《季秋苏五弟缨江楼夜宴》:"对月那无酒,登楼况有江。"

[36]衾裯:被褥床帐等用品。衾,被子。裯,床帐。

[37]头自栉(zhì):梳头打扮。栉,梳头。

[38]施朱铅:脸上涂粉黛。朱铅,谓丹粉。狼籍:杂乱貌。画眉阔:江浩然曰:"盖言学画不成眉样。观'狼籍'二字及上'随手抹'可见。"

[39]"问世"四句:蔡梦弼曰:"甫喜对童稚,虽彼骄骜,亦莫忍生嗔喝之怒。盖念在贼苦,宁甘受此乱聒,复何嫌耶?"

[40]生理:生计。焉能说:以叛乱尚未讨平也,即下云"至尊尚蒙尘,几

日休练卒"。

［41］至尊:谓唐肃宗。蒙尘:暴露在外,无定居。天子在外曰蒙尘。林尧叟注云:"天子出奔,谓之蒙尘。"《左传·僖公二十四年》:"天子蒙尘于外。"休练卒:休兵,停止练兵。借指讨平叛乱。

［42］"仰观"二句:蔡梦弼曰:"言妖氛渐息,天宇澄清也。"

［43］"阴风"二句:至德二载,唐肃宗遣中官使回纥,借兵平叛。九月,回纥王怀仁可汗遣太子叶护率兵四千余助讨贼(《旧唐书·回纥传》、《唐会要》卷九十八《回纥》)。下文"送兵五千人",举其约数。惨澹,形容白色。胡小石曰:"二句影射回纥衣饰,此应与《留花门》诗相参证。"回纥,其先为匈奴之裔。贞元四年,与唐和亲,遣使长安,上表请改"回纥"为"回鹘"。见《旧唐书·回纥传》。

［44］其王:谓回纥王怀仁可汗。助顺:语本《孟子·公孙丑下》:"多助之至,天下顺之。"善驰突:回纥人骁强,善驰马斗射。驰突,仇兆鳌注:"驰骤冲突也。"

［45］"送兵"二句:蔡梦弼曰:"时回纥以兵助顺,兵五千而马万匹者,谓良将之用兵马,必有副也。"

［46］少为贵:贵壮健,非谓贵精少。《史记·匈奴列传》:"苟利所在,不知礼义","贵壮健,贱老弱。"

［47］"圣心"二句:唐肃宗执意借回纥兵,力排群臣众议。仇兆鳌注:"'虚伫',帝望回纥。'气夺',群议沮丧。"张綖曰:"唯此议不行,回纥果为唐患,而河北迄非唐有。"虚伫,虚心以待。

［48］伊洛:伊水、洛水,借指东都洛阳。西京:谓长安。

［49］"官军"二句:王嗣奭曰:"见不可全恃夷兵,但借为先驱耳。语语经济中窾,此必平日所熟筹于心者,始知怵惕未出,恐君遗失,非口头话也。"

［50］"此举"二句:言收复两京,即当乘胜长驱幽燕,直捣贼巢。开青徐:青、徐二州,在洛阳东。略:谓夺取。恒碣:恒山、碣石,俱属古燕地。

［51］"昊天"二句:仇兆鳌注:"仍以天意决其必胜也。"昊天,蔡梦弼曰:"元气广大,谓之昊天。喻肃宗有威断也。"昊天又指秋天。汉《郊祀歌》:"西颢沆砀,秋气肃杀","奸伪不萌,妖孽伏息。"(《汉书·礼乐志》)杜甫意谓乘此出兵平叛,正其时也。正气,刚大之气。肃杀,蔡梦弼曰:"肃杀,

阴气之正也。天子自有真,禄山其窃伪者乎?故云。"

[52]"忆昨"二句:写唐玄宗携杨贵妃等仓皇西入蜀,至马嵬坡,六军哗变,杀杨国忠,贵妃赐死。狼狈,喻国家多难失势。古先,谓古先帝王。赵次公曰:"盖谓古先亦有衰乱,而今日与之殊别焉。其殊别者何也?奸臣如杨国忠既诛,其党与失势而荡析矣。此与古先别之一也。夏、殷亦衰矣,而褒、妲不诛。上皇乃能割情忍爱而诛贵妃。此与古先别之二也。"

[53]"奸臣"二句:马嵬之变,军士杀杨国忠。同日,贵妃赐死。国忠子杨暄、御史大夫魏方进及韩国夫人、虢国夫人皆死。见《旧唐书·杨国忠传》。奸臣,谓杨国忠。菹(zū)醢(hǎi),剁成肉酱。同恶:谓杨氏家族党羽。荡析,翦除。

[54]"不闻"二句:谓夏桀宠妹喜,商纣王宠妲己,周幽王宠褒姒,皆荒淫亡国,不闻其悔过而诛之。赞许唐玄宗善改过。然玄宗实不得已。杜甫言此得温厚之义。褒妲,褒姒、妲己。

[55]"周汉"二句:蔡梦弼曰:"谓周宣王、汉光武皆中兴之主,以喻肃宗明断,再造唐室也。"宣光,宣谓周宣王,名静,周厉王子,即位任用贤能,史称宣王中兴。光谓光武帝刘秀,再造汉室,史称光武中兴。

[56]"桓桓"二句:盛赞陈玄礼之功。桓桓,威武貌。《尚书·牧誓》:"尚桓桓,如虎如貔,如熊如罴,于商郊。"《诗经·鲁颂·泮水》:"桓桓于征,狄彼东南。"陈将军,龙武大将军陈玄礼,马嵬兵变,议诛杨国忠,迫使玄宗赐死杨贵妃。从玄宗入蜀,回封蔡国公。见《旧唐书·王毛仲传》附陈玄礼传。仗钺,持钺,统帅军队。

[57]微:谓无。尔:谓陈玄礼。国犹活:国犹存。许顗《彦周诗话》:"独以活国许陈玄礼,何也?盖祸乱既作,惟赏罚当则再振,否则不可支持矣。玄礼首议太真、国忠辈,近乎一言兴邦,宜得此语。"

[58]"凄凉"二句:写长安尚未收复,京师百姓切盼王师。大同殿,在皇城东南兴庆宫中。《唐六典·尚书工部》:"宫之西曰兴庆门,其内曰兴庆殿。次南曰金明门,门内之北曰大同门,其内曰大同殿。"白兽闼(tà):即白兽门。按《三辅黄图》,未央宫有白虎殿,唐避太祖讳,改为白兽殿。

[59]望翠华:望肃宗收复京师。翠华,天子仪仗,翠羽为饰,借指帝王车驾。佳气:帝王之气,用光武帝南阳佳气故事。《后汉书·光武帝纪》论

21

曰:"后望气者苏伯阿为王莽使至南阳,遥望见舂陵郭,唶曰:'气佳哉!郁郁葱葱然。'"金阙:天子宫阙。

[60] 园陵:谓唐代先帝陵墓,在长安一带。固有神:谓祖宗有灵,保佑大唐。扫洒:奉祀洒扫。数不缺:扫洒园陵,礼数不缺。

[61] "煌煌"二句:冀肃宗承祖业,再造中兴。赵次公曰:"当思祖宗创业,如太宗贞观之盛,岂复有播迁之事哉?"蔡梦弼曰:"谓先帝山陵皆蓄神灵,可以阴骘子孙,而中兴之君,复尽孝道,扫洒之礼,未尝少缺。自兹已往,必能绍复太宗之业。"太宗业,唐太宗李世民即位后国家称盛,史称贞观之治。树立,建立。

虞允文传(节选)

〔解题〕虞允文字彬甫,隆州仁寿人。绍兴二十三年(1153)进士,通判彭州,累迁中书舍人,直学士院。三十一年(1161),金主完颜亮大举南侵。虞允文犒军采石,主动率师抵御,以少胜多,取得采石之捷。完颜亮争瓜洲不胜,为部下所杀。金遣使议和。虞允文主于北伐,收复失地。历参知政事、四川宣抚使、右仆射等职,乾道八年迁左仆射。九月,罢相,出为四川宣抚使。封雍国公。淳熙元年(1174)卒。谥忠肃。著有《经筵春秋讲义》《虞雍公奏议》等书,有诗文集十卷,不传。虞允文本一书生,受命犒师,临危挺身而出,曰:"危及社稷,吾将安避!"高宗嘉叹说:"虞允文公忠出天性,朕之裴度也。"(《宋史·虞允文传》)《宋史》载其事迹主要采自杨万里撰神道碑,兼采其进札、赛驹《采石、瓜洲毙亮记》。南宋一些笔记怀疑采石之捷,多门户争讼之见。若非虞允文等力拒金兵,完颜亮"晨炊玉麟堂",或不能免,其无愧"肃爽须眉一代雄"(黄景仁《虞忠肃祠》)。《宋史·虞允文传》计四千一百余字,此录中间数段。

金主亮修汴[1],已有南侵意。王伦还,言敌恭顺和好[2]。汤思退再拜贺,置边备不问[3]。及金使施宜生颇泄敌情,张焘密奏之[4]。亮又隐画工,图临安湖山以归。亮赋诗,情益露[5]。允文上疏言:"金必败盟,兵出有五道,愿诏大臣豫思备御。"[6]时三十年正月也。十月,借工部尚书充贺正使,与馆伴宾射[7],一发破的,众惊异之。允文见运粮造舟者多,辞归,亮曰:"我将看花洛阳。"允文还,奏所见及亮语,申言淮、海之备。

除中书舍人,直学士院[8]。三衙管军以宦寺充承受[9],允文言:"自古人主大权,不移于奸臣,则落于近倖。秦桧盗权,十有八年。桧死,权归陛下。迩来三衙交结中官,宣和、明受,厥鉴未远。"[10]上大悟,立罢之。

金使王全、高景山来贺生辰,口传亮悖慢语,欲得淮南地。索将相大臣议事[11],于是召三衙大将赵密等议举兵[12]。侍从台谏集议[13],宰臣陈康伯传上旨:"今日更不问和与守,直问战当如何。"[14]遣成闵为京湖制置使,将禁卫五万,御襄汉上流[15]。允文曰:"兵来不除道,敌为虚声以分我兵,成其出淮奸谋尔。"[16]不听,卒遣闵。七月,金主亮徙汴[17]。允文复语康伯:"闵军约程在江、池,宜令到池者驻池,到江者驻江。若敌兵出上流,则荆、湖之军捍于前,江、池之军援于后;若出淮西,则池之军出巢县,江州军出无为,可为淮西援,是一军而两用之。"[18]康伯然其说,而闵军竟屯武昌。

九月,金主命李通为大都督,造浮梁于淮水上[19]。金主自将兵号百万,毡帐相望,钲鼓之声不绝。十月,自涡口渡淮[20]。先是,刘锜措置淮东,王权措置淮西。至是,权首弃庐州,锜亦回扬州,中外震恐。上欲航海,陈康伯力赞亲征。是月戊午,枢臣叶义问督江淮军,允文参谋军事。权又自和州遁归,锜回镇江,尽失两淮矣[21]。

十一月壬申,金主率大军临采石,而别以兵争瓜洲。朝命成闵代锜,李显忠代权,锜、权皆召。义问被旨,命允文往芜湖趣显忠交权军,且犒师采石,时权军犹在采石。丙子,允文至采石,权已去,显忠未来[22]。敌骑充斥,我师三五星散,解鞍束甲坐道旁,皆权败兵也。允文谓坐待显忠则误国事,遂立招诸将,勉以忠义,曰:"金帛、告命皆在此,待有功。"[23]众曰:"今既有主,请死战。"或曰:"公受命犒师,不受命督战。他人坏之,公任其咎乎?"允文叱之曰:"危及社稷,吾将安避!"

至江滨,见江北已筑高台,对植绛旗二,绣旗二,中建黄屋,亮踞坐其下。谍者言:前一日刑白黑马祭天,与众盟,以明日济江,晨炊玉麟堂,先济者予黄金一两[24]。时敌兵实四十万[25],马倍之,宋军才一万八千。允文乃命诸将列大阵不动,分戈船为五[26],其二并东西岸而行,其一驻中流,藏精兵待战,其二藏小港,备不测。部分甫毕,敌已大呼,亮操小红旗麾数百艘绝江而来[27],瞬息抵南岸者七十艘,直薄宋军,军小却。允文入阵中,抚时俊之背曰:"汝胆略闻四方,立阵后则儿女子尔。"[28]俊即挥双刀出,士殊死战。中流官军亦以海鳅船冲敌,舟皆平沉[29],敌半死半战,日暮未退。会有溃军自光州至,允文授以旗鼓,从山后转出,敌疑援兵至,始遁[30]。又命劲弓尾击追射,大败之。僵尸凡四千余,杀万户二人,俘千户五人及生女真五百余人。敌兵不死于江者,亮悉敲杀之,怒其不出江也。以捷闻[31]。犒将士,谓之曰:"敌今败,明必复来。"夜半,部分诸将,分海舟溯上流,别遣兵截杨林口[32]。丁丑,敌果至。因夹击之,复大战,焚其舟三百,始遁去。再以捷闻[33]。既而敌遣伪诏来谕王权,似有宿约。允文曰:"此反间也。"仍复书言:"权已置典宪,新将李世辅也,愿一战以决雌雄。"[34]亮得书大怒,遂焚龙凤车,斩梁汉臣及造舟者二人[35],乃趋瓜洲。汉臣,教亮济江者也。

——《宋史》卷三百八十三《虞允文传》,中华书局1977年版

[1] 金主亮:完颜亮字元功,完颜阿骨打长孙。皇统九年,弑君篡位,

改元天德。正隆六年,率军南侵。从弟完颜雍乘机称帝。完颜亮与宋兵争瓜洲,以残暴为部将完颜元宜等所杀,年四十。大定二年,降封海陵郡王,谥曰炀。后降海陵庶人。修汴:复修汴梁。贞元元年三月,完颜亮诏中外,改元贞元,改燕京为中都府,曰大兴,汴京为南京,中京为北京。见《金史·海陵本纪》。

[2] 王伦:字正道,莘县人。家贫无行,喜任侠。汴京失守,乘机自荐其才,奏补修职郎,斥不用。建炎元年,充大金通问使。绍兴二年归,除右文殿修撰。七年,充迎奉梓宫使。及还,言金人许还梓宫及太后,又许归河南地。明年,再使金国,金主亶遣江南诏谕使,偕王伦至南。朝论以金使肆骄,抗议甚喧。九年,赴金国议事,拘而不遣。十四年,金欲以王伦为平滦三路都转运使,王伦曰:"奉命而来,非降也。"遂以缢杀。见《宋史·王伦传》。

[3] 汤思退:字进之,处州人。绍兴十五年,授建州政和令。试博学鸿词科,除秘书省正字。累迁右仆射。二十九年,升左仆射。明年,侍御史陈俊卿论其奸诈,所为多效秦桧,遂罢。隆兴元年,再相,主和议。张浚罢政,孝宗命作书,许金四郡。既而中悔,汤思退罢相,寻责居永州。太学生张观等七十二人上书劾汤思退、王之望、尹穑奸邪误国,乞斩之。汤思退忧悸死。见《宋史·汤思退传》。

[4] 施宜生:字明望,邵武人。政和四年,擢上舍第。授颍州教授。金兵入汴,遁逸江南。投奔伪齐刘豫,上书陈取宋之策。刘豫废,施宜生累迁翰林侍讲学士。正隆四年,为宋国正旦使。以耻见宋人,力辞,不许。宋命张焘馆之都亭,间以讽劝。施宜生以隐语示警,使还,坐是死。见《金史·施宜生传》。张焘:字子公,饶州德兴人。政和八年进士,官秘书省正字。靖康元年,李纲辟入幕。李纲贬,张焘坐累亦贬。建炎初,起通判湖州。绍兴二十九年,除吏部尚书。金使施宜生来,奉诏馆之,"宜生于是漏敌情,焘密奏早为备"。孝宗即位,除知枢密院。隆兴元年,迁参知政事,以老病不拜。年七十五卒,谥忠定。见《宋史·张焘传》。

[5] "亮又隐画工"四句:岳珂《桯史》卷八《逆亮辞怪》:"及得志,将图南牧,遣我叛臣施宜生来贺天申,隐画工于中节,使图临安之城邑及吴山、西湖之胜以归。既进绘事,大喜,睟然有垂涎杭越之想,亟命撤坐间软屏,更设所献,而于吴山绝顶貌己之状,策马而立,题其上曰:'万里车书盍混同,江南

岂有别疆封。提兵百万西湖上,立马吴山第一峰。'"临安湖山,杭州西湖、吴山。

[6] 败盟:毁信弃盟。

[7] 贺正使:宋对金称臣,互派节岁贺使。贺正使,贺新正使臣。绍兴三十年冬,虞允文假工部尚书充使金贺正使。馆伴:古时陪同外族宾客使者的小吏。宾射:古射礼之一。《周礼·春官·大宗伯》:"以宾射之礼,亲故旧朋友。"贾公彦曰:"宾射之礼者,谓行燕饮之礼,乃与之射,所以申欢乐之情。"

[8] 中书舍人:魏晋时,中书省置中书通事舍人,掌宣诏命。南朝梁时,去"通事",称中书舍人。隋、唐时,职掌制诰。宋初亦设中书舍人,实不任职。元丰改制,始掌起草诏令。直学士院:任直学士。唐门下省弘文馆、中书省集贤殿院皆置学士,掌校理图籍,六品以下称直学士。后凡官资较浅者,初入直馆阁,为直学士,班在学士下,待制上。宋时,龙图阁、天章阁、宝文阁皆有学士、直学士。

[9] 三衙管军:宋时禁军、厢兵掌管于三衙。殿前都指挥使司、侍卫亲军马军都指挥使司、侍卫亲军步军都指挥使司,总称三衙,各设都指挥使、副都指挥使、都虞侯。宦寺:宦官。宦官古称寺人,故云。又称中涓、中官。

[10] 近幸:帝王宠幸,用指宦官。秦桧:字会之,江宁人。政和五年进士,补密州教授。靖康元年,累迁御史中丞。明年,随徽、钦二帝至北。建炎四年,至临安。深得高宗宠信,拜相。主和议,权倾朝野,颇事构陷。绍兴二十五年卒。《宋史》有传。宣和:宋徽宗年号。徽宗信用蔡京、童贯、梁师成、李彦辈,国势衰微。明受:建炎三年,苗刘兵变,赵构退位,赵旉即位,改元明受。在位二十六日夭。高宗复位,封赵旉元懿太子。

[11] "金使王全"四句:按《金史·李通传》,正隆六年四月,完颜亮以签书枢密院事高景山为宋帝生日使,尚书右司员外郎王全为副使,教之以诋责宋主,索汉、淮之地。高、王至宋,颇恣横无礼。生辰,高宗生辰称天申节,为旧历五月二十一日。《宋史·高宗本纪》:"(建炎元年五月)乙未,以生辰为天申节。"悖慢,违逆不敬。

[12] 赵密:字微叔,太原清源人。绍兴初,官康州刺史,总管泾原马步军。累升殿前都指挥使。隆兴二年,致仕。俄报金兵犯淮,诏起故官。乾道

27

元年致仕,年七十一卒。见《宋史·赵密传》。

[13]侍从:宋时,称翰林学士、给事中、尚书、侍郎为侍从。台谏:以专司纠弹御史为台官,以职掌建言给事中、谏议大夫为谏官,合称台谏。

[14]陈康伯:字长卿,信州弋阳人。宣和三年进士。绍兴三十一年,拜左仆射。荐虞允文参谋军事,起用刘锜为江淮浙西制置使。孝宗即位,陈康伯主北伐。遭弹劾,举张浚代之。汤思退再相,张浚罢。汤思退罢,陈康伯起为左相。乾道元年病卒。《宋史·陈康伯传》:"先是叶义问、贺允中使还,言金必败盟。康伯请早为之备,建四策。"

[15]成闵:字居仁,邢州人。高宗即位,成闵以军功累迁保宁军承宣使。绍兴二十四年,拜庆远军节度使。三十一年,除湖北京西制置使,回援淮西。未几,除淮东制置使,驻镇江。完颜亮死,超拜太尉,寻罢。淳熙元年卒,年八十一。见《宋史·成闵传》。京湖制置使:南宋自西向东,即四川、京湖、江淮、沿海,各设制置使,掌军政。绍兴末,置湖北京西制置使。将禁卫五万:《宋史·成闵传》:"金主亮将败盟,诏闵提禁旅三万,镇武昌。"记载不一。襄汉:襄水、汉水。襄汉上流在襄阳。

[16]除道:除治新路,以便行旅。《左传·庄公四年》:"令尹斗祁、莫敖屈重除道梁溠,营军临随。"

[17]徙汴:《宋史·高宗本纪》:"(绍兴三十一年七月)金主亮徙都汴京。"

[18]江、池:江州、池州。上流:即襄汉上流。荆、湖:荆南、湖北。淮西:即淮右。宋设淮南路,熙宁间分东、西二路。东路称淮左,西路称淮右。巢县、无为:唐武德间,改襄安为巢县。宋太平兴国间,置无为军,领巢县、庐江县。熙宁间,析巢县、庐江地,置无为县。

[19]"九月"三句:《宋史·高宗本纪》:"(绍兴三十一年九月)金主亮以尚书右丞李通为大都督,造浮梁于淮水之上,遂自将来攻,兵号百万,远近大震。"李通,《金史·李通传》:李通得用于完颜亮,拜参知政事。完颜亮欲大肆征伐,统一天下。李通逢迎其意,完颜亮"以通为谋主,遂议兴兵伐江南"。正隆六年二月,李通拜右丞。未几,为领军副大都督。完颜亮死,李通以主谋南下之罪死。浮梁,浮桥。

[20]"金主自将兵"五句:《宋史·刘锜传》:"金主亮调军六十万,自将

南来。"《金史·李通传》：正隆六年九月，完颜亮具装启行，十月六日夜至蒙城，八日大军渡淮，二十四日至和州。钲鼓：行军时用以指挥进退。涡口：涡水入淮处，在今安徽怀远东北。

［21］"先是"十五句：《宋史·高宗本纪》：绍兴三十一年九月十六日，诏刘锜、王权、李显忠、戚方严备清河、颍河、涡河口。十八日，成闵渡江，屯应城。十月一日，诏将亲征。二日，金人自涡口渡淮。九日，王权闻金兵至，自庐州引兵遁，屯昭关。刘锜闻之，自淮阴引兵归扬州。十七日，完颜亮入庐州。王权自昭关遁，金兵追至尉子桥，王权退保和州。十八日，高宗闻王权败。十九日，命叶义问督视江淮军马，中书舍人虞允文参谋军事。真州陷，金人不入城，遂犯扬州。二十一日，王权自和州遁归，屯东采石。二十三日，刘锜退军瓜州，金人陷扬州。参见《金史·海陵本纪》。刘锜，字信叔，德顺军人。善射，知兵略。高宗即位，差知岷州，为陇右都护。以顺昌大捷，升枢密院副都承旨、沿淮制置使。秦桧沮之，久居闲职。绍兴三十一年，金兵南侵，刘锜为江淮、浙西制置使，节制诸路军马。引兵屯扬州。王权溃遁，诏刘锜专防江，刘锜遂至镇江。三十二年病殁。见《宋史·刘锜传》。叶义问，字审言，严州寿昌人。建炎初，登进士第。累迁殿中侍御史，拜同知枢密院事。绍兴三十一年，奉命视师，督江淮军。素不习军旅，措置多未当。金兵退，请辞归。乾道六年卒，年七十三。见《宋史·叶义问传》。两淮，宋熙宁后，淮南路分东、西二路，简称淮东、淮西，合称两淮。枢臣，宰辅重臣。此指叶义问，时知枢密院事。

［22］"十一月壬申"十四句：《宋史·高宗本纪》：绍兴三十一年十一月三日，成闵引兵援淮西。四日，召王权赴行在，以李显忠代。七日，完颜亮临江筑坛，刑马祭天，期翌日南渡。八日，虞允文督建康诸军统制官张振、王琪、时俊、戴皋等，以舟师拒于东采石。九日，允文遣水军统制盛新以舟师击于杨林河口。完颜亮焚其舟而去。李显忠，本名世辅，字君锡，绥德青涧人。绍兴中自西夏率众来归，赐名显忠。忤秦桧，屏居台州。绍兴三十一年，起池州都统。王权败遁，诏李显忠代之。复和州、灵壁、宿州。与副将邵宏渊不和，师溃符离。责授团练使，安置长沙，徙信州。后起太尉，归老会稽。见《两浙名贤录》卷五十三《寓贤》。采石，采石矶，又名牛渚矶，在今安徽马鞍山。

[23] 告命：谓告身，授官之符。

[24] "至江滨"十二句：《金史·李通传》："遂筑台于江上。海陵被金甲登台，杀黑马以祭天，以一羊一豕投于江中"，"海陵置黄旗、红旗于岸上，以号令进止，红旗立则进，黄旗仆则退。"绛旗，红旗。绣旗，谓黄绣旗。宇文懋昭《大金国志》卷十五："临江筑坛，刑马祭天，必欲驱诸军渡江"，"绣旗二，中张黄盖，帝执小红旗麾众。"黄屋，指黄盖。济江，渡江。玉麟堂，在金陵。高宗南渡，取为行宫。见周必大《记金陵登览》。

[25] 实四十万：完颜亮率兵南侵，实六十万，号百万，分兵南下，自随四十万。

[26] 戈船：大船。

[27] 绝江：过江。绝，越过。《荀子·劝学》："假舟楫者，非能水也，而绝江河。"

[28] 时俊：时为步军统制。杨万里为虞允文撰《神道碑》："公即与时俊等谋整步骑为阵"，"其登岸者与官军战，我师少却。公乘马往来阵间，顾见时俊，抚其背曰：'汝胆略闻四方，今可作气否？若立阵后，则儿女子耳。'俊回顾曰：'舍人在此耶？'即手挥双长刀，出阵奋击，士皆殊死战，无不一当百，俘斩略尽。"

[29] 海鳅船：小型战船。海鳅，海鲸。平沉：沉没。

[30] "会有溃军"五句：赛驹《采石、瓜洲毙亮记》："会淮西溃散官军有从光州转江而至者三百余人，允文抚劳，授以旗鼓，自山后转出。虏以为援兵至，遂引余兵遁去。"

[31] 以捷闻：《三朝北盟会编》卷二百三十八载虞允文进札二，前札云："臣于八日午后到采石，见江北金兵甚众"，"摆布仅毕，忽闻敌众齐声发喊，金主亲执小红旗，麾数百舟绝江而来"，"至夜师旋，计其岸上之尸，凡二千七百人；射杀万户一人"，"生擒千户二人，金人三十余人。"赛驹《采石、瓜洲毙亮记》："计其岸上之尸，凡三千七百余人；杀死万户一人；生获千户五人，女真三百余人，死于中流者不胜计。"杨万里撰《神道碑》："至夜师还，数尸四千有七百；杀万户二人；生得千户五人，女真五百人。是夕公具捷奏闻。"宋人赵甡之谓"一时之记录，莫不张其声势，大其功伐"，《中兴遗史》："是役也，金人有四十舟在杨林，出江者止十七舟。官军止有海鳅十艘迎战，

30

二战舰终不出","金人死士五百人,不死于江者,亮尽数杀之,怒其舟不能出江也。"万户、千户:金初置万户,即万夫之长。置千户,即千夫之长,又称猛安。生女真:女真人,未入契丹籍。《金史·本纪第一·世纪》:"五代时,契丹尽取渤海地,而黑水靺鞨附属于契丹。其在南者籍契丹,号熟女真;其在北者,不在契丹籍,号生女真。"

[32] 杨林口:杨林河口,在安徽和县东,今称杨林渡。

[33] 再以捷闻:杨万里撰《神道碑》:"公谓虏明日必复来,乃与诸将再往水滨,整列步骑、戈船,出海鳅船五之二,以其半直北岸上流杨林河口,以遏虏舟之所自出。丁丑,虏众如墙而进,我师射之,应弦而倒死者万计。舟来未已,海鳅逆击,虏舟大败。顾见我师扼其皈路,即纵火自焚。我师举火,尽焚其余二百艘。逆亮遁去,入扬州。"

[34] 典宪:法典。李世辅:李显忠,原名世辅。

[35] 龙凤车:皇帝车舆。梁汉臣:按《炀王江上录》,梁汉臣本宋内侍,陷于金,进言完颜亮迁都燕京。充修燕京大内正使、修汴京大内正使。奏称洛阳好花,宜巡幸看花。复进言下诏催促诸路大军南取江淮,统一天下。

关 山 月

陆　游

〔**解题**〕陆游(1125—1210)字务观,号放翁,越州山阴人。绍兴间,应礼部试,为秦桧所黜。秦桧死,起用,累迁枢密院编修官。以谏触帝怒,贬镇江府通判,改建康府,再改隆兴府。言者论其"交结台谏,鼓唱是非,力说张浚用兵"(《宋史·陆游传》),免归。乾道五年(1169)冬,起夔州通判。七年,王炎宣抚川陕,辟为干办公事。为陈说进取之策,作《平戎策》。明年,任成都府路安抚司参议官。九年,迁蜀州通判。以虞允文荐,改嘉州。允文死,回任蜀州。淳熙二年(1148),范成大任四川制置使,荐为锦城参议。不拘礼法,人讥其颓放,乃自号放翁,罢免。淳熙五年起用,历礼部郎中等职,升宝章阁待制,致仕。著有《剑南诗稿》《渭南文集》《老学庵笔记》。陆游喜论恢复,北伐诸策、选拔人才之议多有见解,然为当路所不喜,屡遭罢黜。中兴之志寄寓于诗,所作得杜陵之骨、东坡之肆,与杨万里、范成大、尤袤并称"中兴四大家"。赵翼《瓯北诗话》称其"才气豪迈","力透纸背"。《关山月》为其名篇,淳熙四年(1177)作于成都。先是淳熙元年,陆游上书郑闻北伐,未纳。八月,作《蜀州大阅》,批评朝廷养兵不用、苟且偷安。《关山月》痛斥朝廷主于和议,抒写壮士空有报国之志,忠爱之情,激愤之意,尽见言辞。《关山月》本乐府旧题,属横吹曲辞,吴兢《乐府古题要解》:"言伤离别也。"后世借为新词,不拘乐府旧题。

和戎诏下十五年,将军不战空临边[1]。朱门沉沉按歌舞,厩马肥死弓断弦[2]。戍楼刁斗催落月,三十从军今白发[3]。笛里谁知壮士心,沙头空照征人骨[4]。中原干戈古亦闻,岂有逆胡传子孙[5]?遗民忍死望恢复,几处今宵垂泪痕[6]。

——钱仲联《剑南诗稿校注》卷八,上海古籍出版社1985年版

[1]"和戎"二句:写朝廷和议失策。隆兴元年,宋孝宗用张浚北伐。符离兵溃,张浚罢。隆兴二年,宋金重议和,疆界遵于绍兴和议,岁贡改为岁币,银绢二十五万两、匹,改为二十万两、匹,割商州、秦州之地,史称隆兴和议。自隆兴初至此,约十四五年,故云。

[2]"朱门"二句:写朝廷权贵荒嬉。朱门,指豪门权贵。杜甫《自京赴奉先县咏怀五百字》:"朱门酒肉臭,路有冻死骨。"沉沉,豪第大屋深邃貌。《汉书·陈胜项籍列传》:陈胜为王,故人尝共佣耕,来见,"入宫,见殿屋帷帐,客曰:'夥!涉之为王沉沉者。'"应劭曰:"沉沉,宫室深邃之貌也。"按歌舞,按乐而歌,按乐起舞。按,击节打拍。花蕊夫人《宫词》其十:"夜夜月明花树底,傍池长有按歌声。"其三十:"重教按舞桃花下,只踏残红作地裀。"厩马肥死,语本《孟子·梁惠王上》:"庖有肥肉,厩有肥马,民有饥色,野有饿莩,此率兽而食人也。"此与"朱门沉沉"俱讥刺权贵好安逸享,荒于兵备,不思进取。弓断弦,因闲置不用,弓朽弦断。"弓断弦"对上句"按歌舞"管弦之盛。

[3]"戍楼"二句:写戍边将士之苦。戍楼,瞭望军情的高楼。刁斗,古时军中所用,又名金柝、焦斗,大小似斗,有柄,昼炊饮食,夜击报时或报警。

[4]"笛里"二句:写壮心空老之悲。笛里,杜甫《洗兵马》:"三年笛里关山月,万国兵前草木风。"壮士心,孟郊《百忧》:"萱草女儿花,不解壮士忧。壮士心是剑,为君射斗牛。朝思除国雠,暮思除国雠。计尽山河画,意穷草木筹。"沙头,《晋书·职官志》:酒泉郡,汉置,统县九,包括玉门、沙头等。借指边塞。征人骨,苏拯《古塞下》:"血染长城沙,马踏征人骨。"

33

〔5〕"中原"二句:写金人据有中原之谬。陆游《书愤》:"山河自古有乖分,京洛腥膻实未闻。"既言夷狄不能久居中原,又言南宋偏安江南,实为荒谬。干戈,古时兵器,喻指战争。逆胡,指金人。自金太宗完颜晟进占中原,至此已传四世。

〔6〕"遗民"二句:写中原遗民恢复之望。遗民,前朝所遗。此指金统治下的中原百姓。陆游《秋夜将晓出篱门迎凉有感》其二:"遗民泪尽胡尘里,南望王师又一年。"

病起书怀(二首)

陆 游

〔解题〕淳熙二年(1175),范成大帅蜀,陆游与之相知,商讨恢复之计,言论激越,为时所中。明年免官,病起赋此,自述心志。"位卑未敢忘忧国,事定犹须待阖棺",可谓自誓。"出师一表通今古,夜半挑灯更细看",意通其《书愤》:"出师一表真名世,千载谁堪伯仲间。"安史之乱中,杜甫流寓成都,野老忧国,《蜀相》云:"出师未捷身先死,长使英雄泪满襟。"陆游诗推杜陵、东坡,在成都间颇效杜陵。此诗与《书愤》俱悲凉激越。

病骨支离纱帽宽,孤臣万里客江干[1]。位卑未敢忘忧国,事定犹须待阖棺[2]。天地神灵扶庙社,京华父老望和銮[3]。出师一表通今古,夜半挑灯更细看[4]。

酒酣看剑凛生风,身是天涯一秃翁[5]。扪虱剧谈空自许,闻鸡浩叹与谁同[6]。玉关岁晚无来使,沙苑春生有去鸿[7]。人寿定非金石永,可令虚死蜀山中[8]。

——钱仲联《剑南诗稿校注》卷七,上海古籍出版社1985年版

[1] 病骨支离:写病后憔悴衰残。病骨,病体。支离,残缺不全。陆游《龟堂独酌》其二:"天生我辈初何用,病骨支离又过秋。"纱帽宽:谓骨削瘦

弱,亦是免官自嘲语。纱帽,古代君王、官员所戴帽子,纱制,唐后渐流行,宋时为官员常礼服。孤臣:孤立无援或不受重用的远臣。《孟子·尽心上》:"独孤臣孽子,其操心也危,其虑患也深,故达。"客江干:陆游免官,暂留蜀中。江干,锦江之滨。杜甫《宾至》:"幽栖地僻经过少,老病人扶再拜难。岂有文章惊海内,漫劳车马驻江干。"

〔2〕"位卑"二句:言位虽卑微,未敢忘恢复大计,是非功过待后人定论。待阖棺:盖棺方定。阖棺,盖棺。《锦绣万花谷》卷二十六载晋人刘毅语:"丈夫踪迹,不可寻常,混群小中,盖棺事方定矣。"

〔3〕"天地"二句:言皇天终佑大宋,中原百姓盼望恢复,北伐顺应天意民心。陆游《书愤》:"上天悔祸终平房,公道何人肯散群。"庙社,宗庙社稷。汴京为北宋宗庙所在,社稷所系。京华,都城,指汴京。望和銮,谓盼望恢复。和銮,同"和鸾",悬在车前横木上者称"和",悬在轭首或车驾上者称"鸾"。古时帝王车驾上有銮铃,借指天子车驾。

〔4〕出师一表:蜀汉丞相诸葛亮为匡扶汉室,统一中原,先后五次北伐。为北伐计,作《出师表》《后出师表》上后主刘禅。出师一表,通谓前表。表,古代上书帝王陈情言事的一种文体。通今古:犹言为今借鉴。

〔5〕"酒酣"二句:陆游《秋日小雨有感》:"志士酒酣看宝剑。"辛弃疾《破阵子·为陈同甫赋壮词以寄》:"醉里挑灯看剑。"一秃翁,《史记·魏其武安侯列传》:"(田蚡)召韩御史大夫载,怒曰:与长孺共一老秃翁,何为首鼠两端?"裴骃集解:"秃老翁言(窦)婴无官位扳援也。"时陆游已罢,故云。《宋史·陆游传》:"范成大帅蜀,游为参议官,以文字交,不拘礼法,人讥其颓放,因自号放翁。"参见钱仲联《剑南诗稿校注》。

〔6〕"扪虱"二句:北伐之议不用,自嘲壮志难酬。扪虱剧谈,用王猛故事。《晋书·王猛传》:"桓温入关,猛被褐而诣之。一面,谈当世之事,扪虱而言,旁若无人。"王猛字景略,北海郡剧县人,移家魏郡。在前秦官至丞相、大将军,佐苻坚统一北方。剧谈,畅谈。闻鸡浩叹,用祖逖故事。《晋书·祖逖传》:祖逖与刘琨俱为司州主簿,夜闻鸡鸣,督促刘琨说此非"恶声",因起舞剑。祖逖字士稚,范阳遒县人。建武间率部北伐,封镇西将军。北伐不利,忧愤成疾卒。

〔7〕"玉关"二句:言衷情难以上达。前一句用张骞故事。建元元年,

汉武帝欲联大月氏夹击匈奴,遣张骞使西域。见《汉书·张骞传》。玉关,玉门关,与阳关均在敦煌郡,为都尉治所,中原与西域交通关隘。后一句用苏武故事。天汉元年,苏武以中郎将使匈奴,被留不归。汉昭帝与匈奴和亲,求苏武等人,匈奴诡言苏武死。常惠夜见汉使,教之谓单于曰:"天子射上林中,得雁,足有系帛书,言武等在某泽中。"苏武等始得放还。见《汉书·苏武传》。

[8] 金石永:金石寿永。虚死:无谓而死。陆游志在报国,《枕上述梦》:"白首不侯非所恨,咿嘤床箦死堪羞。"蜀山中:蜀地山川。陆游《躬耕》:"莫笑躬耕老蜀山,也胜菜把仰园官。"

兵部尚书于公谦传(节选)

王世贞

〔解题〕于谦(1398—1457)字廷益,号节庵,钱塘人。永乐十九年(1421)进士。授山西道监察御史,超擢兵部右侍郎。风仪峻整,吏术民事无不精剀。迁左侍郎。正统间,宦官王振擅权,于谦不肯屈奉,系狱数月,降大理寺左少卿。正统十二年(1447),复兵部右侍郎。十四年,瓦剌也先南侵。英宗朱祁镇为王振唆使,率兵亲征,土木堡被俘。太子年幼,太后命英宗弟郕王朱祁钰监国。九月,郕王即位。于谦力排南迁之议,固守京师,退瓦剌之敌。景泰八年(1457)正月,武清侯石亨与宦官曹吉祥等迎英宗复辟。于谦下狱死,年六十。成化初,复官赐祭。弘治初,谥忠愍。万历间,改谥忠肃。有《于忠肃集》十二卷。《明史》有传。薛应旂采于氏家乘作《于肃愍公传》。王世贞撰刘基、于谦、王阳明三传,合题《浙三大功臣传》,收入《弇州山人续稿》。焦竑《国朝献征录》录于谦传,题作《兵部尚书于公谦传》。今据《续稿》节选于谦传,用《国朝献征录》之题。世贞字元美,号凤洲,晚号弇州山人,太仓人。嘉靖二十六年(1547)进士,除刑部主事。累迁南刑部尚书。著有《弇州山人四部稿》《弇州山人续稿》等集。文章、气节、学问,三者难兼,而有明一代,方孝孺、于谦、杨继盛能兼之。明人为编选《三异人文集》。谢章铤《题三异人集后》:"报国谁能轻一死,登场无力逐群儿。功名自古关气节,不独高皇养士时。"危亡之际,于谦挺然而出,曰:"吾事吾君而已,社稷重则君为轻,而何有于太上？虏氛之未息也，谦任之；社稷之未定也，谦任之；太子之宜立不宜立也，则太后主之，君定之，阁臣任之，诤臣持之，谦何与焉？"（《皇明史窃·于谦传》）英宗夺门之变，于谦被冤死。

是时，南北屡用兵，大盗时起。尚书邝埜以清干著，而谦佐之以弘断部事。虽稍稍饬然，尚扼于中贵人振，不能大展[1]。而无何，为正统己巳，虏酋也先既破略独石、马营诸镇，至秋益猖獗[2]。振遂挟上下诏亲征。谦与邝埜上言："也先，丑竖子耳，诸边将士足制之。陛下为宗庙社稷主，奈何不自重奉，以与犬羊角乎？请毋烦六师。"[3]上不听，埜乃从治兵，而留谦治部事[4]。

车驾至土木蒙尘，报至，京师大震[5]。皇太子幼，不能监国，太后乃命郕王摄政以辅之[6]。王御左顺门，时中贵人振虽以殁虏，中外恨而欲食其肉，于是九卿台谏廷劾振罪[7]，请用反法于其家。奏未竟，而锦衣指挥马顺者[8]，振党也，妄传王旨，叱众退。给事中王竑起，直前擒顺，曰："此正所谓翼虎者，今日犹敢尔？"[9]众争捶之，立死。又捶二阉之尝私振者，死。时卫卒声汹汹，王惧欲退，诸大臣皆披靡，有趋匿者。公独直前掖王，且启王下令曰："捶顺与二阉死者，义激无罪。少选俟得请皇太后，即族振，且籍顺等家，众姑退。"[10]于是王乃起，谦徐徐步出掖门。吏部尚书王直者[11]，最为笃老臣，执谦手而叹曰："朝廷正藉公耳！今日虽百王直，何能为？"寻进兵部尚书。谦谢弗允，乃上言："扈驾文武臣有预军事进止，当以失机论。即死，亦不宜滥恤。"报许。

郕王既即大位，益贤谦，虚己委焉。入对，慷慨泣奏曰："虏得志，挟我大驾，势必长驱而南。今六军实力，武库兵器尽矣。司马宜急分道募兵及留漕卒自益，司空宜并日而搜乘

39

缮械。九门要地,宜令都督孙镗、卫颖、雷通、张軏等分守之,都御史杨善、给事中王竑等参焉。凡兵,皆出营郭外,毋令避而示弱。郭外之民,皆徙入内安插,毋令失所而嚣。通州仓,欲守之或不能,委以与虏则可惜,宜令官军皆给一岁禄奉,听其自运,仍以赢米为之直。虏所急者草,诸厂宜亦听军称力取之,不尽则焚之,毋以饱虏马[12]。而是时石亨方坐系,杨洪亦以逗遛当谴,谦惜其材勇,请赦之,与安远侯柳溥为大帅[13],而身总其机宜。进止不效,则治臣之罪,以谢天下。"上皆嘉纳之。虏报益急,而侍讲徐珵者,以晓畅军事闻,且好言天象。上使中贵人召而询之,则力谓紫微中宫皆有变,必反故都而后吉。诸中贵人之鼠窜者、恋土者相轧未定,而搢绅士人多遣其私重归。谦乃恸哭廷诤曰:"京师天下本,宗庙、社稷、山陵宁此,百官万姓、帑藏庾廪萃此,此而不守,去欲安之?今日足一动,明日大事去矣。且虏乘胜骄,实不足畏也。"[14]上闻之曰:"善。"其一听谦处分。

十月,也先挟太上皇帝,破紫荆[15],遂直窥京师。石亨议毋出兵,第坚壁以老之。谦曰:"不可。贼张甚矣,而我又先之弱,是佐彼张也。"亟擐甲,统大营,营于德胜门外[16]。诸门皆有兵,总二十二万。虏见我兵盛而严,不敢轻犯,以数骑来尝我[17]。谦乃设伏于空屋,使数骑诱虏,虏遂以万骑来薄我,伏发败之。孙镗、毛福寿复败之西直门[18]。谦使谍谍上皇舆驾远[19],夜令人以火炮击其营,死者千计,贼遂退。有诏褒于谦,进加少保[20],总督军务。谦固辞,言:"臣以猥薄致位六卿,任重才疏,已出望外。今虏寇未靖,边事未宁,当圣主忧勤之时,人臣效死之日,岂以犬马微劳遽膺保傅?重任所有,恩命未敢祗承。"[21]不许。谦退而语人曰:"四郊多垒,卿大夫耻之。今谦不能死而以微功赏,能无重耻哉!"[22]复上书固辞，不许。

大同参将许贵奏请遣使，腆其币以款虏，而徐为讨伐计。谦谓："前者故非不遣使，都指挥季铎、指挥岳谦遣而虏随入寇，通政王复、少卿王荣遣而不获征太上一信。其狡焉侮我而龁我，何似而可言和？况虏不共戴天仇也，理固不可和。万一和而虏遂肆无厌之求，从之则坐弊，不从则生变，势亦不可和。"[23]因劾贵介胄之臣而委靡退怯，法当诛[24]。于是边将人人言战守，虏不能挟重相恫喝，抱空名不义之赘，始欲归太上，而谦之伏祸肇矣。

谦以涿、易、真、保诸州郡为京师拱卫，而事力单甚，乃皆宿兵，使都指挥陈旺等分将之，而右都督杨俊帅焉[25]。久之，皆屹然重镇。俄谍报"虏逼总兵朱谦于关子口"，明日复报"追石亨于雁门关"[26]，烽火连属，众皆恐，请大发兵援之。谦策大虏尚远塞，必张疑兵以胁我，乃上方略授亨等，使皆坚壁，而令各营秣马厉士[27]，使若将大举者。已而贼果不至。中贵人喜宁者，故俘虏也，下蚕室得近，而后复没虏，为虏用，诸所要挟，皆宁谋。谦密受计杨俊，捕而磔之[28]。复授计侍郎王伟，诱诛为虏间者小田儿，虏自是益计屈[29]。时复议遣使与也先和，且迎太上，群臣王直等请之力。上意不怿，曰："我非贪此位，而卿等强树焉，而今复作纷纭何？"众不知所对。谦从容曰："天位已定，宁复有它言？和者觊以解目前而得为备耳。"上顾而改容曰："从汝，从汝！"于是左都御史杨善以泛使往[30]，而上皇返驾。

先朝处降虏近畿，也先入寇，多从之而北。会西南方用兵，谦与上谋，每征行，辄挟其精骑以往，厚与之资，有功则官之。已而更遣其妻子，自是肘腋少它患[31]。杨洪既自独石入卫，而所留老弱，凡八城，悉归也先，然彼亦不之守。谦谓：

41

"此宣府垣屏也[32],不可弃。"乃复授都督孙安计,使以精兵由龙门关出据之,而募民屯田,且战且守,八城遂复[33]。贵州苗寇久未平,侍郎何文渊请罢二司,专设都司,而以大将填之[34]。谦曰:"不设二司,是夷之也。夷之,何以通滇僰道?且无故而弃祖宗所设地,不祥。"遂寝[35]。当是时,浙闽则有邓茂七、叶宗留,广则有黄萧养,又有儿獐猺,而三楚之贵竹苗獠[36],处处蜂起。前后命将将兵,皆出谦独运,号令明审,动合机宜。虽宿旧勋臣,小不中程律,即请旨切责,究治不贷。片纸行万里外,电耀霆击,靡不惴惴效力,毋敢饰虚辞以抵者,以故天下咸服谦,而归景帝能用人。

太上既归,上奉之南城[37]。又欲易皇太子,谦以非所职,不敢争[38]。而皇太子立,内阁九卿俱加师傅等官[39],谦得太子太傅,且命兼支二俸。群公皆一辞,谦独再辞,其文婉约以示风[40]。上弗许。时已巳城下之役,石亨功不如谦,而得世侯爵,心愧之,乃推谦功,诏予一子府军前卫副千户[41]。谦辞至再三,有云:"纵臣欲为子求官,自当乞恩于君父,何必假手于石亨?"于是亨益愧,且恨谦矣。上复赐谦阙西甲第[42],谦辞曰:"匈奴未灭,何以家为?去病竖子,尚知此意。臣独何人,而敢饕此?"[43]又不许。乃置上前后所赐玺书、袍铠、冠带、弓剑之属于堂,而加封识,岁时一谨视而已。谦多寓直房,以便朝谒。一日病痰壅,上使中贵人兴安、太医院使董宿视之[44],云:"治痰必需竹沥。"[45]上为亲幸万岁山,伐竹以赐,且命计谦日用所需,悉出自尚方[46]。谦皇恐谢[47],且乞归。诏免朝谒,寻赐玺书,褒予备至。

太宗以北伐故,宿兵燕中甚盛,而会承平久,不能无老弱,公侯、中贵人往往役占[48]。土木之难,半以委房。其额虽有五军、神机、三千诸营,将不相属,相支调为恒。谦议选精兵十五万,分十营,营以一都督领之。五千人为一小营,营以一都指挥领之。余兵散归五军等营,以备次调[49]。虽有杨洪、石亨、柳溥为大帅,而进止赏罚一由谦,相顾颟首而已[50]。洪、亨皆老将宿滑,而亨尤贪纵,侈自快,谦事裁之[51]。洪死,而子俊恃勇,骜桀不可驯[52],尝疏请悉发京营与诸镇兵,大举逐虏,而犁其王庭[53],可以得志。谦持不可,曰:"大举未必能值虏,值虏未必胜,而彼率其别部,异道而捣我虚,宁万全策也?"俊语塞。后竟以不法,为谦纠论削。亨有从子彪,以骁勇著,亨恃而强,谦出之为大同游击将军,以是益恨谦切骨[54]。而中贵人曹吉祥、刘永诚者[55],与谦共兵事,亦衔谦气陵之。

　　景皇帝不豫,石亨谋与吉祥等发南城锢,迎太上复辟[56]。甫御殿,而执谦与大学士王文下狱,谓谦、文与中贵人舒良、王诚、张永等谋迎襄王为帝[57],坐以谋反律,凌迟处死,然实无显迹可据。而廷鞫日,亨等加钻钻锻炼[58]。文不胜愤,辨之苦。谦笑曰:"亨等意欲死我,何益?"既奏上,上犹豫曰:"于谦实有功,若何?"时徐珵者改名有贞,而与亨比[59],前曰:"不僇谦,此举为无名。"[60]谦遂论斩,弃市,籍其家,自上赐外,无长物[61]。谦死之日,阴霾翳天,行路嗟叹。吉祥麾下有达官指挥朵耳者,以一觞酹其地而恸,吉祥恚朴之[62],明日复酹,恸如故。先是杭之西湖涸,龟底,孙原贞时填其地,语人曰:"哲人其萎乎?吾甚虞于公。"[63]谦死,而陈汝言者,亦亨党也,代为尚书,不一载而败。籍其赀,列内庑[64],上召大臣入视。已,愀然曰:"于谦终始景泰朝,被遇若一身,而死无余赀。汝言抑何多耶?"[65]俄西北边报甚亟,上忧之。时恭顺侯吴瑾侍[66],进曰:"于谦在,不令虏至此。"上为默然。是岁,有贞以内阁首辅与亨、吉祥争权,下狱,流金齿[67]。又三年,亨下狱,瘐死,家籍;彪弃市。又二年,吉祥与其从子昭武伯反,族[68]。

谦有一子冕,自府军前卫千户赦归[69]。宪宗初[70],上疏白冤状。上怜而复其官,赐祭有云:"当国家之多难,保社稷以无虞。惟公道而自持,为权奸之所害。在先帝已知其枉,而朕心实怜其忠。"天下诵而称之[71]。孝宗初,加赠特进光禄大夫、柱国、太傅,谥肃愍,赐特祠于其墓,曰"旌功"[72]。冕改文资,累迁至应天尹[73],有干用声。无子,其族继者数世而至嵩[74],嵩今以都督佥事镇福建。

谦为文肆笔立就,诗亦爽俊,然少裁割。独其于奏疏尤明切,尝口授两吏传写,指腕为痛。所存奏牍若干卷,集若干卷[75]。

弇州外史曰:北地盖有李梦阳云,其为于谦祠记,而曰:"谦死,一时痛之云:'鹭鹚冰上走,何处寻鱼嗛。'[76]而当虏之拥太上而南至宣府,宣府人登陴曰:'赖天地社稷之灵,国有君矣。'[77]至大同,大同人登陴曰:'赖天地社稷之灵,国有君矣。'而谦独飚言曰:'社稷为重,君为轻。'[78]斯言也,功以之成,祸以之生[79]。"然欤?否耶?谦以介胄分,不言和而言战守。当太上之迎复,谦不为梗。小梗者,王文、杨俊耳。景帝之信谦,谓其能御围,非有布衣腹心,素一不合则暌,再不违则去[80]。夫人主以私爱欲易太子,虽留侯不能得之汉高[81],而谦能得之景帝乎哉?天命所佽,大宝中夺,小人贪功,伏机焱发[82]。元勋甫就,膺此祸烈[83],智不及避,勇不及决。悲哉天乎!不十载,而旋定旌与雪,偕娖矣[84]。纯皇帝之为纯也[85],令后世思君臣矣。

——明万历间刻本《弇州山人续稿》卷八十五

[1]邝埜:字孟质,号朴斋,宜章人。永乐九年进士,授监察御史。正统十年,进兵部尚书。以瓦剌也先势盛,请为备。英宗亲征,邝埜谏止不得,扈驾出关。土木之变,死乱军中,年六十五。成化间,谥忠肃。见《明史·邝埜传》。弘断:断事有力。中贵人振:宦官王振,蔚州人。为英宗宠信,干政擅权。唆使英宗亲征,贻误良多。土木之变,亦死乱军中。先是王振持政,怨于谦不私谒,嗾言者中之,于谦下狱。

[2]正统己巳:正统十四年。也先:又写作"额森",瓦剌首领。父脱欢统一蒙古诸部,立脱脱不花为可汗,自为丞相。也先嗣,称太师、淮王。正统十四年七月,挟诸部分道大举南侵。八月,土木堡俘英宗。十月,入紫荆关,进围京师。景泰元年闰正月,入大同。三月,分道入侵。屡为明兵所败,遣使讲和,八月送英宗归。明年,杀脱脱不花,自称大元田盛大可汗,建号添元。见《明史·外国九·瓦剌》、韩善征《蒙古纪事本末》卷上。独石:在宣府东北三百里云州,明设开平卫。卫旧在元之上都城内,移建于此。马营:马营堡,在宣府东北二百六十八里,本元云州大猫儿谷。宣德七年,筑城堡,建哨马营,分兵守备。见《明一统志》卷五。

[3]六师:周天子所统六军。周制,一万二千五百人为师。后指天子统领军队。

[4]"上不听"三句:于冕《兵部尚书于肃愍公行状》:"是年八月三日,六师启行。初,上命公随征,忽改遣邝埜,留公理部事。"

[5]"车驾至土木"三句:《明史·英宗本纪》:正统十四年八月十日,英宗至宣府。十三日,也先兵大至。十四日,英宗次土木。明日,移营,敌乘之,大溃,英国公张辅、兵部尚书邝埜等死之。也先拥英宗北去。十七日,报至,京师大震。时士马辎重丧失无余,京营疲卒不满十万,人心惴惧。侍讲徐珵请南迁,于谦抗言不可,定议坚守。十八日,太后命郕王监国。土木,土木驿堡,在保安州东四十里。本名统漠镇,唐初所置,后讹为土木。明永乐初,置堡。蒙尘,见《北征》注。此指英宗被俘。

[6]皇太子:明宪宗朱见深,英宗长子,正统间立为太子。景泰三年,废为沂王。英宗复辟,复立为太子。即位,改元成化。见《明史·宪宗本纪》。太后:孙太后,邹平人。宣宗即位,封贵妃。宣德三年,册立皇后。英宗即位,尊为皇太后。郕王:宣宗次子,英宗异母弟。英宗即位,封郕王。即

45

位后,改元景泰。夺门之变,废为郕王。

[7] 左顺门:在明故宫内,建于永乐十八年,与东华门相望。

[8] 锦衣指挥:锦衣卫指挥使。洪武十五年,罢仪鸾司,置锦衣卫,秩从三品。十七年,改锦衣卫指挥使正三品。见《明史·职官志》。

[9] 王竑:字公度,其先江夏人,占籍河州。正统四年进士,十一年授户科给事中,豪迈负气节。郕王摄朝,群臣劾王振误国。王振党羽马顺厉声叱言者,王竑愤起殴之。马顺死,王竑免责。累迁兵部尚书,卒谥庄毅。见《明史·王竑传》。翼虎:添翅老虎,喻党羽恶人。

[10] 少选:稍后,不多久。

[11] 王直:字行俭,泰和人。永乐二年进士,授修撰。累迁少詹事。正统八年,代郭进为吏部尚书。郕王摄政,王直推重于谦,主修边备。英宗留漠北,景帝惮于奉迎,王直首请遣使。英宗复辟,乞休归。天顺六年卒,年八十四。谥文端。见《明史·王直传》。

[12] 六军:即六师,见本篇"六师"注。司马:周时六卿之一,曰夏官大司马,掌军旅,此指管兵部事者。漕卒:漕运士兵。司空:周时与司徒、司工并称"三有司",掌军政与军赋,此指管户部事者。九门:古时天子设九门。《礼记·月令》:"毋出九门。"后借指京城要地。明时北京内城亦有九门,设提督守之。孙镗:字振远,东胜州人。正统末官都督佥事,典三千营。进右都督,充总兵官。也先入侵,孙镗营都城外,颇有斩获。见《明史·孙镗传》。卫颖:字源正,华亭人。官山东都司署都司指挥佥事。土木之变,应诏入卫。于谦荐之,实授佥事,进都指挥同知。见《本朝分省人物考·卫颖传》。雷通:时官都督佥事。张𬭎:时官都督,后与石亨等迎英宗复辟。天顺元年,封太平侯。见《明史·英宗本纪》。杨善:字思敬,大兴人。正统间,官礼部左侍郎。扈驾北征,土木之变,得脱。改左副都御史,与都督王通提督京城守备。敌退,进右都御史。见《明史·杨善传》。通州仓:宣德六年,添置北京及通州仓。正统元年,定通仓名,在新城内者为大运中仓、东仓,旧城内者为南仓、西仓。见《大明会典·户部八》。也先来犯,议者欲焚通仓,于谦议尽先取用。何良俊《四友斋丛说》卷六:"于肃愍曰:'国之命脉,民之膏脂,顾不惜耶!'传示城中,有力者恣取之。数日,粟尽入城矣。"称力:尽力。

[13] 石亨:渭南人。善骑射,与瓦剌战,以功升都督佥事。正统十四

年,进都督同知。时边将智勇,首推杨洪,其次石亨。也先攻大同,石亨逃归,诏降为事官。于谦荐掌五军大营,擢右都督,旋封武清伯。拥英宗夺门,封忠国公,权倾朝野。天顺三年,削职。明年,以谋反罪下狱,瘐死,党羽尽诛。见《明史·石亨传》。杨洪:字宗道,六合人。累功至都指挥佥事,升总兵官。郕王监国,封昌平伯。景泰二年,还镇宣府。见《明史·杨洪传》。柳溥:怀宁人。父柳升,以军功封安远伯。柳溥袭爵,初掌中府,出镇广西。土木之变,召掌右府,总神机营。事定,复出镇。见《明史·柳升传》。

[14]"虏报益急"二十一句:《明史·徐有贞传》:正统十四年秋,荧惑入南斗。徐珵命家人南还。土木难作,郕王召廷臣问计。徐珵曰:"验之星象,稽之历数,天命已去。惟南迁,可以纾难。"于谦曰:"言南迁者,可斩也。"徐珵,徐有贞字元武,初名珵,字元玉,吴县人。宣德八年进士,授编修。正统改元,进侍讲。景泰间,累迁左佥都御史。迎英宗复辟,入内阁,参预机务,封武功伯。出为广东参政,为石亨辈所陷,下狱,释归。见《明史·徐有贞传》。中贵人,谓侍从宦官。紫微中宫,紫微为三垣之中垣,居北天中央,又称中宫,或紫微宫。故都,谓留都南京。帑(tǎng)藏,国库。庾廪,粮仓。

[15]太上皇帝:谓明英宗。紫荆:紫荆关,在易州城西八十里,历代为扼塞之所。见《明一统志》卷二。

[16]擐甲:身披铠甲。德胜门:京师内城九门之一,始建于明正统二年。

[17]尝:试探。

[18]毛福寿:毛胜初名福寿,字用钦,蓟州人。嗣授都指挥使,累迁都督同知。正统十四年,进左都督,巡徼紫荆、倒马诸关。景泰间,以功封南宁伯。天顺二年卒,赠南宁侯,谥忠壮。见汤斌《拟明史稿·毛胜传》。

[19]上皇:太上皇简称。

[20]少保:古三孤之一,周始置,为君国辅弼之官,后用作大官加衔。

[21]猥薄:浅陋微薄。六卿:周制,天官冢宰、地官司徒、春官宗伯、夏官司马、秋官司寇、冬官司空为六卿,各有徒属职分。隋唐以后,亦用称吏、户、礼、兵、刑、工六部尚书。保傅:保谓太保、少保,傅谓太傅、少傅。少傅与少师、少保合称三孤,太傅与太师、太保合为三公。《尚书·周官》:"立太师、保傅、太保,兹惟三公,论道经邦,燮理阴阳。"明时用为赠官加衔。祗承:

47

犹衹奉,即敬奉。

[22] 徼功赏:邀功求赏。徼,同"侥"。

[23] "大同参将许贵"十五句:方孔炤《全边略记·大同略》:"大同参将许贵言虏请和,乞答使缓兵。下兵部议,尚书于谦议曰:'曩遣都指挥季铎、指挥岳谦往使财赂,方入穹庐,虏骑已至关口。继遣少卿王荣、通政王复又往,不得领命而还。今日之事,理与势皆不可和。何者?中国与寇虏有不共戴天之仇,和则背君父而违大义。此理不可和也。丑虏贪而多诈,万一和议既行,而彼有无厌之求,非分之请,从之则不可,违之则速变。此势不可和也。'移文诰责许贵,敕石亨、杨洪哨于宣、大之间。"许贵,字用和,江都人,永新伯许成子。守备大同西路。明英宗北狩,许贵拊循军士,击退来敌,进都指挥使。景泰间,迁都督同知。英宗复辟,命理左府事,寻调南京。以病殁。见《明史·许贵传》。腆其币,《礼记·郊特牲》:"币必诚,辞无不腆。"此谓厚币款和。腆,丰厚。王复,字初阳,固安县人。正统七年进士。正统十四年,也先犯京师。十月,王复以礼部右侍郎使敌营。累迁兵部尚书,改工部。见《本朝分省人物考·王复传》。王荣,于冕《行状》同,字希仁,钱塘人。《本朝分省人物考》、万斯同《明史》、张廷玉等《明史》等王复传作"赵荣"。赵荣字益仁,通渭籍,闽县人。正统十四年十月十八日,升鸿胪寺卿,同王复持羊酒往也先营。诸载记颇相歧异。

[24] 贵介胄:贵介冑胄,谓地位尊贵者。

[25] 涿、易、真、保诸州郡:涿州、易州、真定府、保定府。涿州,在顺天府西南一百四十里。易州,在保定府城西北一百二十里。真定府,元时为真定路,明改真定府,直隶京师,领五州二十七县。保定府,元初为保州,寻改顺天路,至元中改保定路。洪武元年,改保定府,初属北平布政司,后直隶京师,领三州十七县。见《明一统志》。巨力:武力。宿兵:驻扎军队。陈旺、杨俊:雷礼《皇明大政纪》卷十二:"(景泰元年四月)己亥,少保于谦奏遣都指挥陈旺、石端、王信、王竑等分兵防守涿鹿、真定、保定、易州等处,仍听右都督杨俊节制。敕都督同知刘安镇守易州等处。"陈旺时为都指挥。景泰三年,镇守广西。见《明政统宗》卷十二。杨俊,杨洪之子,正统中署都指挥佥事,总督独石、永宁诸处边务。景帝即位,进都督佥事,寻充右参将,佐朱谦镇宣府。以恃父横恣诸事,为言官交劾,下狱论斩,诏随父立功。充游击将

军。后以事降官,免死夺爵。见《明史·杨俊传》。

[26] 朱谦:夏邑人。袭父职,为中都留守左卫指挥佥事。累迁左都督,以总兵官镇宣府,御寇奋勇,封抚宁伯。卒谥武襄。见《明史·朱谦传》。关子口:在宣化县东。见《天下郡国利病书》。

[27] 坚壁:坚壁不战。秣马厉士:秣马厉兵。

[28] "中贵人喜宁"九句:太监喜宁土木堡被俘,降瓦剌,告以明廷虚实,嗾挟英宗入侵。《明政统宗》卷十二载景泰元年四月"叛臣喜宁伏诛",称英宗与袁彬谋遣喜宁传命入京,令军士高磐同行,伺机擒拿。宣府参将缚喜宁,送京师,诛之。《明史·杨洪传》载杨俊冒功事:"初,太监喜宁降贼,数诱贼入犯。中朝患之,购能禽斩宁者","至是为都指挥江福所获,俊冒其功","既而事露,兵部请下俊狱,夺所加官。帝有俊罪,别赏福等"。蚕室,古时行割刑之室,可避风养疮。宦官受割,亦入蚕室。磔,凌迟处死。

[29] "复授计"三句:《明史·王伟传》:"叛人小田儿为敌间,谦属伟图之。会田儿随贡使入,至阳和城,壮士从道旁突出,断其头去。"王伟,字士英,攸县人。正统元年进士,授户部主事。景帝即位,于谦荐授职方司郎中,又荐擢兵部右侍郎。后坐谦党罢。见《明史·王伟传》。小田儿,河间亡命徒。

[30] 泛使:一般使节。

[31] 肘腋少它患:无肘腋之患。肘腋之患,语本《三国志·蜀书·法正传》:"(诸葛亮曰)近则惧孙夫人生变于肘腋之下。"肘腋,喻切近之处。

[32] 垣屏:语本《诗经·大雅·板》:"价人维藩,大师维垣,大邦维屏,大宗维翰。"此谓屏障。

[33] "乃复授都督"五句:沈国元《皇明从信录》卷二十:"(景泰三年)四月,命都督同知孙安镇守独石、马营等处,以都给事中叶盛为山西右参政,协赞军务。先是独石、马营等八城遇虏失守,残毁未复,议者欲弃之。于谦曰:'弃之则不但宣府、怀来难守,京师不免动摇。'乃荐安,授以方略,命盛赞其军。盛至,列其利害,仍为八条以进,次第行之。与安率兵度龙门关,且战且守,八城完复如旧。"龙门关,魏焕《皇明九边考》卷四《宣府镇》:宣府"迤东一百里至独石城,东北二百里至龙门关"。

[34] 何文渊:字巨川,广昌人。永乐十六年进士,授监察御史。累升刑

49

部右侍郎,以疾归。景帝立,起吏部左侍郎。贵州苗叛,何文渊请罢布政司,仍如洪武中设总兵官镇守,于谦言其非便,遂止。见汤斌《拟明史稿·何文渊传》《皇明史窃》卷九十九。"请罢二司,专设都司":二司谓贵州布政司、按察司。都司谓贵州都指挥司。洪武十五年,贵州设都指挥司。永乐十一年设布政司,十五年设按察司。至是何文渊奏议:"乞照旧置,立宣慰司,管属土人;设都司都指挥等官,钤束军卫;遣大将一员,在彼镇守","布按司府官员,悉取回京。"(于冕《兵部尚书于肃愍公行状》)填:古同"镇"。

[35] 夷之:以夷待之。僰(bó)道:汉置县名,属犍为郡。以僰人所居,故名。见《汉书·地理志》。僰人,古时对西南诸少数民族的统称。寝:平息。

[36] 邓茂七:初名邓云,建昌人,因杀人逃福建宁化,改名茂七。正统末,拥众起事,连下州县,浙闽震动。朝廷调兵征剿,景泰初平之。叶宗留:庆元人。正统中采矿福安。官兵禁民间采矿,他率众起事,与茂七相呼应。官兵进剿,景泰间始平之。见《皇明通纪法传全录》卷十九、《昭代功功编》卷四。黄萧养:《弇州山人续稿》《弇州史料》作"黄省养",《弇山堂别集》《明名臣琬琰录》及正德《琼台志》、丘濬《琼台会稿》写作"黄肖养",《昭代武功编》《皇明大政纪》及于谦《忠肃集》等作"黄萧养"。当以"黄萧养"为正。黄萧养,南海冲鹤堡人。至正十四年,啸聚海上,自称东阳王,据五羊驿为行宫。董兴等帅兵平之。见《昭代武功编·董海宁讨平黄萧养》。獞猺:僮民、傜民统称。于谦《抚绥猺獞疏》称黄萧养之徒起事,一方不安。当地土人有生猺、熟猺之分,獞人、狇人、獠人之别,民风强悍,议朝廷安抚已归,未服者申之以义,并整饬戎伍以临之。见《皇明疏抄》卷六十二《弭盗》。三楚之贵竹苗獠:于冕《行状》作"贵州苗贼"。《明史·景帝本纪》:"(景泰元年)秋七月庚戌,尚书侯琎、参将方瑛破贵州苗,擒其酋,献京师。"三楚,战国楚疆辽阔,秦汉时分为西楚、东楚、南楚,合称三楚。贵竹,洪武初置贵州宣慰司,辖贵州长官司等,隶四川布政司,永乐十一年改置贵州布政司。苗獠,苗民。

[37] "太上既归"二句:景泰元年六月,景帝遣给事中李实等使瓦剌。七月,又遣右都御史杨善等使瓦剌,也先许放英宗归。八月,英宗还京。景帝迎于东安门,入居南宫。见《明史·景帝本纪》。

[38]"又欲易"三句:景泰三年五月,废太子朱见深为沂王,立朱见济为太子。见《明史·景帝本纪》。《皇明史窃·于谦传》:"(于谦曰:)'太子之宜立、不宜立也,则太后主之,君定之,阁臣任之,诤臣持之,谦何与焉?'怀献之立,谦曰:'此吾君之子也,吾事之而已,乌能使吾君之不子其子而子太上之子也?'"

[39]内阁:谓内阁大学士。师傅:太师太傅、少师少傅的合称。

[40]以示风:谓讽谏景帝。风,古同"讽"。

[41]诏予一子:于谦子于冕诏授府军前卫副千户。府军前卫:明代亲军上直二十六卫之一,掌统领幼军,轮番带刀侍卫。千户:武官之一,正千户为正五品,副千户为从五品。

[42]阙西:宫阙之西。甲第:谓豪华宅第。

[43]"匈奴未灭"六句:汉武帝为霍去病治第,霍去病固辞,曰:"匈奴未灭,无以家为也。"见《史记·卫将军骠骑列传》。此以匈奴借指瓦剌。竖子,小子。饕,贪恋。

[44]中贵人兴安:也先入寇,德胜门御敌,太监兴安奉敕同于谦整理军务,以内臣总京营兵自此始。太医院使董宿:《弇州山人续稿》作"太医院将董宿",《弇州史料》作"太医院蒋重视",《国朝献征录》作"太医院蒋重宿"。《古今名将传》《续藏书》《明名言行录》作"太医院董宿"。于冕《行状》作"太医院使董宿",此据《行状》改。明太医院设院使、院判,院使统辖太医院事务。

[45]竹沥:炙烤竹子沥出的汁液,主治痰阻等症。

[46]万岁山:在北京宫内西苑。《明一统志》卷一《京师》:"苑之东北有万岁山,高耸明秀,蜿蜒磅礴,上插霄汉,隐映宫阙。"即今景山。尚方:古时制造御用器物官署,秦置,唐称尚署,明废。泛指宫廷制办。

[47]皇恐:惊惶不安。皇,通"惶"。

[48]太宗:明太宗朱棣,朱元璋第四子,洪武间封燕王,就藩北平,拥重兵,屡率师北伐。建文削藩,朱棣以靖难为名,逐建文,即帝位,改元永乐。永乐间,屡北伐亲征。见《明史·太宗本纪》。役占:即占役,逾制占用当差。

[49]"其额虽有"十句:《明史·兵志》:永乐时,京军为三大营,即五军、三千、神机。五军肄营阵,三千肄巡哨,神机肄火器。洪熙时,命武臣一

51

人总理营政。土木之变,京军丧没几尽。于谦以三大营各为教令,临期调拨,兵将不相习,请于诸营选胜兵十万,分十营团练。京军之制,为之一变。英宗复辟,团营罢。明宪宗立,复之,增为十二营。

［50］颒首:俯首,意为听命。颒,古"俯"字。

［51］宿猾:一贯奸猾之人。事裁:犹裁抑。

［52］骜桀不可驯:桀骜不驯,指性情傲慢暴躁。凶暴曰桀,马不驯良曰骜。

［53］犁其王庭:犁平敌庭,喻摧毁敌方,语本《汉书·匈奴传下》:"固已犁其庭,扫其闾,郡县而置之。"

［54］石彪:石亨从子,骁勇能战。正统末,积功至指挥同知。也先逼京师,既退,石彪追袭余寇,进署都指挥佥事。景泰改元,诏予实授,充游击将军,守备威远。景泰三年冬,充右参将,协守大同。英宗复辟,召还。进都督同知,封定远伯。颇骄横,握兵权,为英宗所疑,遂及于祸。见《明史·石亨传》附从子彪传。

［55］刘永诚:太监,小名马儿。久在御马监掌事,京师称刘马太监。尝以军功谋封伯,不果。

［56］"景皇帝不豫"三句:景泰八年正月,景帝病重。石亨、曹吉祥、徐有贞等迎英宗复辟。二月,废景帝为郕王。见《明史·景帝本纪》及《英宗本纪》。不豫,天子有病讳称。发南城锢,英宗既为上皇,景帝迎之居于南城。石亨等谋迎之复辟,故云。

［57］王文:初名强,字千之,束鹿人。永乐十九年进士,授监察御史。累迁吏部尚书。英宗复位,王文与于谦即日处于班内。言官劾其谋立外藩,同斩于市。《明史·王文传》:"及易储议起,文率先承命。景帝不豫,群臣欲乞还沂王东宫,文曰:'安知上意谁属?'乃疏请早选元良。以是中外喧传文与中官王诚等谋召取襄世子。"襄王:明仁宗朱高炽第五子朱瞻墡,宣德四年就藩长沙,正统元年徙襄阳。英宗北狩,太后欲召瞻墡,不果。英宗复辟,石亨等诬于谦、王文迎立外藩,英宗颇疑瞻墡。《明史·诸王列传》:"英宗复辟,襄王奉诏来朝,虽笃敦叙之恩,实塞疑谗之隙,非故事也。"

［58］钻钻(zuān zuàn):前一字指铁锸,一种铁锥;后一字指膑刑,钻去膑骨。锻炼:酷吏故意加罪于人。

［59］比:勾结。《论语·为政篇》:"君子周而不比,小人比而不周。"

［60］僇:同"戮"。

［61］籍:没收入官。长物:多余之物,形容廉俭。

［62］达官:明时鞑靼人在中国做官者。达,通"鞑"。恚朴:犹恚挞,愤怒鞭打。

［63］"先是杭之"六句:于冕《行状》:"(景泰)七年,杭郡湖水告竭,无故土崩,人皆惊异。尚书孙原贞方镇守两浙间,语人曰:'人材之生,钟山川之秀。今日之兆,哲人其萎乎?'盖指公也。"龟(jūn)底,谓湖底因旱涸皲裂。孙原贞本名瑀,以字行,德兴人。永乐十三年进士,累迁河南参政。正统十一年,于谦举孙原贞自代,王振沮之。寻升浙江布政使。累官兵部尚书。见《本朝分省人物考·孙原贞传》。哲人其萎,谓贤者之逝。语本《礼记·檀弓上》:"泰山其颓乎,梁木其坏乎,哲人其萎乎!"

［64］"谦死"七句:天顺元年六月,陈汝言升兵部尚书。明年正月下狱,籍其家。天顺五年十二月,死于狱。见万斯同《明史·英宗本纪》。陈汝言,字讱之,潼关卫军家子,正统七年进士。结纳曹吉祥、石亨,以迎驾功,累升尚书。既得志,纳贿市权,以受赇结党下狱。见万斯同《明史·陈汝言传》。内庑,府内堂周廊屋。

［65］愀然:色变貌。终始:有始有终,犹不渝。被遇:蒙受恩遇。

［66］恭顺侯吴瑾:原本作"吴珵",当作"吴瑾"。吴瑾字廷璋,西凉人。父吴忠,洪熙初封恭顺侯。吴瑾袭爵。天顺五年,曹钦之乱,吴瑾与弟吴琮等入长安门告变,继率兵剿乱,死之。追封凉国公,谥忠壮。见《明史·吴允诚传》附吴瑾传、张萱《西园闻见录》卷十九。

［67］"是岁"四句:徐有贞与石亨、曹吉祥争权事,见《明史·徐有贞传》。有贞诏徙金齿为民。金齿,金齿卫,在云南,今澜沧江至保山、腾冲一带。

［68］昭武伯:曹钦,太监曹吉祥嗣子,官都督同知,封昭武伯。天顺五年,曹吉祥、曹钦密谋叛乱。曹钦部下马亮告变于吴瑾,吴瑾与孙镗等告发,英宗急令逮吉祥。曹钦投井死,曹氏族诛。见《明史·吴允诚传》附吴瑾传、《明史·孙镗传》。族:族灭。

［69］冕:于冕字景瞻,于谦独子,以荫授府军前卫副千户。于谦死,家

53

人戍边,于冕坐戍龙门。及冤雪,复官,改兵部员外郎。有才干,累迁应天知府。致仕卒,无子,以族子允忠为后。见《明史·于谦传》附于冕传。于冕编有《于少保旌功录》五卷。

[70] 宪宗:成化帝朱见深。

[71] "上怜而复其官"九句:成化元年二月,诏雪于谦冤,释于冕还家。明年八月,复于谦故秩,遣行人往祭其墓。见于冕撰《行状》、《通鉴辑览》卷一百五。于谦墓,在杭州三台山麓。

[72] "孝宗初"五句:旌功祠,在西湖三台山麓,祀于谦。弘治初,储衍、孙孺、于冕先后陈请,命建祠墓所,赐额。见于冕撰《行状》、万历《杭州府志》卷四十六《祠庙》。孝宗,弘治帝朱祐樘。特进光禄大夫,汉武帝时改中大夫为光禄大夫,唐宋后为阶官之名,从二品。元、明升从一品。光禄大夫前加"特进",为正一品。柱国,楚国置最高武官,唐以后用作勋官称号。

[73] 文资:文职。应天尹:应天知府。应天为明初都城,永乐间迁都北平,应天为留都。

[74] 嵩:于嵩。于冕无子,族人允忠嗣袭副千户,以军功升杭州前卫左所正千户。数传至于嵩,官中都正留守,改福建行都司掌印。见万历《杭州府志》卷三十五《兵防》。

[75] "所存奏牍"二句:于谦有《少保于公奏议》十卷、《于肃愍公集》八卷等。

[76] 弇州外史:王世贞号弇州山人,著史自称弇州外史。李梦阳:字献吉,号空同,庆阳人,徙大梁。弘治七年进士,授户部主事,累迁江西提学副使。其为于谦祠记:梦阳作《少保兵部尚书于公祠重修碑》,见《空同集》卷四十一。"自谦死"至"祸以之生",引述梦阳碑记。"鹭鹚冰上走"二句:于谦死,朝野哀之,"鱼嗉"与"于谦"谐音。

[77] 登陴:登城。

[78] 飏言:扬言。飏,同"扬"。"社稷为重,君为轻":语本《孟子·尽心下》:"民为贵,社稷次之,君为轻。"

[79] "功以之成"二句:李梦阳《少保兵部尚书于公祠重修碑》作"事以之成,疑以之生"。

[80] 御圉:谓未有而预防之。御、圉,禁也。王世贞《赠喻太守邦相先

54

生入觐序》:"治兵事,则思所以御圉干城。"布衣腹心:语本《旧唐书·太宗文德皇后长孙氏传》:"时后兄无忌夙与太宗为布衣之交,又以佐命元勋,委以腹心,出入卧内,将任之朝政。"睽、违:乖离。

〔81〕"夫人主"二句:留侯:汉初功臣张良。汉高祖刘邦欲废太子,立戚夫人子赵王如意。大臣谏争,不果。吕后计无所出,或曰:"留侯善画计策,上信用之。"乃使吕泽陈请。张良曰:"始上数在困急之中,幸用臣策。今天下安定,以爱欲易太子。骨肉之间,虽臣等百余人何益。"见《史记·留侯列传》。

〔82〕大宝:皇帝之位。烝发:暴风疾起,喻迅猛迸发。

〔83〕元勋:大功。膺:膺受,犹遭受。

〔84〕旌与雪:旌功与雪冤。媺(měi):古同"美"。

〔85〕纯皇帝:谓明成化帝,谥曰继天凝道诚明仁敬崇文肃武宏德圣孝纯皇帝。纯,《诗经·周颂·维天之命》:"文王之德之纯。"

五人墓碑记[1]

张　溥

〔解题〕天启间,魏忠贤阉党迫害东林正士,"六君子""七君子"先后及难。东林被祸实关涉国家大故,民间风起云动。当杨涟被逮,舁棺就道,哭送者众,壮士剑客谋救于道中。及追赃令急,卖菜佣工争相持数钱输助(钱谦益《杨公墓志铭》)。锦衣卫官旗至桐城逮左光斗,县中父老子弟张檄示击缇骑(马其昶《左忠毅公年谱》卷下)。槛车出郭,壮士数百人潜行,欲伏阙讼冤(戴名世《左忠毅公传》)。李仲达就逮,郡中士民攘臂奋呼,险生变故。周顺昌被逮,激吴民之乱,其事尤烈。颜佩韦、杨念如、马杰、沈扬、周文元五人以殴击官旗被杀。崇祯治阉祸,魏忠贤苏州生祠垂成而废,吴人即其地下葬五人,巨碑屹立。张溥作《五人墓碑记》,"以明死生之大,匹夫之有重于社稷也"。此文为明文名篇,今不避肤熟,并选汪琬《周忠介公遗事》共传。天启七年,文震孟撰并书《募恤五人后碑》,五人葬虎丘当在是年冬,张溥作记亦在此际。颜佩韦等人被杀于何时,人多未详。计六奇《明季北略·周顺昌》:"至十月,公柩至阊门河下。马杰云:'周吏部忠臣已死,速杀我等,去辅彼作厉鬼击贼!'颜佩韦云:'上本是毛都堂,今本下,生杀在彼,我辈杀了,先去寻他。'毛闻之大怒,适报升兵侍,即委理刑斩五人于阊门吊桥。"其说可信,五人就义在天启六年冬,张溥所记"夫五人之死,去今之墓而葬焉,其为时止十有一月",当无误。崇祯元年,顺昌雪冤,诏赠太常寺卿,谥忠介,予特祠。张溥所记"是以蓼洲周公忠义暴于朝廷,赠谥美显,荣于身后",盖后来所增。张溥初字乾度,改字天如,号西铭,太仓人。与同里张采并称"娄东二张"。崇祯四年成进士,改庶吉士,以葬亲乞假归。合南北诸大社为一,定名复社。屑小辈指为党人,诋"二张"乱天下。崇祯十四年卒,年四十。著有《七录斋集》十二卷、《四书纂注大全》三十七卷等集,编有《汉魏六朝百三名家集》。《明史》有传。

　　五人者,盖当蓼洲周公之被逮,激于义而死焉者也[2]。至于今,郡之贤士大夫请于当道,即除逆阉废祠之址以葬之[3],且立石于其墓之门,以旌其所为。呜呼,亦盛矣哉!夫五人之死,去今之墓而葬焉,其为时止十有一月尔。夫十有一月之中,凡富贵之子,慷慨得志之徒,其疾病而死,死而湮没不足道者,亦已众矣,况草野之无闻者欤?独五人之皦皦[4],何也?

　　予犹记周公之被逮,在丁卯三月之望[5]。吾社之行为士先者,为之声义[6],敛赀财以送其行,哭声震动天地。缇骑按剑而前,问:"谁为哀者?"众不能堪,抶而仆之。是时以大中丞抚吴者,为魏之私人,周公之逮所由使也。吴之民方痛心焉,于是乘其厉声以呵,则噪而相逐。中丞匿于溷藩以免。既而以吴民之乱请于朝,按诛五人,曰颜佩韦、杨念如、马杰、沈扬、周文元,即今之傫然在墓者也[7]。然五人之当刑也,意气阳阳,呼中丞之名而詈之,谈笑以死,断头置城上,颜色不少变[8]。有贤士大夫发五十金,买五人之脰而函之[9],卒与尸合。故今之墓中,全乎为五人也。

　　嗟乎!大阉之乱,缙绅而能不易其志者,四海之大,有几人欤?而五人生于编伍之间,素不闻《诗》《书》之训,激昂大义,蹈死不顾[10],亦曷故哉?且矫诏纷出,钩党之捕,遍于天下,卒以吾郡之发愤一击,不敢复有株治。大阉亦逡巡畏义,非常之谋,难于猝发[11]。待圣人之出,而投缳道路[12],不可谓非五人之力也。

由是观之,则今之高爵显位,一旦抵罪,或脱身以逃,不能容于远近;而又有剪发杜门,佯狂不知所之者,其辱人贱行,视五人之死,轻重固何如哉[13]?是以蓼洲周公忠义暴于朝廷,赠谥美显,荣于身后[14]。而五人亦得以加其土封,列其姓名于大堤之上,凡四方之士,无不有过而拜且泣者,斯固百世之遇也[15]。不然,令五人者保其首领,以老于户牖之下,则尽其天年,人皆得以隶使之[16],安能屈豪杰之流,扼腕墓道,发其志士之悲哉!故予与同社诸君子哀斯墓之徒有其石也,而为之记,亦以明死生之大,匹夫之有重于社稷也[17]。

贤士大夫者,冏卿因之吴公,太史文起文公,孟长姚公也[18]。

——明崇祯九年刻本《七录斋文集存稿》卷三

[1] 五人墓:在虎丘山塘。同治《苏州府志》卷四十九:"墓基即普惠生祠,毛一鹭所建以媚珰者。士大夫捐金敛葬于此,吴默题曰:'五人之墓。'杨廷枢表,文震孟有募恤五人后碑,张溥记。国朝道光十年,吴云补书,嵌祠壁,韩崶记。"按《罪惟录·周顺昌传》,颜佩韦、马杰有殊力,杨念如故业鹭衣,沈扬为牙侩,周文元为顺昌舆夫。魏忠贤闻吴民之变,颇忌之,矫旨"周某逮到酌议,小民果即日解散,免究"。巡抚毛一鹭再三上言谓渐得首事姓名,颜佩韦等五人遂被杀。

[2] 蓼洲周公:周顺昌字景文,号蓼洲,吴县人。万历四十一年进士,授福州推官。擢吏部主事,迁员外郎,乞假归里。素与珰忤,魏大中被逮过吴,周顺昌送别,以女许字其孙魏允楠。巡抚御史倪文焕诬顺昌贪横,矫旨削夺。苏杭织造太监李实继疏参之。天启六年三月,锦衣卫校尉至吴逮之。

下诏狱,拷掠惨毒,六月毕命。见黄道周《周忠介公碑》。急于义:急义赴难。急义,犹赴义。

〔3〕郡:谓苏州,贤士大夫:即文末所书吴默、文震孟、姚希孟诸子。逆阉废祠:文秉《先拨志始》卷下:"七年二月,应天巡抚毛一鹭疏请为厂臣建祠虎丘。又,太监李实疏请照江西例,地方官春秋祭享。"自天启六年六月,浙江巡抚潘汝祯首疏请建魏忠贤生祠,媚珰者纷立生祠。毛一鹭建普惠生祠于虎丘山塘,未成而珰败。

〔4〕皦皦(jiǎo):犹皎皎,皎如日星。

〔5〕丁卯三月之望:天启七年三月十五日,当作"丙寅三月之望"。崇祯刊本《七录斋文集存稿》、抄本《张太史订正七录斋集》、崇祯刊本《媚幽阁文娱二集》、崇祯二年刊本《颂天胪笔》皆误。未详其为编校者之误,抑或手民之误。涵芬楼抄本《明文海》作"丙寅三月"。

〔6〕吾社:谓江南应社。天启四年,张溥与张采、周钟、杨廷枢等在苏州结江南应社,会文论学。行为士先者:言有德君子,为士表率。《世说新语·德行第一》:"陈仲举言为士则,行为世范,登车揽辔,有澄清天下之志。"声义:声援急义。

〔7〕"缇骑按剑"二十句:《人变述略》:官旗至吴,顺昌囚服待罪。士民洒泣,欲为请命。诸生述士民意,巡抚毛一鹭不许。官旗举械将击诸生,颜佩韦、马杰等愤而殴之,持问:"此旨从何出?"答曰:"实是魏上公命我来。"于是五人大呼:"共击杀伪旨者。"一鹭与官旗走避。一人匿梁上,堕死,后询知为李国柱,本非官旗,乃行贿谋与偕来者。《东林列传·周顺昌传》:吴民哀愤,聚以万计,旗尉骄横,颜佩韦等奋击旗尉。知府寇慎委曲调护,士民乃安。乾隆《江南通志》卷一百五十七:吴县诸生沙舜臣字子升,偕诸生王节、刘羽仪、王景皋、殷献世、杨廷枢、文震亨等谓毛一鹭曰:"人情如此,明公独不为青史计乎?曷据实上闻!"官旗遽呵叱,激众怒,致有群击事。狱具,舜臣与王节等并黜。缇骑,谓锦衣卫官旗校尉。《明季北略·周顺昌》:"锦衣卫掌堂田尔耕遣官旗张应龙、文之炳等六十余人分拿公等。十五至苏州。"宣旨之日,"旗尉文之炳等妄自尊大,不察民情,持械击百姓","佩韦等不胜愤","首击之炳,百姓从者千计,以伞柄击缇骑。"抶(chì)而仆之,抶扑,即扑打。以大中丞抚吴者,应天巡抚毛一鹭,字序卿,号孺初,遂安

人。万历三十二年进士。继周起元抚吴。本媢竘者,与李实构摘魏大中过吴门,顺昌与联姻事。奏闻吴民之变,杀颜佩韦等五人。竘败,惊惧死。何三畏《云间志略》卷六收《郡司理孺初毛公传》,颇不可信。大中丞,汉御史大夫下设御史丞、中丞,明清时用作巡抚之称。溷藩,厕所。傫然,犹累然,不以罪死,无辜罹难。

[8]"然五人之当刑"六句:《人变述略》:勒令抚按搜捕首事,颜佩韦等五人挺身自投,直向巡抚大笑曰:"尔陷吏部死,官大人小;我为吏部死,百姓小人大。"当刑,受刑。阳阳,自若貌。阳,通"扬"。

[9]五十金:银五十两。脰:头颅。

[10]编伍:编入户籍的平民。古时五家为一伍。不闻《诗》《书》之训:未受《诗》《书》之教。《诗》谓《诗经》,《书》谓《尚书》,借指六经。蹈死:犹冒死。《论语·卫灵公篇》:"子曰:'民之于仁也,甚于水火。水火,吾见蹈而死者矣,未见蹈仁而死者也。'"

[11]"且矫诏纷出"八句:《明季北略·周顺昌》:"自是旗校相戒,不敢复出,故有本处抚按起解之议。"《罪惟录·周顺昌传》:魏忠贤闻变,以崔呈秀赞同李实劾周顺昌,归重之,崔、李皆惧。矫诏,假托诏令。钩党,即党人。《后汉纪·孝灵皇帝纪》载建宁二年:"陈、窦已诛,中官逾专威势,既息陈、窦之党,又惧善人谋己,乃讽有司奏诸钩党者,请下州郡考治。时上年十四,问节等曰:'何以为钩党?'对曰:'钩党者,即党人也。'……"天启末,崔呈秀造为《东林同志录》,卢承钦造为《东林党人榜》,王绍徽进《东林点将录》,将尽翦除东林。东林死诏狱者十余人,谪戍及削夺者数百人。株治,牵连治罪。

[12]"待圣人之出"二句:圣人谓崇祯帝,天启七年即位后治阉乱。投缳,自缢。

[13]剪发杜门:削发为僧,闭门不出。辱人贱行:语本《史记·鲁仲连邹阳列传》:"则亦名不免为辱人贱行矣。臧获且羞与之同名矣,况世俗乎?"辱人,人品折辱。贱行,行止卑鄙。轻重:语本司马迁《报任少卿书》:"人固有一死,或重于太山,或轻于鸿毛,用之所趋异也。"

[14]义暴(pù)于朝廷:犹义暴天下。暴,暴露。赠谥:崇祯元年,赠周顺昌太常寺卿,谥忠介。

[15] 加其土封:谓高其冢。古人封土为冢。五人初非葬虎丘,阉败后,始移葬山塘。"列其姓名"句:虎丘故有白公堤,苏州太守白居易筑,自虎丘至金阊,七里而遥,俗称山塘(范允临《计部张公重修白公堤碑记》)。五人墓巨碑屹立,故云列名大堤之上。无不有:即无有不。

[16] 保其首领:保全性命。首领,头颈。老于户牖:老死家中。户牖,门户。隶使:指使。

[17] 死生之大:语本《庄子·德充符》:"仲尼曰:'死生亦大矣,而不得与之变。'"此四字承前文"轻重固何如哉",谓欲明死生之义。死生之义,即《孟子·告子上》:"生亦我所欲,所欲有甚于生者,故不为苟得也。死亦我所恶,所恶有甚于死者,故患有所不避也。""匹夫"句:《孟子·尽心下》:"民为贵,社稷次之,君为轻。是故得乎丘民而为天子。"

[18] 囧卿因之吴公:吴默字因之,吴江人。受学于王畿,有文名。万历二十年举会试第一,成进士。授兵部主事,累迁尚宝司丞。居官伉直不屈,时称"吴铁汉"。万历四十二年,擢太仆寺卿。天启初,以病免。里居激扬清浊,吴人严惮之。见《松陵文献》卷六《人物志》。"五人之墓",即吴默手书。囧卿,《尚书·囧命序》:"穆王命伯囧为周太仆正。"后称太仆寺卿为囧卿。太史文起文公:文震孟初名从鼎,字文起,号湛持,长洲人。天启二年举进士第一,授修撰。忤阉党,落职。天启六年,周顺昌被逮,阉票拟震孟为巨魁,有旨逮讯,幸仅削夺。崇祯初召起,累迁礼部左侍郎。崇祯九年,卒于家。《明史》有传。太史,明清时修史之职归翰林院,称入翰林者为太史。孟长姚公:姚希孟字孟长,号现闻,吴县人。震孟之甥,并有时名。万历四十七年进士,改庶吉士。崇祯间,官少詹事,掌南京翰林院。移疾归,家居二年卒。《明史》有传。

周忠介公遗事[1]

汪　琬

〔解题〕明天启末,阉党兴大狱,周顺昌逮死,诬陷者为巡抚御史倪文焕、应天巡抚毛一鹭、苏杭织造太监李实。崇祯元年(1628),顺昌子茂兰刺血上书,得雪冤。顺昌被逮,激吴民之变,颜佩韦等以殴击锦衣卫官旗死。顺昌与吴民抗珰之事可歌可泣,张溥为作《五人墓碑记》。长洲汪琬与茂兰交厚,其弟汪琰曾编次顺昌事迹,颇可采信。康熙十年(1671)前后,汪琬稍为节次,参考殷献臣《周忠公年谱》,作《周忠介公遗事》。《五人墓碑记》重在述五人事迹,多发议论。此文记顺昌事与吴民之变,并足以"明死生之大,匹夫之有重于社稷也"。汪琬字苕文,号钝庵,晚号钝翁,学者称尧峰先生。顺治十二年(1655)进士,授户部主事,累迁刑部郎中。举博学鸿儒,授编修,与修《明史》。康熙二十九年(1690)十二月卒,年六十七。著有《钝翁前后类稿》六十二卷、《钝翁续稿》五十六卷等集。宋荦、许汝霖选汪琬、侯方域、魏禧之文为《国朝三家文钞》。三家之文皆一时翘楚。

　　周忠介公顺昌,字景文。明万历中进士,历官吏部文选司员外郎,请告归[2]。是时太监魏忠贤乱政,故给事中嘉善魏忠节公忤忠贤,被逮过苏,公往与之饮酒三日,以季女许嫁其孙。忠贤闻之,恚甚。御史倪文焕承忠贤指劾公,遂削籍。而会苏杭织造太监李实,与故应天巡抚周公起元及公有隙,追劾起元,窜公姓名其中,遂遣官旗逮公[3]。

公知之,怡然不为动。比宣旨公廨,巡抚都御史毛一鹭、巡按御史徐吉及道府以下皆在列,小民聚观者数千人,争为公呼冤,声殷如雷[4]。诸生王节等直前诘责一鹭,谓:"众怒不可犯也,明公何不缓宣诏书,据实以闻于朝?"一鹭实无意听诸生,姑为好语谢之。诸生复力争,稍侵一鹭,一鹭勃然曰:"诸生诵法孔子,知君臣大义。诏旨在,即君父在也,顾群聚而哗如此?"皆答曰:"岂惟君父,二祖十宗实式凭焉。诸生奉明公教,万一异日立朝,不幸遇此等事,决当以死争之。明公奈何教人谄邪?"巡按御史见诸生言切,欲解之,乃语诸生曰:"第无哗,当商所以善后者。"[5]

众方环听如堵,官旗见议久不决,又讶抚按官不以法绳诸生也,辄手银铛,掷之地有声,大呼:"囚安在?"且曰:"此魏公命,可缓邪?"众遂怒曰:"然则伪旨也。"争折阑楯,奋击官旗[6]。官旗抱头东西窜,或升木登屋,或匿厕中,皆战栗乞命,曰:"魏公误我!"有死者。巡抚幕中诸将率骑卒至,或拔刃胁众,众益怒,将夺刃刃一鹭。备兵使者张孝鞭卒以徇,始稍定。知府寇慎、知县陈文瑞素得民,复数为温言辟之,众乃解去[7]。或谓:"公盍返私室?"公不可,遂舍一鹭署中。是日也,他官旗之浙者,道胥门入城,强市酒肉,瞋目叱市人,市人复群殴之,走焚其舟,投橐装于水,官旗皆泅水以免[8]。

一鹭惧,召骑卒介而自卫,夜要御史上疏告变,檄有司捕民颜佩韦等十余人系之[9]。越八日,公竟就逮[10]。既至京师,下诏狱,坐赃考掠,瘐死狱中。而忠贤复矫旨杀佩韦等五人,杖戍马信等七人,又黜诸生王节等五人[11]。

崇祯元年,忠贤败。公之长子茂兰刺血上书白公冤[12],

诏赠太常寺正卿,谥忠介,予特祠。一鹭亦以忠贤党被罪家居,白昼见公乘舆,佩韦等骑而从,直入坐中堂,一鹭大怖,遂病死[13]。

汪琬曰:亡弟揞九尝私次忠介公事,予以示公之孙旦龄,以为信。乃稍节其冗者,参以殷氏所作《年谱》,授旦龄,俾弆之[14]。旦龄字汉绍,年少而文为吴祭酒所知[15],从予游,盖能世公之学者也。

——清康熙十五年刻本《钝翁前后类稿》卷三十六

[1] 周忠介公:崇祯元年,周顺昌冤雪,赠太常寺卿,谥忠介。顺昌生平,见《五人墓碑记》注。

[2] 吏部文选司员外郎:朱元璋废丞相,分权六部。洪武二十九年,吏部下设四清吏司,即文选司、验封司、考功司、稽勋司。员外郎为吏部从官,其上有尚书、侍郎。周顺昌初授福州推官,以卓异擢吏部主事,迁员外郎。以时局混乱,不肯曲迎,谒告在籍。见《罪惟录·周顺昌传》。请告:谒告,乞假。

[3] "是时太监魏忠贤乱政"十三句:天启五年四月二十四日,魏大中里中就逮。过苏州,周顺昌出送,盘桓数日,以季女许大中孙允枬。复买舟远送,校尉呵止,顺昌叱曰:"若不知世间有不畏死男子耶?若曹归,语而忠贤,吾即故吏部周顺昌也。"倪文焕承指劾奏,顺昌削籍。天启六年,阉党借李实为名,追论周起元朋立门户,列顺昌之名。三月,逮者至苏州。见《明季北略》《东林列传》《罪惟录》中的周顺昌传。魏忠贤,肃宁人。改名李进忠。天启二年复姓,赐名忠贤,字完吾。与熹宗乳媪客氏被宠,时称"客魏"。司礼秉笔太监,兼掌东厂事。诛逐东林,党附者众。崇祯治阉祸,安置凤阳,寻逮治,道中自缢死。见《明史·宦官传》、周广业《经史避名汇考》卷三十四。魏忠公,魏大中字孔时,号廓园,嘉善人。万历四十四年进士,授行人。累迁工部给事中,死珰祸。崇祯改元,赠太常卿,谥忠节。周起元,字仲先,号绵贞,海澄人。万历二十九年进士,授浮梁知县。历数职,天启四年升右佥都御史,巡抚应天。疏裁织造滥额,屡参织监李实贪横,削夺。六年二月,阉

党诬周起元为巡抚时贪赃甚巨,托名道学,朋立门户。矫旨缉捕,下狱死。冤平,赠兵部右侍郎。弘光时,谥忠惠。见《东林列传·周起元传》。《明史》有传。倪文焕,兴化人,占籍江都。万历四十七年进士。天启间,依附魏忠贤,官巡按御史,迁太常卿。官旗,锦衣卫校尉。

[4]"公知之"八句:按《明季北略·周顺昌》,官旗十五日至苏,吴县令陈文瑞为顺昌所拔士,夜半求见,顺昌告之毋悲,与亲故诀别,诣军门。十八日宣旨,顺昌自县署至西察院,士民送者数万人,诸生五百余人公服立门外。巡抚毛一鹭、巡按徐吉至,百姓呼号颂冤。公廨,官署。毛一鹭,见《五人墓碑记》注。徐吉,字月宾,一字于静,内江人。万历四十四年进士,授蒲城知县。累迁巡按御史,以附珰入逆案。见康熙《蒲城县志》卷二。

[5]"诸生王节"二十八句:《明季北略·周顺昌》:诸生王节、杨廷枢、刘曙、郑敷教、刘羽仪、文震亨、殷献臣、王景皋、袁征、朱隗、沙舜臣、王一经等迎毛、徐,痛哭诉请:"明公为天子重臣,何以慰汹汹之众,使无崩解之患?"同治《苏州府志》引康熙旧志:"文震亨迎谓一鹭曰:'今日人情如此,明公不为青史计乎?何不据实上闻,徼旷荡恩请,抚按勘治乎?'一鹭漫应之。"王节,字贞明,号惕斋,吴县诸生。坐顺昌事除名。崇祯十二年,举乡试。顺治中,任桃源教谕,未几归。见吴山嘉《复社姓氏传略》卷二、同治《苏州府志》卷八十二《人物九》。明公,古时对有名位者的尊称。勃然,变色貌。二祖,谓明太祖朱元璋、成祖朱棣。十宗,谓仁宗朱高炽、宣宗朱瞻基、英宗朱祁镇、宪宗朱见深、孝宗朱祐樘、武宗朱厚照、世宗朱厚熜、穆宗朱载垕、神宗朱翊钧、光宗朱常洛。惠帝朱允炆、代宗朱祁钰不在其列。式冯(píng),依附。冯,古同"凭"。

[6]"众方环听"十四句:《明季北略·周顺昌》:官旗谓旗尉文之炳等。百姓与官旗冲突事,见《五人墓碑记》注。锒铛,铁锁链,拘系刑具。阑楯(shǔn),栏杆。

[7]"官旗抱头"十七句:《明季北略·周顺昌》:百姓殴击官旗,毛一鹭惊怖,急请兵自卫。兵备张孝,苏州知府寇慎素得民心,再三晓谕,百姓始散去。有死者,谓从尉李国柱,见《五人墓碑记》注。张孝,时官苏松兵备副使。寇慎,字永修,号礼亭,同官人。万历四十四年进士。知苏州,有德政。升昌平副使,转山西冀宁道,调朔州。著有《四书酌言》《历代史汇》《山居日

记》。顾炎武作《寇公墓志》。陈文瑞,字应萃,同安人。天启五年进士,授吴县令。受知于周顺昌。忌者中以计典,归居不出。见崇祯《吴县志》卷三十九《宦绩》。

［8］"是日也"九句:《明季北略·周顺昌》:是日官旗入浙逮黄尊素者泊舟胥江,不知城中群情鼎沸,登岸凌轹市民,市民殴击之,沉其舟,焚其衣冠,所得辎重,悉投于河,旗尉跟跄而逃。胥门,伍子胥筑阖闾城,有陆门八、水门八,西为胥门、阊门。

［9］介而自卫:介甲自卫。御史:谓巡抚御史徐吉。十余人:俞樾《明巡按御史揭帖歌》诗序:"明直隶巡按御史徐吉揭帖,盖为吴民梃击缇骑一案而上也。帖中共十三人,除世所共知颜佩韦等五人外,尚有吴时信、刘应文、丁奎三人,皆预梃击之事。又有戴镛、杨芳、季卯孙、许尔成、邹应桢等,乃因赴浙缇骑驿骤于胥门外,众怒焚其舟,事出同日,遂并为一案者也。"

［10］"越八日"二句:《明季北略·周顺昌》:顺昌决意赴义,"乃以三月廿六日黑夜潜行,远郡城百里,于野次宣读矫旨,防民心愤,愤生变也"。

［11］矫旨杀佩韦等五人:天启六年冬,颜佩韦、杨念如等五人斩于阊门吊桥,见《五人墓碑记》注。杖成马信等七人:检史传载记,未见"马信"其人。按徐肇台《记政录》,俞樾《明巡按御史揭帖歌》,七人当为吴时信、刘应文、丁奎、许尔成、季卯孙、邹应祯、杨芳。黜诸生王节等五人:《明季北略·周顺昌》:"公下狱,生员王节、刘羽仪、王景皋、殷献臣、沙舜臣五人黜退。"

［12］"公之长子"句:崇祯元年,周顺昌长子茂兰刺血上书。茂兰字子佩,年十九补诸生。邃于《易》。康熙二十五年卒,年八十二。门人私谥端孝。见黄宗羲《周子佩先生墓志铭》、彭定求《端孝周先生传》。

［13］"一鹭亦以"六句:珰败,毛一鹭罢。茂兰上书时,一鹭已死。《明季北略·周顺昌》记其果报事:"一日在家,对客读邸报,忽见五人来追,默然入内。客讶之,已而闻内哭声,一鹭大叫一声而死。"

［14］撝九:汪琰字撝九,改名学朱,号拙庵,汪琬仲弟。岁贡生。康熙四年,年四十一卒。著有《拙庵四种》。旦龄:周旦龄字汉绍,顺昌孙,从汪琬学。岁贡生,官潜山训导。殷氏所作《年谱》:殷献臣字汝劼,长洲人。诸生,少与顺昌同学。顺昌被逮,为奔走斡旋,几及于难。明亡,不食死。乡人私谥孝终先生。见乾隆《长洲县志》卷二十四《人物传》。献臣撰《周忠介公年

谱》。彭定求《重刻周忠介公年谱序》:"未尝提纲标注,第综举生平事实,用识梗概。"弄:收藏。

[15] 吴祭酒:吴伟业字骏公,号梅村,太仓人。受业张溥。崇祯四年成进士,授编修,累迁南国子司业。弘光时,官少詹事。顺治十年,召授侍讲,迁国子祭酒。康熙十年,殁于家,年六十三。著有《梅村家藏稿》五十八卷、《复社纪事》一卷等集。见顾湄《吴梅村先生行状》、陈廷敬《吴梅村先生墓表》。

江 天 一 传

汪 琬

〔**解题**〕 明季诸生关心世运,有复社之兴。鼎革之际,诸生竞纾国难,投笔从戎,拊心枕戈,死为鬼雄。徽州江天一即其一。天一字文石,号止庵,崇祯末佐金声结乡兵保里中。弘光元年(1645)闰六月,佐金声倡义旗于徽州。兵败,金声以其有老母在,劝说从死无益,天一不肯,同解至南京。洪承畴以年谊欲活金声,金声未及应,天一抗言:"烈愍帝以洪承畴尽节于边,特赐谕祭九坛。尔何人,敢冒洪经略名污之耶?"遂并斩于市(龚翰《江天一传》)。天一尝作《死不死论》:"苟能知不转盼而身死,与不贪生而即死无异也,则亦何为而不死哉!"鄙弃昧义贪生之辈,故能慷慨赴节。时人感其事迹,方熊、龚翰、魏禧、汪琬皆有《江天一传》。汪文作于顺治十六年(1659)前后。

江天一,字文石,徽州歙县人[1]。少丧父,事其母及抚弟天表,具有至性[2]。尝语人曰:"士不立品者,必无文章。"[3]前明崇祯间,县令傅岩奇其才,每试辄拔置第一。年三十六,始得补诸生[4]。家贫屋败,躬畚土筑垣以居,覆瓦不完,盛暑则暴酷日中,雨至淋漓蛇伏,或张敝盖自蔽,家人且怨且叹,而天一挟书吟诵自若也[5]。

天一虽以文士知名,而深沉多智,尤为同郡金金事公声所知[6]。当是时,徽州多盗,天一方佐佥事公用军法团结乡人子弟为守御计。而会张献忠破武昌,总兵官左良玉东遁,麾下狼兵哗于途,所过焚掠。将抵徽,徽人震恐。佥事公谋往拒之,以委天一。天一辄腰刀帓首,黑夜跨马,率壮士驰数十里,与狼兵鏖战祁门,斩馘大半,悉夺其马牛器械,徽赖以安[7]。

顺治二年夏五月,江南大乱,州县望风内附,而徽人犹为明拒守。六月,唐藩自立于福州,闻天一名,授监纪推官[8]。先是天一言于佥事公曰:"徽为形胜之地,诸县皆有阻隘可恃。而绩溪一面当孔道,其地独平迤,是宜筑关于此,多用兵据之,以与他县相掎角。"[9]遂筑丛山关[10]。已而清师攻绩溪,天一日夜援兵登陴不少怠,间出逆战,所杀伤略相当。于是清师以少骑缀天一于绩溪,而别从新岭入,守岭者先溃,城遂陷[11]。

大帅购天一甚急,天一知事不可为,遽归,属其母于天表,出门大呼:"我江天一也。"遂被执。有知天一者,欲释之。天一曰:"若以我畏死邪?我不死,祸且族矣。"遇佥事公于营门,公目之曰:"文石,女有老母在,不可死。"笑谢曰:"焉有与人共事,而逃其难者乎?公幸勿为我母虑也。"[12]至江宁,总督者欲不问,天一昂首曰:"我为若计,若不如杀我。我不死,必复起兵。"遂牵诣通济门[13]。既至,大呼高皇帝者三,南向再拜讫,坐而受刑[14],观者无不叹息泣下。越数日,天表往收其尸瘗之[15]。而佥事公亦于是日死矣[16]。

当狼兵之被杀也,凤阳督马士英怒,疏劾徽人杀官军状,将致佥事公于死。天一为赍辨疏诣阙上之,复作《吁天说》,流涕诉诸贵人,其事始得白[17]。自兵兴以来,先后治乡兵三年,皆在佥事公幕。是时幕中诸侠客号知兵者以百数,而公独推重天一,凡内外机事悉取决焉,其后竟与公同死难,虽古义烈之士,无以尚也。予得其始末于翁君汉津[18],遂为之传。

汪琬曰:方胜国之末,新安士大夫死忠者有汪公伟、凌公驷与金事公三人,而天一独以诸生殉国[19]。予闻天一游淮安,淮安民妇冯氏者,刲肝活其姑,天一征诸名士作诗文表章之,欲疏于朝,不果[20]。盖其人好奇尚气类如此。天一本名景,别自号石稼樵夫[21]。翁君汉津云。

——清康熙十五年刻本《钝翁前后类稿》卷三十四

[1] 徽州歙县:三国吴时置新都郡,晋改新安郡,历经析合改易,宋宣和三年,改歙曰徽,为上州。明代为徽州府,辖歙县、休宁、婺源、祁门、黟县、绩溪等六县。

[2] "少丧父"三句:按方熊《江天一传》,天一祖东望官华亭训导,父士润为崇德皂林驿丞。按龚翰《江天一传》、魏禧《江天一传》及道光《歙县志》卷八《忠节》,士润一名大润,字元玉,官武昌金牛岭巡检。率乡兵拒张献忠,自沉于江。顺治二年十月,天一《寄家书》云"只是父亲远在天涯,不知消息为憾","祖父未作生谱,父在远地"。汪琬得于传闻,"少丧父"之语未确。又,天一兄弟三人,天一居长,次天曙、天表。天曙并从金声起兵,绩溪之战,被重创,幸不死。天一殁后,隐山中,力作孝养。见道光《歙县志》卷八《忠节》。天表字文月,天一死,扶丧葬之。

[3] "士不立品者"二句:天一闻金坛周锺名,往从之,归语闵遵古:"周君非佳士也。"(魏禧《江天一传》)周锺,崇祯十六年成进士,选庶吉士。降李自成,授检讨。相传劝进表出其手,事未必尽然。然周锺立品不高,则为实。天一尝作书寄周锺从兄周镳,《寄周仲驭先生书》:"士必有气骨,不屑屑于人以私。"汪琬所记不无来历,且寓褒贬之意。

[4] "前明崇祯间"五句:按方熊《江天一传》,天一幼随祖东望读书华亭,年十六返郡,应童子试,屡不售。家贫好学,不喜俗之制举文。黄道周览其文,以为文法高古。崇祯十年,始补郡诸生。魏禧《江天一传》:"见知邑令傅公,补郡弟子员,试每冠其曹。"龚翰《江天一传》:"年三十六,始补郡弟子员,试每冠其曹。"傅岩,字野倩,号辛榴。其先义乌人,移家钱塘。崇祯七

年成进士,知歙县。举循良第一,以谗去官。明亡,以御史监朱大典军,为清兵所执,不屈死。见乾隆《杭州府志》卷八十四《忠臣传》、嘉庆《义乌县志》卷十三《忠臣传》。

〔5〕"家贫屋败"八句:写江天一安贫力学。畚土,运土。暴,曝晒。蛇伏,犹蜷伏。敝盖,破旧之物。语本《礼记·檀弓下》:"仲尼之畜狗死,使子贡埋之,曰:'吾闻之也,敝帷不弃,为埋马也;敝盖不弃,为埋狗也。'"

〔6〕"天一虽以"三句:江天一慨然有大志,同郡金声讲学里中,天一师事之。金金事公声,金声字子骏,一字正希,休宁人。崇祯元年进士,选庶吉士。明年,清兵入大安口。金声荐僧申甫为将,并以御史监其军。仓皇应战,申甫死,金声黜归。里中讲学,重于救时方略。弘光元年闰六月,起义兵乡里。唐王遥授右佥都御史,兼兵部侍郎。九月兵败,十月解送南京,弃市。唐王赠礼部尚书,谥文毅。乾隆中,谥忠节。见《明四朝成仁录》卷八《徽州起义传》、《弘光实录钞》卷四。

〔7〕"当是时"十八句:按《明四朝成仁录》卷八《徽州起义传》,崇祯十四年春,土贼窃发,金声督率丁壮出御。十六年,张献忠破武昌,总兵左良玉东遁。麾下苗兵哗于途,所过焚掠,金声据战祁门境上。张献忠,陕西定边人,崇祯三年起事,自号八大王,狠猛能战。十六年五月,下武昌,自称大西王。十七年,克成都。十一月称帝,国号大西,改元大顺。顺治三年,为清兵所败,死之。左良玉,字昆山,临清人。以军功累升总兵,拥兵自重。崇祯十七年三月,封宁南伯。弘光即位,进宁南侯,镇武昌。将起兵讨伐马士英,病死。子左梦庚率部降清。狼兵,广西壮民旧称俍人,明时壮人土司组建乡兵,称俍兵,音转为狼兵。《明英宗实录》:"狼兵素勇,为贼所惮。"邝露《赤雅》卷上:"狼兵鸷悍,天下称最。"麾下狼兵,《南疆逸史》作黔兵,《明四朝成仁录》作苗兵,其意近也。帓首,即帕首,束额巾。祁门,徽州府六县之一。斩馘(guó),斩敌,割左耳计功,泛指杀敌。

〔8〕"六月"四句:唐王朱聿键,朱元璋九世孙,崇祯五年袭唐王。弘光即位,封南阳王。弘光元年五月,清兵下南京。六月,唐王入闽,闰六月在福州称帝,改元隆武。闰六月,金声起兵,天一授监纪推官。监纪推官,明后期军中所设,职类参军,掌监察军纪等。

〔9〕绩溪:徽州六县之一。平迤:即迤平,平缓貌。掎角:喻互相牵制。

71

[10]丛山关:绩溪县东北二十九里,有巃嵷山。其山四合,中有官道,通宁国县界。旧有寨,呼丛山关,下有巧溪。见弘治《徽州府志》卷一《地理一》。汪广洋《夜过丛山关》:"山黑怕闻猿啸哀,关门鱼钥报重开。"

[11]"已而清师"八句:江天一屯兵丛山关,清兵来攻,双方杀伤相当,相持累月。降将张天禄间道从新岭入,守岭者先溃。九月二十日,明故御史黄澍诈称援兵,入绩溪。金声信之,城遂陷。见《明季南略·金声江天一起兵守绩溪》。新岭,新岭山,在绩溪西北三十里,与徽岭山连,地称险隘。

[12]"大帅"二十一句:汪琬得于传闻,与事实略有出入。魏禧《江天一传》:金声被执,令天一去,曰:"老母在,毋从我死也。"天一走归,拜别祖母、母、出门大呼,被执,追及金声。江天表《感义扶丧记》亦可证之:"先生从金公被执,到东山营中,次兄亦在乱离间失散。天表负母,避于山中。数日后,闻先生在营,天表至营见之,往还四五日,先生坦然自适,是九月末旬也。十月一日,天表至营,金公与先生五人已赴南京。"东山营,在歙县东山,顺治二年置。

[13]"至江宁"八句:总督,谓洪承畴。江天一抗言事,方熊、龚翰《江天一传》及《明季南略》、《弘光实录钞》卷四载记皆详,汪琬以有所避忌,隐洪承畴名,略其细节。魏禧《江天一传》亦然。通济门,明初建都金陵,有门十三,南面之东为正阳门,迤西为通济门。《弘光实录钞》卷四云"牵至清水塘,将斩之"。清水塘即在通济门外。

[14]高皇帝:谓朱元璋,谥高皇帝。

[15]"天表"句:是年江天表收尸南京,备历艰辛,十二月二十一日至家。详见江天表《感义扶丧记》。天表葬天一于里中双子坞。见道光《歙县志》卷八《忠节》。

[16]"而金事公"句:按江天表《感义扶丧记》,金声、天一等五人及难在是年十月八日。民国《歙县志》卷七《人物志》:"时乙酉十月八日也。同死者,参将吴国桢、游击陈际遇(注云:陈一作程)、书吏佘元英。"陈际遇,《雪交亭正气录》作"陈子皮"。休宁王世德从之来,见金声被刑,自刎死。故《弘光实录钞》载"一时死声之傍者六七人"。

[17]"当狼兵"八句:《弘光实录钞》卷四载凤阳总督马士英调黔兵至凤阳,道掠徽州,金声率乡勇歼之界上。马士英攻讦金声。《明四朝成仁录》

卷八《徽州起义传》：左良玉东遁，麾下苗兵所过焚掠，金声拒战祁门境上。马士英劾徽人擅杀官军，逮金声至都。申救者嘱天一赍辨疏诣阙。天一作《吁天录》，哭诉当道，金声得放还。《江止庵遗集》卷二《吁天录》，即当时所作。汪文作《吁天说》，未尽确。又，崇祯十六年八月，天一作《上史阁部书》："三月，流寇至祁、黟间，诈称黔兵，又诈称沐国公往守皇陵民"，"更即焚杀劫掳"，"讵意马督台有黔兵没于常德、澧州、乐平诸处，而忽得寇徽之贼，有假黔兵之号，即居然认此为黔兵，遂参处徽之官与民，至奉严旨焉。"马士英，字瑶草，贵阳人。万历四十七年进士，授南京户部主事，累迁右佥都御史，以贿削夺。崇祯十五年，起兵部右侍郎，兼右佥都御史，总督庐、凤等处军务。北都亡，拥立福王，勾结阮大铖，专擅朝政。弘光亡，入浙。顺治三年被逮，死之。见《小腆纪传·马士英传》。

[18] 翁君汉津：翁天章，字汉津，吴县东山人。娶汪琬从祖起凤女。诸生，顺治十四年入国子监，十八年授河西知县。见雍正《云南通志》卷十八。

[19] 胜国：已亡之国，用指前朝。新安：徽州古称。汪公伟：汪伟字长源，一字叔度，休宁人，移家江宁。崇祯元年进士，授慈溪令，征授翰林检讨，充东宫讲官。京师陷，自缢死。弘光时，谥文烈。顺治中，谥文毅。见《明季北略·汪伟》。凌公駉：凌駉字龙翰，歙县人。崇祯十六年进士，授兵部主事，赞画李建泰军。李建泰降李自成，凌駉激战溃围出。弘光授监察御史，至归德。清兵猝至，守者迎降，凌駉不屈死。见《南疆逸史·凌駉传》。

[20] "予闻天一"六句：《江止庵遗集》卷二《拟上奇孝疏》，即天一表彰淮安山阳县毛继宗妻冯氏，欲疏于朝而不果者。魏禧《江天一传》："授徒淮安，有孝妇割肝活姑者，天一感其事与祖母类，率朋辈，摄衣冠，往拜其庭。时人亦多为诗文，称述孝妇。天一尽出其脯修资，刻板以传。"刲肝活其姑，割肝为药，以活婆母，古时以为至孝。

[21] "天一本名景"二句：江景之名，罕见载记。石稼樵夫，则见于江天一《无朋友》一文。

寄 家 书

江天一

〔解题〕 顺治二年(1645)闰六月,诸生江天一佐金声在徽州起抗清义旅。兵败就逮,解往南京。十月五日次芜湖,作家书寄母、弟。先是金声劝其有老母在,不可死,天一必欲同赴大义。顺治四年,夏完淳以抗清兵败,解至南京,讥洪承畴腼颜事仇。天一已先二年抗言讥之。夏完淳《狱中上母书》摧人肝肠,天一《寄家书》亦催人泪下。

十月初五日,次芜湖立甫侄店,儿天一百拜,奉诉母亲大人膝下[1]:

儿自幼受祖、父教训[2],长亦守贫读书,仅知忠孝二字。然一生蹭蹬[3],儿命也。前与金老师共伸大义[4],志在报君匡国。功业不就,岂非天哉?未定归期,先办死局。三弟至营,道母之言,儿死佩之。只是父亲远在天涯,不知消息为憾[5]。君子作事,当从古人,偷生事仇,儿实耻之。我胸中全无渣滓,惟有清风明月[6]。妇年半百,可以无死。有儿痴顽,二弟当视如己子,得延宗祀,亦祖宗一脉也[7]。

世人每临难时,必悔读书,儿独不悔。君子以读书得正而毙[8],又何悔耶?我所作几篇古文,虽无大用,实有关系,三弟可为我收录,传诸后世子孙,亦使知先世有此一人也[9]。

前过旌德,谒张睢阳庙,见梁间题额旧知县与儿同姓名,儿得与张公同享庙食[10],儿愿足矣,尚有何望?束三、扶光、公韩、无疆、尊素皆吾同事[11],愿图大业者,审时度势,付之一笑而已。今天下尚不可知,但有人作得一分事,复得朱家一块土,高皇帝在天之灵鉴必不爽,儿亦含笑于九地矣[12]。

母亲年老,二弟可以奉侍,幸勿为儿过伤。又付三弟天表知,一自阵头分散,心如芒刺。后来弟至营,数日晤言,稍慰一二。但不知二弟消息,手足至情,曷能无念?吾所恨者,先人坟墓数事,未曾收拾,祖父未作生谱,父在远地。若二兄得不死归来,则前人与父母之事,在两弟也。尔兄之心,惟弟知耳。我身一死,倘有外议纷纷,听其自然,老母不必惊恐,弟当善事[13]。次芜湖,笔不多及。

——清康熙间刻本《江止庵遗集》卷四

[1]"十月初五日"四句:顺治二年九月,清兵下绩溪。江天一返家辞亲,即就逮,追及金声,羁歙县东山营。弟天表闻讯来见,时在九月下旬。十月一日,天表再至,天一等已解南京。初五日,天一道过芜湖,作家书。次日即往南京。十月八日,就义。见天表《感义扶丧记》。百拜,多次行礼,用于书札,表恭敬。膝下,人幼时常依父母膝下,用作对父母的敬辞。

[2]"儿自幼"句:天一幼承祖东望、父士润教,得东望之教尤多,见《江天一传》注。

[3]蹭蹬:谓困顿失意。天一家贫好学,屡应童试,不售,年三十六始补诸生。崇祯末,厌弃制举业。于乱世中,守御乡里,复起义旅抗清。

[4]金老师:金声,见《江天一传》注。崇祯间,金声里居讲学,天一师事之。

[5]"三弟至营"十一句:三弟谓天表,见《江天一传》注。张献忠破武昌,父士润官巡检,率兵拒之,生死不卜,故云"远在天涯,不知消息"。

[6]全无渣滓:谓至清至粹。渣滓,浊物。陈继儒《小窗幽记》:"胸中

没有些渣滓,才能处世一番。"清风明月:语本《南史·谢譓传》:"次子譓不妄交接,门无杂宾。有时独醉,曰:'入吾室者,但有清风;对吾饮者,唯当明月。'"

[7]"妇年半百"六句:天一既殁,籍其田产、妻孥。门人洪澜乞贷赎天一妻、子,经纪其家。见魏禧《江天一传》、龚翰《江天一传》、民国《歙县志》卷七《人物志》。二弟,谓仲弟天曙、三弟天表。绩溪之败,天曙与天一阵头失散。十月初五日忽返家,单衣血污,余息奄奄,延医用药,创始渐愈。见天表《感义扶丧记》。天一作家书时,尚不知天曙消息。宗祀,祖宗祭祀。

[8]得正而毙:用曾子故事。《礼记·檀弓上》:"(曾子曰)吾得正而毙焉,斯已矣。"

[9]"我所作几篇"六句:天一门人洪祚永收其遗文于天表,序次刊行。今传康熙刊本《江止庵遗集》八卷,凡天一所作序、记、疏、辩、论、传、书、祭文诸体文及杂著共七卷,末一卷附录。卷端题曰:"歙县江天一文石著,弟江天表文月手授,门人洪祚永卜公手抄。"末有吴惟寅《跋》:"文石江先生以诸生殉难,越四十余年,盖至今里巷童孺犹争道其事,而学士大夫则羞言之。"民国《歙县志》卷十五《艺文志》著录《止庵文集》八卷、《惊天集》《四书说意》《求己堂集》《弗告集》《六水集》《东海集》,后数种今未见,不详尚存否。

[10]旌德:旌德县。唐宝应间析太平县东地境,置旌德县,属宣州。明时属宁国府。张睢阳庙:旌德亦有睢阳庙,祀张巡及从死三十六人。又有威显庙、忠烈庙,皆祀张巡。见嘉庆《旌德县志》卷四《典礼庙祠》。与儿同姓名:旌德知县有名江天一者,广东河源人,举人。万历四十八年任。见嘉庆《旌德县志》卷六《职官》。张公:张巡。庙食:死后立庙或附祭,受人祭飨。

[11]束三:吴霖字束三,歙县人。崇祯六年,与天一、汪沐日结文社。参加金声义旅,事败得脱。入粤事桂王,授兵科给事中,以阻孙可望封秦王,被杀。见江天一《吴母汪孺人传略》、道光《歙县志》卷八。扶光:汪沐日字扶光,歙县人。崇祯六年举人。弘光时授职方司主事。南都亡,祝发为僧,法名弘济,字益然,年七十五示寂。著有《易解》《庄通》等。见黄宗羲《吴山益然大师塔铭》。尊素:王玄度字尊素,以字行,歙县人。弱冠补诸生,喜诗古文词,工书画。晚岁皈依佛门。著有《轩辕阁诗集》。见民国《歙县志》卷

十《人物志》。公韩、无疆:皆天一同道友人,生平俟考。

[12] 灵鉴:神明识见。不爽:不差。九地:犹九泉,即地下。

[13] "尔兄之心"七句:天表《感义扶丧记》载是年十月:"一日,有人自芜湖来者,持先生手书一纸付天表。天表捧读于母、兄、嫂、侄之前。读毕,天表思先生此信,生死永诀矣","老母病,兄闻之惊怖。天表复往山中觅得一屋,送母与兄并家人居之,盖使不闻杂说也。数日间,纷纷传金公与先生五人遇难之说。"

吴同初行状[1]

顾炎武

〔**解题**〕死者长已矣,生者当如何？清兵南下,吴越士民争赴国难,九死不悔。昆山顾炎武师友多舍生取义,吴其沆即其一。其沆字同初,昆山人。以贫居嘉定,补县生员,与炎武、归庄交好。顺治二年(1645)五月,顾炎武从军至苏州。六月,归常熟省母。闰六月十五日,昆山士民闭城拒守。七月初六日,清兵下昆山,归庄得脱,吴其沆死难。顾炎武撰《吴同初行状》,无意述其生年死月,重在明其"生平忧国"。文中复述其沆五世单传,不惧母将无养,决意赴义；己之嗣母以曾受明朝旌节,不食死。点染二母,光辉照人,得归有光文法之长,但炎武实无意矜于文法,文章和泪以成。顾炎武初名继绅,更名绛,字忠清。南都立,慕王炎午之为人,改名炎武,字宁人,号亭林。福王授兵部司务。唐王遥受兵部职方司主事。结交豪杰,以图恢复。事败北游,清廷屡征召,不应。康熙二十一年(1682)卒,年七十。博学通古,长于经史。著有《亭林诗文集》《天下郡国利病书》《日知录》等集数十种。事见张穆《顾亭林先生年谱》。

自余所及见,里中二三十年来号为文人者,无不以浮名苟得为务。而余与同邑归生独喜为古文辞,砥行立节,落落不苟于世,人以为狂[2]。已而又得吴生。吴生少余两人七岁,以贫客嘉定[3]。于书自《左氏》下至《南北史》，无不纤悉强记。其所为诗多怨声，近《西州》《子夜》诸歌曲[4]。而炎武有叔兰服，少两人二岁；姊子徐履忱，少吴生九岁[5]，五人各能饮三四斗。

五月之朔，四人者持觞至余舍为母寿。退而饮至夜半，抵掌而谈，乐甚，旦日别去。余遂出赴杨公之辟，未旬日而北兵渡江，余从军于苏，归而昆山起义兵，归生与焉，寻亦竟得脱，而吴生死矣。余母亦不食卒[6]。其九月，余始过吴生之居而问焉，则其母方茕茕独坐，告余曰："吴氏五世单传，未亡人惟一子一女。女被俘，子死矣。有孙二岁，亦死矣。"余既痛吴生之交，又念四人者持觞以寿吾母，而吾今以衰绖见吴生之母于悲哀其子之时[7]，于是不知涕泪之横集也。

生名其沆，字同初，嘉定县学生员[8]。世本儒家，生尤夙惠，下笔数千言，试辄第一[9]。风流自喜，其天性也。每言及君父之际及交友然诺，则断然不渝[10]。北京之变，作大行皇帝、大行皇后二诔[11]，见称于时。与余三人，每一文出，更相写录。北兵至后，遗余书及记事一篇，又从余叔处得诗二首，皆激烈悲切，有古人之遗风。然后知闺情诸作，其寄兴之文，而生之可重者不在此也。

生居昆山，当抗敌时，守城不出以死，死者四万人，莫知尸处。以生平日忧国，不忘君义，形于文若此，其死岂顾问哉[12]？生事母孝，每夜归，必为母言所与往来者为谁，某某最厚。死后，炎武尝三过其居，无已[13]，则遣仆夫视焉。母见之，未尝不涕泣，又几其子之不死而复还也，然生实死矣。生所为文最多，在其妇翁处[14]，不肯传。传其写录在余两人处者，凡二卷[15]。

——《亭林文集》卷五

79

[1] 行状:古文体之一,叙死者世系、生平事迹、生卒年月等,多出门生故吏、子孙亲友之手,以供碑传墓志、史书方志采录。

[2] 归生:归庄字尔礼,又字玄恭,号恒轩,归有光曾孙,昆山人。南都亡,倾家结客,志在恢复。昆山之难,归氏被祸惨烈。更名祚明,佯狂于世,与顾炎武并称"归奇顾怪"。康熙十二年卒,年六十一。著有《恒轩集》。砥行立节:砥砺品行,标立操守。《史记·伯夷传》:"闾巷之人,欲砥行立名者,非附青云之士,恶能施于后世哉!"落落:孤独寡合貌。左思《咏史八首》其八:"落落穷巷士,抱影守空庐。"

[3] "吴生少余"二句:顾炎武生于万历四十一年五月二十八日,归庄生于同年七月十四日,吴其沆生于万历四十八年。吴其沆本昆山人,寓嘉定。

[4] "于书自《左氏》"四句:言吴其沆聪慧,研读经史,富有诗才,异于俗士专攻制艺。《左氏》,《左氏春秋传》,与《公羊传》《穀梁传》合称"春秋三传"。《南北史》,唐人李延寿撰《南史》《北史》。强记,记忆力强,用指聪慧。《西洲曲》,为南朝乐府歌名,《玉台新咏》收录。《乐府诗集》卷七十二作古辞。《子夜歌》,亦乐府曲名。《乐府诗集》卷四十四收《子夜歌》,谓晋、宋、齐辞,解题曰:"《唐书·乐志》曰:'《子夜歌》者,晋曲也。晋有女子名子夜,造此声,声过哀苦。'"

[5] 兰服:顾兰服字国馨,号穆庵,昆山人。太仓州学诸生。少顾、归二岁,性豪宕,喜交游。入清,弃儒业,康熙十三年二月卒。见顾炎武《从叔父穆庵府君行状》。徐履忱:字孚若,昆山人。年十五补诸生。依舅氏顾炎武,避兵常熟。读书郡城,与名流结社唱和,入国子监。著有《耕读草堂诗钞》十五卷。见同治《苏州府志》卷九十五《人物志》。

[6] "五月之朔"十四句:崇祯十七年四月,顾炎武侍嗣母王氏迁居常熟语濂泾。五月一日,福王立。昆山知县杨永言荐顾炎武于朝,诏用为兵部司务。弘光元年四月,偕顾兰服至南京,旋返语濂泾。是年王氏年六十,五月一日,归庄、吴其沆、顾兰服、徐履忱登堂为寿。未旬日,清兵渡江。闰六月十五日,王永祚率昆山士民拒清兵,归庄、吴其沆及杨永言佐之。七月六日,昆山城陷,吴其沆死。十四日,清兵下常熟。王氏绝食十五日殁。见张穆《顾亭林先生年谱》。五月之朔,谓弘光元年五月一日。王氏诞辰在六月

80

二十六日,称觞在五月一日,即生日不受贺之义。觞,古时酒器。杨公,杨永言字岑立,昆明人。崇祯十六年进士,授昆山令。清兵南下,弃官走。未几起兵守昆山。事败,入黄浦依吴志葵。志葵败,祝发为僧,号懒云。见《小腆纪传·杨永言传》。一说昆山城陷,死之。乾隆四十一年,谥烈愍。见同治《苏州府志》卷九十四《人物志》。

[7] 衰绖(cuī dié):丧服。古时母死,子齐衰三年。丧服胸前当心处缀长六寸、广四寸麻布,名衰。围在头上散麻绳为首绖,缠在腰间为腰绖。

[8] 嘉定县:南宋嘉定十年,割昆山,置嘉定县。明代属苏州府。生员:诸生,府、州、县学学生。

[9] 试辄第一:谓岁考第一。明代提学考核所属府、州、县生员,区分优劣,酌定赏罚。《明史·选举志》:"提学官在任三岁,两试诸生。先以六等试诸生优劣,谓之岁考。一等前列者,视廪膳生有缺,依次充补,其次补增广生。一、二等皆给赏,三等如常,四等挞责,五等则廪、增递降一等,附生降为青衣,六等黜革。"

[10] 君父之际:指忠孝之义。君父,国君。然诺:应诺。曹植《赠友》:"延陵轻宝剑,季布重然诺。"

[11] 大行皇帝:古时对皇帝崩而谥号未定前的敬称。崇祯帝自缢,福王上谥号烈皇帝,清廷上谥号庄烈愍皇帝。大行皇后:古时对皇后薨而谥号未定前的敬称。此谓周皇后,苏州人,周奎女。崇祯即位,立为后。北京城陷,崇祯帝令自裁,遂入室阖户自缢死,并葬思陵。福王上谥号烈皇后,清廷上谥号庄烈愍皇后。诔:哀祭文体之一,述逝者生平,颂其德行。

[12] 君义:谓国君以仁义待臣下。《左传·隐公三年》:"君义臣行,父慈子孝,兄爱弟敬,所谓六顺也。"《孟子·离娄上》:"君仁莫不仁,君义莫不义,君正莫不正。"顾问:犹顾惜。《史记·张耳陈余列传》:"然张耳、陈余始居约时,相然信以死,岂顾问哉!"

[13] 无已:不得已。

[14] 妇翁:妻父。吴其沆妻随夫同死。见同治《苏州府志》卷一百二十三《列女传》。

[15] "传其写录"二句:同治《苏州府志》卷一百三十七《艺文二》著录《吴同初文集》,注云:"是书顾炎武校定。"

81

先妣王硕人行状(节选)[1]

顾炎武

〔解题〕明季甲申、乙酉间,天崩地解,士民捐国者不胜其计。刘宗周、王思任等不食死,夏允彝、祁彪佳等投水死,侯峒曾、黄淳耀等守城死。妇人女子不甘居后,顾炎武嗣母王氏即其著者。王氏,昆山人,许字同邑顾同吉。年十七未嫁而夫夭,缟衣赴吊,不肯回母家,执妇道甚恭。巡按御史王一鹗奏旌其门贞孝。崇祯十七年(1644)十二月,炎武侍王氏移居常熟语濂泾。明年七月六日,清兵陷昆山。九日后,陷常熟。王氏闻变即绝食,至三十日殁,临终遗命炎武"汝无为异国臣子"。十二月,炎武葬母浅土。顺治四年(1647)十月,与顾同吉合葬(张穆《顾亭林先生年谱》)。炎武撰《先妣王硕人行状》,述母贞孝殉国事迹,且终身不忘勿更出仕遗命。今节选,凡四百零八字,涕泪横集,三曰"呜呼痛哉",非仅为母亡,亦为国破,为母死义也。

又三年,而先皇帝升遐。又一年,而兵入南京,其时炎武奉母侨居常熟之语濂泾,介两县之间[2]。而七月乙卯,昆山陷。癸亥,常熟陷。吾母闻之,遂不食,绝粒者十有五日,至己卯晦而吾母卒。八月庚辰朔,大敛。又明日而兵至矣[3]。呜呼痛哉!遗言曰:"我虽妇人,身受国恩,与国俱亡,义也。汝无为异国臣子,无负世世国恩,无忘先祖遗训,则吾可以瞑于地下。"[4]呜呼痛哉!

初,吾母为妇十有七年,家事并王母操之[5]。吾母居别室中,昼则纺绩,夜观书至二更乃息。次日平明起,栉縰问安以为常。尤好观《史记》《通鉴》及本朝政纪诸书,而于刘文成、方忠烈、于忠肃诸人事,自炎武十数岁时即举以教[6]。及王母亡,董家事,大小皆有法。有使女曹氏相随至老,亦终身不嫁。有奁田五十亩,岁所入,悉以散之三族[7],无私蓄。先妣生于万历十四年六月二十六日,卒于弘光元年七月三十日,享年六十。其年十二月丁酉,不孝炎武奉柩藁葬于先考之墓旁[8]。呜呼痛哉!王孙贾之立齐王子也,而其母安;王陵之事汉王也,而其母安。若不孝者,何以安吾母[9]? 而犹然有腼于斯人之中,将于天崩地坼之日,而卜葬桥山之未成,而马鬣之先封也[10]。此不孝所以痛心擗踊,而号诸当世之仁人义士者也[11]。

——《亭林余集》

[1] 先妣:亡母。王硕人:谓王氏,崇祯间旌贞孝,赠硕人。硕人,妇人封赠之号。宋政和初,定封赠职级,侍郎以上命妇封硕人。明时不循此例。行状:见《吴同初行状》注。

[2] 又三年:指崇祯十七年。先皇帝:谓崇祯帝。北都陷,崇祯帝自吊于煤山。五月一日,福王在南京即位。明年五月,清兵渡江。先是崇祯十七年四月,顾炎武吴门闻变,以人心汹惧,奉母移居常熟唐市,十二月移语濂泾。升遐:谓帝王崩殂。语濂泾:语濂溪,去千墩八十余里,介于常熟、昆山二县间。

[3] 七月乙卯:谓七月四日。癸亥:谓七月十四日。己卯:谓七月三十日。

[4] 身受国恩:谓受朝廷旌表。世世国恩:顾炎武高祖顾济,正德间进士,官刑科给事中。曾祖顾章志,嘉靖间进士,官南京兵部右侍郎。顾章志

83

子绍芳,即顾炎武祖父,万历间进士,官左赞善。绍芳弟绍芾,国子生。顾绍芳子同应,即顾炎武生父,字仲从,恩荫入国子监。绍芾子同吉,字仲逢,早卒,聘王氏,未婚守节,抚炎武为嗣。见张穆《顾亭林先生年谱》。

[5]"吾母为妇"二句:顾同吉年十八病卒,王氏素衣来吊,不肯归母家。前文述及"贞孝既侍翁姑十二年","又二年,而知县陈君祖苞拜其庐。又三年,先王母李氏卒,丧之如礼",计之十七年。王母,谓祖母。此指顾绍芾妻李氏。张穆《顾亭林先生年谱》"万历四十六年"条:"冬十一月,蠡源公配李硕人卒。"

[6]"吾母居别室中"八句:张穆《顾亭林先生年谱》:天启三年,顾炎武从顾绍芾受《资治通鉴》。明年,始习举业。王氏举刘基、方孝孺、于谦诸贤教之,即在此际。刘文成,刘基,正德间谥文成。方忠烈,方孝孺,正德间谥忠烈。于忠肃,于谦,弘治间谥肃愍,万历间改谥忠肃。栉纚(zhì xǐ)问安,栉,梳发。纚,用缯束发髻。《礼记·内则》:"妇事舅姑,如事父母,鸡初鸣,咸盥漱,栉纚笄总。"

[7]奁田:陪嫁田产。三族:有数说,一谓父、子、孙,即父昆弟、己昆弟、子昆弟;一谓父族、母族、妻族;一谓父母、兄弟、妻子。按《日知录》卷二"九族"条,此谓父昆弟、己昆弟、子昆弟。

[8]十二月丁酉:谓十二月十九日。不孝:古时父母死,子自称不孝子,非惟清初,宋元时已然。藁葬:葬于浅土,草草埋葬。顺治四年十月,顾炎武始将王氏与顾同吉合葬。先考:谓嗣父顾同吉。

[9]"王孙贾之立"六句:用王孙贾、王陵故事,自责国破而无所作为,无以慰母地下,亦谓母死已无牵挂,将有所为。王孙贾之立齐王子,王孙贾年十五事齐闵王,乐毅破齐,淖齿杀闵王。王孙贾母曰:"女朝出而晚来,则吾倚门而望;女暮出而不还,则吾倚闾而望。女今事王,王出走,女不知其处,女尚何归?"王孙贾乃入市中,招众人,诛淖齿。见《战国策·齐策六》。王陵之事汉王:刘邦起兵,沛人王陵聚众数千,不肯从之。楚、汉争霸,乃以兵属汉王。项羽取王陵母,置军中,招降王陵。王陵母伏剑死,王陵遂从刘邦定天下,封安国侯。见《史记·陈丞相世家》。

[10]天崩地坼:喻大变故,此指明亡。卜葬桥山之未成:谓崇祯帝犹未下葬。桥山,在今陕西黄陵,有黄帝冢。《史记·五帝本纪》:"黄帝崩,葬桥

山。"后借指帝王陵墓。崇祯帝、周皇后自缢,李自成令葬入田贵妃墓。清兵入关,以礼改葬,营建思陵。顺治二年九月,营葬毕。明遗民以不得其正,犹称之"攒宫"。顾炎武《昌平山水记》:"昔宋之南渡,会稽诸陵皆曰攒宫,实陵而名不以陵。《春秋》之法,君杀,贼不讨,不书葬。实葬而名未葬。今之言陵者,名也;未葬者,实也。"马鬣之先封:谓葬母。马鬣,坟墓封土的一种形状。

[11] "此不孝"二句:此文作于顺治四年十月合葬王氏后,以乞贤者作志铭,故末云:"伏念先妣之节之烈,可以不辱仁人义士之笔,而不孝又将以仁人义士之成其志而益自奋,以无忘属纩之言。"擗踊,擗,用手拍胸;踊,以脚顿地,形容极度悲哀。《孝经·丧亲章》:"擗踊哭泣,哀以送之。"

孙 嘉 绩

黄宗羲

〔**解题**〕 黄宗羲(1610—1695)字太冲,号梨洲,余姚人,学者称梨洲先生。父尊素为东林名士,天启末死珰祸。黄宗羲从学刘宗周,入复社。南都亡,孙嘉绩、熊汝霖等拥鲁王朱以海监国绍兴,黄宗羲纠里中子弟数百人从之,号世忠营。黄宗羲授职方主事,寻改御史。明年,江上兵溃。入四明山结寨,继避难剡中。顺治六年,投奔鲁监国,授左副都御史。旋兵溃归里。晚岁讲学东南,屡辞清廷征辟。著有《明儒学案》《思旧录》《明夷待访录》《南雷文案》《南雷诗历》等集逾百种。明社既屋,黄宗羲忧人物史事湮没,撰为野史。《思旧录》追念交游,收一百十七人,人物品评,史事褒贬,隐见字句间,又能叙事宛曲,颇具史裁。此选《孙嘉绩》一则。孙嘉绩字硕肤,余姚人。崇祯十年(1637)进士。累迁兵部郎中,为宦官高起潜谗陷,夺职。顺治二年(1645)闰六月,起义兵,与张国维、熊汝霖、陈函辉、钱肃乐、张名振拥鲁王监国。明年五月,授兵部尚书。清兵渡钱塘,孙嘉绩从鲁王至舟山,六月二十四日病殁,年四十三。黄宗羲晚年作《硕肤孙公墓志铭》:"闰六月九日,于空然无恃之中,创为即墨之守。黄钟孤管,遂移气运,东浙因之立国一年,顾不可谓无益兴亡之数。血路心城,岂论修短","从来亡社,虽加一日,亦关国脉。此说盖在成败利钝之外者也"。

孙嘉绩,字硕肤。大兵将渡,东浙郡县皆已献户口册籍,牛酒犒师,各官亦委署易置,人情蹜蹜不敢动[1]。公书生勃窣,起而创即墨之守,鸣钟伐鼓,号召其邑人[2]。于是钱希声应于甬上,郑履公应于越城,张玉笥、陈寒山应于台、婺,余亦以世忠营一军佐公。勾践之保会稽,千年复见[3]。然公本书生,应变非其所长,拱手以太阿授之方、王,而分地江上一隅[4]。乃余西渡,公以火攻营见授,差可一战。大兵数骑乘浅过江,列帅皆溃矣,公至瀹洲而卒[5]。

火攻营将章钦臣溃后复起,山中见获,其妻金夫人例入旗下[6]。夫人强项不屈,问官始恐之以斩,再恐之以凌迟。夫人曰:"吾岂怕凌迟者哉!"磔毕,而行刑者暴死。夫人遂成神,所谓大金娘娘也[7]。余若水作传[8],其烈古今所仅见者。

——《昭代丛书》本《思旧录》

[1] "大兵将渡"五句:顺治二年,清兵将渡钱塘,入浙征户口册籍,郡县望风迎附。见黄宗羲《海外恸哭记》。大兵,谓清兵。牛酒犒师,用弦高犒师故事,见《弦高犒师》注。委署,委命。蹜蹜(sù jí),惶惧不安貌。

[2] "公书生勃窣"四句:按《海外恸哭记》,顺治二年,余姚知县王曰俞弃城走,教谕王玄如迎降,即以玄如为知县。闰六月九日,孙嘉绩斩玄如,建义帜,自此浙东豪杰群起。勃窣,犹婆娑,形容才华横溢,词采纷然。即墨之守,《史记·田单列传》:乐毅伐齐,下七十余城,独即墨、莒城久不下,"燕引兵东围即墨,即墨大夫出与战,败死"。即墨故城,在莱州胶水南六十里。

[3] "于是钱希声"六句:《鲁之春秋·孙嘉绩传》:嘉绩起兵,次日,会稽章正宸、郑遵谦应之。又次日,鄞县钱肃乐应之。又次日,慈溪沈宸荃应之。未几,绍兴属县,天台以东,皆应之。乃迎鲁王至绍兴,诸军会于江上。钱希声,钱肃乐字希声,鄞县人。崇祯十年进士,累迁刑部员外郎。鲁王授右佥都御史。病卒,谥忠介。郑履公,郑遵谦字履公,会稽诸生。鲁王授左

都督,封义兴伯。兵败,投海死。张玉笥,张国维字玉笥,东阳人。天启二年进士,累迁巡抚都御史。顺治三年守东阳,兵败赴水死。陈寒山,陈函辉字木叔,临海人。崇祯七年进士,授靖江令。鲁王授少詹事,兼侍读学士。江上兵溃,入山自缢死。甬上,宁波。越城,绍兴。婺,金华。台,台州。世忠营,黄炳垕《黄梨洲先生年谱》卷中:顺治二年闰六月,黄宗羲与弟宗炎、宗会纠合黄竹浦子弟数百人,驻军江上,人呼世忠营。勾践之保会稽,阖闾伐越,勾践败之。夫差复仇,越臣事吴。勾践十年生聚,起兵灭吴。

[4]"然公本书生"四句:《海外恸哭记》:"嘉绩实不知兵,以其权授之总兵王之仁、方国安,东浙之事,不能有所发舒。"太阿,古宝剑名,喻权柄。方、王,方国安、王之仁。方国安字磐石,贵阳人。崇祯间官总兵。弘光时镇池口。鲁王封镇东侯,进荆国公。顺治三年五月,弃江上防御,劫鲁王以行,至黄岩,降清。清惧其反覆,诛之。见《鲁之春秋·方国安传》。王之仁字九如,巴陵人。崇祯间官松江总兵。弘光时调宁绍总兵。鲁王封武宁侯。江上兵溃,航海至吴淞,被执,至江宁死。见《鲁之春秋·王之仁传》。

[5]"乃余西渡"六句:孙嘉绩荐章钦臣为都督,治火器,江上呼火攻营。孙嘉绩请西渡之策,方国安、王之仁不与同心,嘉绩乃遣王正中进兵,至澉浦,寡不敌众。黄宗羲请命再出师,嘉绩命章钦臣选精锐,熊雨霖助之,得三千人,以正中为副。黄宗羲西征,浙西震动。不虞方国安军已溃,嘉绩急还绍兴,追鲁王入舟山,疽发于背而死。见《鲁之春秋·孙嘉绩传》。瀛洲,舟山,唐曰瀛洲,宋曰昌国县。顺治七年,鲁王以瀛洲为行在。

[6]章钦臣:会稽人。佐嘉绩起兵,善治火器。江上师溃,与妻金氏入偶山结寨。金氏时勒兵出,杀伤亦众,山中呼夫人营。营寨破,夫妻被执,不屈死。见《鲁之春秋·章钦臣传》。例入旗下:按例应没为旗人之奴。

[7]"夫人强项不屈"九句:《鲁之春秋·金氏传》:章钦臣被执,审理官吏令婉词求免,金氏力争不可,遂死。金氏例没为奴,将发遣,嫚骂不屈。官吏恐吓以磔刑,不屈,竟磔之。金氏殉国后屡显异,邑人立祠祀之,曰:"大金夫人。"问官,审理狱案官吏。

[8]余若水:余增远字谦贞,号若水,余煌弟,会稽人。崇祯十六年进士,授宝应令。刘泽清镇淮安,跋扈甚,增远弃官归。鲁王授仪制司主事,进郎中。江上兵败,隐居不出,不与人交接,年六十五卒。见《鲁之春秋·余增远传》。

画网巾先生传[1]

李世熊

〔解题〕 天下变故，匹夫激于国家大义，奋起捐躯，世或不知姓名。如《石匮书后集·义人列传》所载沈烈士、张烈士皆是。画网巾先生亦其人，持重故国衣冠而死。范廷锷《画网巾先生新墓成志感》二首其一云："主仆何为者，相依画网巾。誓存一代制，耻作二心人。生死无名姓，艰贞泣鬼神。至今溪水碧，犹是血粼粼。"李世熊采其事作《画网巾先生传》，文德翼作《画网巾先生传》，戴名世裁剪李氏传作《画网巾先生传》。张岱《石匮书》《石匮书后集》、屈大均《明四朝成仁录》、汪有典《明忠义别传》、温睿临《南疆逸史》、徐鼒《小腆纪传》皆有其传。李氏传，清初刻本《寒支初集》载一千四百零三字，乃世熊后来改定。此据以选录。画网巾先生究为何人，戴名世、汪有典、徐鼒作传，皆有考索，然皆传闻，难以为信。李世熊字元仲，宁化人。明季诸生，师从黄道周，负奇气，有经世才。国变后，自号寒支道人。唐王在闽，黄道周等荐之，不赴。黄道周抗清死，世熊上疏请谥。年八十五，卒于家。著有《寒支初集》十卷、《寒支二集》六卷等集。

画网巾先生者，名位、乡里皆不可稽[2]。初，同二仆潜迹邵武、光泽山寺中，作苦观变，衣冠俨然[3]。久之，声影渐露。光泽防将吴镇者闻其岸异，因掩捕之，逮至邵武[4]。镇将池凤鸣讯其里居姓名,默不答[5]。凤鸣伟其状,戒部卒曰:"谨事之,去而网巾,无以惑众,足矣。"先生既索网巾,无有,盥栉毕,谓二仆曰:"得笔墨否?为我画网巾额上。"仆问故,先生曰:"衣冠本历代旧制,网巾则大明创制也。即死,可忘明制乎?"于是二仆为先生画网巾。画已,乃加冠,二仆亦复交相画。军中哗笑之,共呼之曰画网巾云。

是时适有四大营之乱。四营者,张自盛、洪国玉、曹大镐、李安民也。自盛始为王得仁裨将,得仁据江西反正,后败死。自盛亡入山,纠召残卒及贼之无赖者众逾万人,借义声曰恢复,一时名德如督师侍郎揭重熙、詹事傅鼎铨等皆依之。顾攻取无策,徒鸟徙江闽界,所经地毛如洗,飞走皆尽,流毒诸村落者二年。庚寅夏,清大吏始檄江闽合剿之。于是江兵驻建昌,四营屯邵武之禾坪。闽提督杨名高率兵至邵,与左路总兵王之纲分道掩击之,四营溃[6]。池凤鸣因诡称先生为阵俘,献之杨名高。杨羁縻欲生之,见画网巾历录然[7],笑置不问也。

先生既就槛车,至泰宁[8],杨犹欲谕降之。先生因谓杨曰:"吾旧识王之纲,就彼决之,可乎?"杨喜,遣诣之纲。之纲愕然,先生曰:"固不识公也,特从公索死耳。"之纲穷诘里籍姓字殊苦,先生乃喟然曰:"吾忠未报国,留姓名则辱国;智不保家,留姓名则辱家;危不即致身,留姓名则辱身。若曹呼我画网巾,吾即此姓此名矣。"[9]之纲因抗声谓之曰:"天下大定,一夫强死,何济?且改制易服,历代已然。薙发奚伤,作此怪鬼为?"[10]先生顾唾曰:"何许痴物!网巾且不忍去,况发乎?死矣,无多谈!"[11]语侵之纲,益厉之纲怒,曰:"明亡,填沟渎者莫名数也,庸渠皆俊物乎?"[12]遂令先斩其二仆。逡巡间,群卒捽之[13],二仆叱曰:"吾岂怯死者?顾死亦有礼,当一辞吾主人耳。"于是向先生拜且辞曰:"奴得扫除地下矣。"[14]乃欣然受戮。之纲复好谓先生曰："若岂有所负乎？不然，义死亦佳，何坚自晦也？"先生曰："吾何负？负明耳。一筹不抒，束手就尽，去婢妾无几，又以此易节烈名，吾笑古今之随例就义者，故耻不自述也。"[15]检袖中有诗一卷，掷于地，复出白金一小封，掷向刽子曰："此樵川范生所赠也，今与汝。"遂挺然受刃于泰宁之杉津[16]。泰人聚观之，所画网巾犹斑斑额上也。泰之诸生谢韩者，收其遗骸，瘗于郭外松窠山，题曰："画网巾先生之墓。"岁时谒奠如家仪[17]。

呜呼！当杨、王既追破四营，执获累累，多有文秀俨毅，顾眄晖伟，绝无羁累愁状者，岂亦先生之流欤？别营有投降者，当就邵武听抚，行至朱口，一魁独不肯前，伸颈就其党索死曰："吾熟思累日，终不能俯仰若，宁死汝手。"[18]其党难之，即奋袂裂眦，抽刀相拟曰："不我杀者，今当杀汝！"[19]其党乃挥涕刃之，瘗骨而去。傅鼎铨、揭重熙流散被获，先后不屈死。张自盛后就俘于泸溪山中[20]。呜呼！聚旅如林，繁有节侠，顾颠蹶同尽如是也夫[21]！

论曰：运变极流，遂有意表奇节如画网巾者[22]。往郑所南作铁函经，事至隐秘矣，逮明崇祯戊寅间，寺僧浚井，忽得之。按其岁月，已三百五十六年，而所南之名始大著于天下[23]。其鬼神缄之，而鬼神启之，安知百千年后，鬼神不以画网巾姓字告人乎？夫悬幽忠于天日河山之外，岂虑千百年后，真有鬼神者为书名位、志家世乎？

李纲曰："靖康之难，内惟李若水，外惟霍安国，死节显著。"[24]然则死义患不显著耳。蒙古破钧州，金将陈和尚俟杀掠已定，乃自出言曰："我忠孝军总领陈和尚也。死乱军中，人将谓我负国家。今日明白死，庶有谅我者。"[25]先生岂负国者哉？若古之江上丈人、汉滨老父等，皆虑为世之仪的。

近世如补锅匠、葛衣翁等,又皆虑名为祟[26]。先生既就死矣,岂复刑祸是避乎?空坑之败,赵时赏身冒姓文,逗遛追骑,以脱主帅,意欲有为也[27]。先生则谁为乎?即其言曰恶夫计无复之,因死贸名者[28]。夫张、许、文、谢,谁非计无复之者[29]?而论者惑于黜帅阵俘之言[30]。夫越石就段,王辂投裴,中智所笑[31]。以先生意致沉远,词吐严危,度世有孙、曹,尚回翔睨之;张、洪,撅竖小人[32],岂足附托哉!二仆从先生于孤穷危踬之时,历年弥恪,此文丞相所不能得于余元庆者。交画网巾,恬殉故主,结缨纳肝,已优为之人,固不可以常情度哉[33]!

——清初檀河精舍刻本《寒支初集》卷九

[1] 网巾:网状头巾,明初定为巾服之制。《明史·舆服志》:洪武二十四年,朱元璋"微行至神乐观,见有结网者。翼日,命取网巾,颁示十三布政使司,人无贵贱,皆裹网巾。于是天子亦常服网巾"。王三聘《事物考》卷六"网巾"条:"古无此制","国朝初定天下,改易胡风,乃以丝结网,以束其发,名曰网巾。又制方巾,名曰头巾,罩之。识者有'法束中原,四方平定'之语"。

[2] 名位:官职品位。乡里:籍贯。

[3] 邵武:在武夷山南麓。三国吴时立昭武镇,升昭武县。晋惠帝避祖讳,改邵武。宋时邵武设军,县为军治。元时改路,县为路治。明时改邵武府,县为府治,清沿之。光泽:三国吴时属昭武县。宋太平兴国间,光泽建县,属邵武军。明属邵武府,清沿之。作苦观变:耕隐以观世变。作苦,耕作辛苦。杨恽《报孙会宗书》:"田家作苦。"衣冠俨然:谓未薙发,犹服明时衣冠。

[4] 声影:声形。吴镇:宜黄人,时为左营参将。见光绪《重纂邵武府志》卷十四《武职》。岸异:独特不凡。掩捕:乘所不备捉捕。

[5] 池凤鸣:奉天人。顺治三年九月,总兵李成栋率清兵由邵武下泰宁,池凤鸣任副总兵。十五年,池氏任广德营游击。见光绪《重纂邵武府

志》、乾隆《江南通志》。里居:籍贯。

[6]"是时适有"二十二句:顺治五年,南昌总兵金声桓、副总兵王得仁起兵反清,事败死,裨将曹大镐、张自盛、洪国玉、李安民收拾残卒,出没邵武、广信间,揭重熙、傅鼎铨助之,号四大营。顺治七年,四营兵屯邵武和平。清提督杨名高、左路总兵王之纲分道掩击,获张自盛,四营兵溃,入建宁。曹大镐岑阳关被执,解至南昌,就义。见《小腆纪传·揭重熙传》、光绪《重纂邵武府志》卷十三《寇警》。王得仁,原李自成旧部,降清。反清归明。见《小腆纪传·金声桓传》。揭重熙,字祝万,临川人。崇祯十年进士,授福宁知州。南都陷,事唐王。清兵入闽,重熙兵溃。与金、王起兵,桂王授兵部尚书,兼右副都御史。兵败,与张自盛转战闽赣。顺治七年被执,明年不屈死。见《小腆纪传》本传。傅鼎铨,字维衡,临川人。崇祯十三年进士,授检讨。降李自成,为乡人诟讪。事唐王,自集义勇,复宜黄,驻乐安。与金、王起兵,桂王授兵部右侍郎。顺治八年被执,不屈死。《小腆纪传》有传。杨名高,辽东人。皇太极时率族属归附,隶镶黄旗汉军,授佐领。以军功擢都察院参政。顺治六年,升福建漳州提督。督兵击破四大营。《八旗通志》有传。王之纲,直隶人。顺治七年,任延建邵汀左路总兵。见光绪《重纂邵武府志》卷十五《名宦》。裨将,副将。贼之无赖者、借义声曰恢复,张自盛纠集者多李自成旧部,李世熊不忘北都之亡,且以其乌合,故云。詹事,秦始置,职掌皇后、太子家事。明、清皆置詹事府,设詹事、少詹事。江闽,江西、福建。庚寅,顺治七年。建昌,建昌府,在光泽县以西二百一十里,明时领南城、新城、南丰、广昌、泸溪等五县,清因之。禾坪,乡名,在邵武县。

[7]羁縻:笼络。历录:文采貌。《鹖冠子·天则》:"历宠历录,副所以付授。"陆佃曰:"历录,文章之貌。"

[8]泰宁:邵武属县,在府城西南一百四十里。

[9]穷诘:追问。忠未报国:马融《忠经·报国章》:"不思报国,岂忠也哉?"智不保家:《左传·襄公二十七年》:"印段赋《蟋蟀》,赵孟曰:'善哉,保家之主也!吾有望矣。'"危不即致身:《论语·季氏篇》:"危而不持,颠而不扶,则将焉用彼相矣!"危,邦危。致身,献身。《论语·学而篇》:"事君能致其身。"若曹:犹尔等。

[10]改制易服:顺治二年,颁薙发令,又颁易服令。士民不肯薙发改

93

易,多死者。夐伤:何伤。《孝经》:"身体发肤,受之父母,不敢毁伤,孝之始也。"孝为忠之本。怪鬼:石介作《圣德》诗,范仲淹以为"怪鬼"。张方平谓石介狂谲盗名。见林骃《源流至论》卷四。

[11] 顾唾:谓鄙弃。顾,回头看。唾,咳唾于地。《左传·僖公三十三年》:崤之战,先轸怒问晋襄公秦因何在,"不顾而唾"。

[12] 填沟渎:死于沟壑。《论语·宪问篇》:"岂若匹夫匹妇之为谅也,自经于沟渎,而莫之知也。"庸渠:同"庸讵",意谓岂。渠,通"讵"。俊物:俊材。

[13] 逡巡:有所顾虑,迟疑畏缩。捽(zuó):抓住。

[14] 扫除:打扫,意谓侍奉。

[15] 一筹不抒:一筹莫展。

[16] 樵川:邵武别称。光绪《重纂邵武府志》卷三:"而九曲之水来自樵岚,逶迤城中,西入北出,汇大河之水,故曰樵川。"范生:今未详。杉津:杉津桥,在泰宁县西城门外。

[17] 谢韩:字穉圭,泰宁人。廪生。好义行,收葬画网巾先生,岁时酹奠。见民国《泰宁县志》卷三十一《文苑》。瘗于郭外松窠山:鄞县范廷锷字质夫,知泰宁,以画网巾先生墓地湿洼,改葬城东,建忠义亭。所赋《画网巾先生新墓成志感》其二:"谢生贤达士,负骨葬松窠。不恤危疑甚,应知慷慨多。"家仪:家礼。

[18] 朱口:朱口寨,在泰宁县东三十里。宋绍兴五年设,元改巡检司,寻废,后世有朱口墟。魁:头领。俯仰若:《明文海》作"俯仰于官"。"若"有顺从意。此疑有脱文。

[19] 奋袂:奋起貌。袂,衣袖。《淮南子·主术训》:"楚庄王伤文无畏之死于宋也,奋袂而起。"裂眦:盛怒貌。眦,眼眶。《淮南子·泰族训》:"荆轲西刺秦王,高渐离、宋意为击筑,而歌于易水之上,闻者莫不瞋目裂眦,发植穿冠。"相拟:比划。《汉书·李广苏建传》:"复举剑拟之。"

[20] 泸溪:邵武领五县之一,在府城东南一百二十里,即南城县泸溪巡检司地,万历七年置县。

[21] 节侠:节操侠士。颠蹶:覆亡。

[22] 运变极流:运极,谓运命终尽。意表奇节:奇节出人意表。

[23]"往郑所南作"八句:宋遗民郑思肖号所南,铁函藏其《心史》于古吴智井。崇祯十一年,苏州承天寺浚井出之,张国维刻传。戊寅,崇祯十一年。

[24]"李纲曰"五句:语出李纲《建炎进退志总叙上》:"靖康之祸,视两宫播迁如路人然,罕有能伏节死义者。在内惟李若水,在外惟霍安国,死节显著,余未有闻。"李若水:原名若冰,字清卿,洺州曲周人。以著作佐郎使金,还擢吏部侍郎,权开封府尹。靖康二年,扈钦宗至金营,指斥敌酋完颜宗翰,不屈死。高宗即位,下诏曰:"若水忠义之节,无与比伦。"谥忠愍。见《宋史·李若水传》。霍安国,宣和末,知怀州。靖康元年,路允迪表其治状。金兵至,安国捍御之,城陷,不降死。见《宋史·霍安国传》。

[25]"蒙古破钧州"八句:完颜陈和尚名彝,字良佐,丰州人。以军功累迁御侮中郎将。正大九年正月,与蒙古军战于三峰山,败走钧州。城破,纵军巷战。趋避隐处,杀掠稍定,乃出曰:"我忠孝军总领陈和尚也","我死乱军中,人将谓我负国家。今日明白死,天下必有知我者。"不屈死,年四十一。见《金史·完颜陈和尚传》。钧州,金世宗大定间,以阳翟有钧台,改钧州。明万历年间,避神宗讳,改禹州。

[26]江上丈人:本楚人。伍员奔吴,至江上,赖丈人以渡。伍员为吴相,求丈人不得,每食辄祭之,曰:"名可得闻而不可得见,其唯江上丈人乎?"见皇甫谧《高士传》卷上。汉滨老父:汉桓帝幸竟陵,过云梦,临沔水,百姓争观,有老父独耕不辍。尚书郎张温异而问之,老父曰:"我野人也,不达斯语。"张温大惭。见皇甫谧《高士传》卷下。仪的:目标,榜样。补锅匠:世疑其与葛衣翁皆靖难之变后匿名全节者。郑晓《吾学编》:川中补祸匠,不知何许人,往来夔州、重庆间补祸,不索谢钱,后莫知所终。葛衣翁:世疑建文帝出亡,葛衣翁为从亡二十二人之一。陈继儒《致身录序》:得史仲彬《致身录》,始知建文出亡,扈驾二十二人,其一为编修赵天泰,适衣葛,称葛衣翁,时称天肖子。

[27]"空坑之败"五句:宋人赵时赏字宗白,和州宗室,居太平州。咸淳元年进士,知旌德县。益王即位,知邵武军。文天祥开府南剑,奏辟参议军事、江西招讨副使。空坑之败,赵时赏冒称文天祥,为追兵所执,不屈死。见《宋史·赵时赏传》。《宋史·文天祥传》:"时赏坐肩舆,后兵问谓谁,时

95

赏曰:'我姓文。'众以为天祥,禽之而归,天祥以此得逸去。"空坑,在赣州兴国县境内。逗遛,同"逗留"。

[28] 计无复之:语本《史记·季布栾布列传》太史公曰:"夫婢妾贱人感慨而自杀者,非能勇也,其计画无复之耳。"贸名:谋取名誉。贸,通"牟"。

[29] 张、许、文、谢:即张巡、许远、文天祥、谢枋得。

[30] 黠帅:谓池凤鸣。黠,狡猾。

[31] 王辂(lù):帝王乘舆。投裘:献裘。《史记·管蔡世家》:"昭侯十年,朝楚昭王,持美裘二,献其一于昭王,而自衣其一。楚相子常欲之,不与。子常谗蔡侯,留之楚三年。蔡侯知之,乃献其裘于子常。子常受之,乃言归蔡侯。"中智:中等才智。刘向《新序·善谋第九》:"中知以上乃能虑之。"

[32] 孙、曹:孙权、曹操。辛弃疾《南乡子·登京口北固亭有怀》:"天下英雄谁敌手? 曹刘。生子当如孙仲谋。"回翔:盘旋高举貌。睨:睨视,即傲视。张、洪:张自盛、洪丑玉。撅竖小人:《魏书·崔浩传》:"太宗曰:'屈丐何如?'浩曰:'屈丐家国夷灭,一身孤寄……撅竖小人,无大经略,正可残暴,终为人所灭耳。'"撅竖,谓暴发。胡三省曰:"撅,与'掘'同","撅竖,言撅起自竖立也。"

[33] 孤穷危颠:孤立无援,危急困顿。弥恪:更加恭敬忠诚。余元庆:真州人。文天祥使金营,拘至镇江,脱往真州,帐前将军余元庆出力甚多。文天祥既而被逐出真州,同行十二人,余元庆与李茂等生叛心,携所怀白金散走。文天祥《至扬州》其九:"问谁攫去橐中金,僮仆双双不可寻。折节从今交国士,死生一片岁寒心。"结缨:系好帽带,用指从容就死。典出《左传·哀公十五年》:"子路曰:'君子死,冠不免。'结缨而死。"纳肝:典出《吕氏春秋·忠廉》:翟人杀卫懿公,尽食其肉,独舍其肝。弘演出使归,报使于懿公肝,呼天而哭,尽哀而止,自杀,"先出其腹实,内懿公之肝"。后世以纳肝指忠烈。优为:任事绰有余力。

天下平治,舍我其谁

长沮、桀溺耦而耕

〔解题〕春秋末期,周王室衰微,孔子见天下礼崩乐坏,倡仁义、礼乐以救世,其道不行于世。杨伯峻《试论孔子》:"在《论语》一书中反映孔子热心救世,碰到不少隐士泼以冰凉的水。除长沮、桀溺外,还有楚狂接舆、荷蓧丈人、石门司门者和微生亩等等。孔子自己说:'天下有道,丘不与易也。'石门司门者则评孔子为'知其不可而为之'。'知其不可而为之',可以说是'不识时务',但也可以说是坚韧不拔。孔子的热心救世,当时未见成效","但这种'席不暇暖'(韩愈《争臣论》,盖本于《文选》班固《答宾戏》),'三月无君则吊'(《孟子·滕文公下》)的精神,不能不说是极难得的,也是可敬佩的。"(《论语译注》)此参酌古人旧注选注《论语·微子篇》"长沮、桀溺耦而耕"一节。

长沮、桀溺耦而耕,孔子过之,使子路问津焉[1]。长沮曰:"夫执舆者为谁?"[2]子路曰:"为孔丘。"曰:"是鲁孔丘与?"曰:"是也。"曰:"是知津矣。"[3]问于桀溺,桀溺曰:"子为谁?"曰:"为仲由。"曰:"是鲁孔丘之徒与?"对曰:"然。"曰:"滔滔者天下皆是也,而谁以易之?且而与其从辟人之士也,岂若从辟世之士哉?"[4]耰而不辍[5]。子路行以告,夫子怃然曰:"鸟兽不可与同群,吾非斯人之徒与而谁与?天下有道,丘不与易也。"[6]

——《论语·微子篇》

[1]长沮、桀溺:郑玄曰:"隐者也。"耦而耕:耜为农具,广五寸,二耜为耦。《说文解字》:"耦。耒广五寸为伐,二伐为耦。"子路:孔子门人仲由,字子路,鲁国卞人。津:渡口。

[2]执舆:执辔。邢昺疏:"时子路为御,既使问津,孔子代之而执辔。"

[3]是知津矣:马融曰:"言数周流,自知津处也。"邢昺疏:"长沮言既是鲁孔丘,是人数周流天下,自知津处,故乃不告。"

[4]"滔滔者"二句:孔安国曰:"滔滔者,周流之貌也。言当今天下治乱同,空舍此适彼,故曰'谁以易之'。"以,意谓与。"且而与其"二句:孔安国曰:"士有避人之法,有避世之法。长沮、桀溺谓孔子为士从避人之法也,己为士则从避世之法也。"而,同"尔"。辟,同"避"。

[5]耰(yōu)而不辍:郑玄曰:"耰,覆种也。辍,止也。覆种不止,不以津告也。"

[6]"夫子怃然曰"五句:朱熹《四书章句集注》:"言所当与同群者,斯人而已。岂可绝人逃世,以为洁哉?天下若已平治,则我无用变易之。正为天下无道,故欲以道易之耳。"怃然,犹怅然。"鸟兽"句,孔安国曰:"隐居于山林,是与鸟兽同群。""吾非"句,孔安国曰:"吾自当与此天下人同群,安能去人,从鸟兽居乎?"

陈成子弑简公

[解题] 孔子之道不行于世,不为时人所解,然"知其不可而为之"(《论语·宪问篇》)。鲁哀公十四年(前481),陈成子弑齐简公,立简公弟骜,即齐平公,而专其权,自是齐为田氏所有。孔子请哀公伐齐。《左传·哀公十四年》:"甲午,齐陈恒弑其君壬于舒州。孔丘三日斋,而请伐齐,三。公曰:'鲁为齐弱久矣,子之伐之,将若之何?'对曰:'陈恒弑其君,民之不与者半。以鲁之众,加齐之半,可克也。'公曰:'子告季孙。'子辞,退而告人曰:'吾以从大夫之后也,故不敢不言。'"《论语·宪问篇》亦载之,邢昺疏:"此章记孔子恶无道之事也。"(《论语注疏》)其中两曰"以吾从大夫之后"。孔子非轻于"匹夫",盖重于"为政",以拯溺天下自任,不肯稍息。此参酌古人旧注选注《论语·宪问篇》"陈成子弑简公"一节。

陈成子弑简公[1]。孔子沐浴而朝,告于哀公曰:"陈恒弑其君,请讨之。"[2]公曰:"告夫三子!"[3]孔子曰:"以吾从大夫之后,不敢不告也。君曰'告夫三子'者。"[4]之三子告,不可[5]。孔子曰:"以吾从大夫之后,不敢不告也。"[6]

——《论语·宪问篇》

[1] 陈成子:田恒,即田成子,以家族出于陈国,亦称陈恒。陈成子唆使齐大夫鲍息弑齐悼公,立简公,与阚止分任左右相。继杀简公及阚止,立简公弟骜。弑:古时臣杀君、子杀父母曰弑。《左传·宣公十八年》:"凡自

虐其君曰弑,自外曰戕。"简公:姜姓,名壬,齐悼公子。《庄子·胠箧篇》:"而田成子一旦杀齐君而盗其国,所盗者岂独其国耶?"

[2] 沐浴而朝:马融曰:"将告君,故先斋,斋必沐浴也。"杨伯峻注:"这时孔子已经告老还家,特为这事来朝见鲁君。"哀公:鲁哀公,姬姓,名将,鲁定公子。陈恒:陈成子。

[3] 三子:或作"二三子",下同。孔安国曰:"谓三卿也。"三卿,即孟孙氏、叔孙氏、季孙氏,鲁桓公后人,并称"三桓",权势甚炽。《论语·八佾篇》:"'相维辟公,天子穆穆。'奚取于三家之堂?"朱熹《四书章句集注》:"三子,三家也。时政在三家,哀公不得自专,故使孔子告之。"

[4] "以吾从"三句:《左传》"吾以从大夫之后也",杜预注:"尝为大夫而去,故言后。"马融曰:"我于礼当告君,不当告二三子。君使我往,故复往也。"朱熹《四书章句集注》:"意谓弑君之贼,法所必讨。大夫谋国,义所当告。君乃不能自命三子,而使我告之耶?"

[5] "之三子告"二句:《左传》:"子辞。"杜预注:"辞,不告。"邢昺疏:"又云'之三子告',彼无文者,传是史官所录,记其与君言耳。退后别告三子,唯弟子知之,史官不见其告,故传无文也。"

[6] "以吾从"二句:马融曰:"孔子由君命之二三子告,不可,故复以此辞语之而止也。"朱熹《四书章句集注》:"以君命往告,而三子鲁之强臣,素有无君之心,实与陈氏声势相倚,故沮其谋。而夫子复以此应之,其所以警之者,深矣!"

予岂好辩哉

[解题] 孟子名轲,邹国人。《史记·孟子荀卿列传》称其"受业子思之门人"。秦用商鞅富国强兵,楚、魏用吴起战胜弱敌,齐威王、宣王用孙子、田忌之徒称雄。"天下方务于合从连衡,以攻伐为贤",孟子称述尧舜、三代之德,与时不合,退与门人序《诗》《书》,述孔子之意,作《孟子》一书。所论王道,不离于"仁义之本""为政以德",重在"保天下",又谓"民为贵,社稷次之,君为轻"。孟子尝游事齐宣王、魏惠王,虽长于辩说,齐、魏皆不能用,能用者,惟滕之小国。时称孟子"好辩",其遂自解,从中可见忧时之思、用世之切、救世之志。此参酌古人旧注。

公都子曰:"外人皆称夫子好辩,敢问何也?"[1]孟子曰:"予岂好辩哉?予不得已也[2]。天下之生久矣,一治一乱。当尧之时,水逆行,泛滥于中国,蛇龙居之,民无所定;下者为巢,上者为营窟[3]。《书》曰:'洚水警余。'洚水者,洪水也[4]。使禹治之。禹掘地而注之海,驱蛇龙而放之菹;水由地中行,江、淮、河、汉是也。险阻既远,鸟兽之害人者消,然后人得平土而居之[5]。

尧舜既没,圣人之道衰,暴君代作,坏宫室以为污池,民无所安息;弃田以为园囿,使民不得衣食[6]。邪说暴行又作,园囿、污池、沛泽多而禽兽至[7]。及纣之身,天下又大乱。周公相武王诛纣,伐奄三年讨其君,驱飞廉于海隅而戮之,灭国者五十,驱虎、豹、犀、象而远之,天下大悦[8]。《书》曰:'丕显哉,文王谟!丕承哉,武王烈!佑启我后人,咸以正无缺。'[9]

世衰道微,邪说暴行有作,臣弑其君者有之,子弑其父者有之[10]。孔子惧,作《春秋》。《春秋》,天子之事也。是故孔子曰:'知我者其惟《春秋》乎!罪我者其惟《春秋》乎!'[11]

圣王不作,诸侯放恣,处士横议,杨朱、墨翟之言盈天下。天下之言不归杨,则归墨。杨氏为我,是无君也;墨氏兼爱,是无父也。无父无君,是禽兽也[12]。公明仪曰:'庖有肥肉,厩有肥马,民有饥色,野有饿莩,此率兽而食人也。'[13]杨、墨之道不息,孔子之道不著,是邪说诬民,充塞仁义也[14]。仁义充塞,则率兽食人,人将相食。吾为此惧,闲先圣之道,距杨、墨,放淫辞,邪说者不得作[15]。作于其心,害于其事;作于其事,害于其政。圣人复起,不易吾言矣。

昔者禹抑洪水而天下平,周公兼夷狄、驱猛兽而百姓宁,孔子成《春秋》而乱臣贼子惧[16]。《诗》云:'戎狄是膺,荆舒是惩,则莫我敢承。'[17]无父无君,是周公所膺也。我亦欲正人心,息邪说,距诐行,放淫辞,以承三圣者[18],岂好辩哉?予不得已也。能言距杨、墨者,圣人之徒也。"

——《孟子·滕文公下》

[1]公都子:赵岐注:"孟子弟子也。"好辩:赵岐注:"言子好与杨、墨之徒辩争。"

[2]予不得已也:赵岐注:"欲救正道,惧为邪说所乱,故辩之也。"孟子屡言"不得已",《孟子·公孙丑下》:"千里而见王,是予所欲也;不遇故去,岂予所欲哉!予不得已也。"

[3]"天下之生"二句:赵岐注:"天下之生生民以来也,迭有乱治,非一世。""下者为巢"二句:赵岐注:"民患水,避之,故无定居。埤下者于树上

为巢,犹鸟之巢也;上者,高原之上也,凿岸而营度之,以为窟穴而处之。"生,谓生民。水逆行,下流壅塞,故水倒流旁溢。

[4]"《书》曰"四句:赵岐注:"《尚书》逸篇也。水逆行,泽洞无涯,故曰洚水,洪大也。"惠栋《古文尚书考》卷下《大禹谟》:"帝曰:'来,禹!洚水儆予。'(帝曰:'来,禹!'《皋陶谟》文。《孟子》曰:'《书》云:"洚水警予。"洚水者,洪水也。'盖'洚'读为'洪'。梅颐不识字,训为下水。)"警,古同"儆",谓戒。

[5]"使禹治之"八句:禹,鲧之子,受命治水,功最著,后人称大禹。见《史记·夏本纪》。《史记·五帝本纪》:"唯禹之功为大,披九山,通九泽,决九河,定九州,各以其职来贡,不失厥宜。"赵岐注:"尧使禹治洪水,通九州,故曰掘地而注之海也。菹,泽生草者也。今青州谓泽有草者为菹。水流行于地而去也,民人下高就平土,故远险阻也。水去,故鸟兽害人者消尽也。"菹(zū),水草沼泽。《礼记·祭统》:"水草之菹。"险阻,谓水之泛滥。

[6]尧舜:《大戴礼记》《史记》所载五帝人物。尧,陶唐氏,名放勋,史称唐尧。舜,妫氏,名重华,继尧主天下,史称虞舜。尧舜并称,后世尊为古贤圣王。"坏宫室"句:赵岐注:"残坏民室屋,以其处为污池。"污池,即洿池,深池。污,古通"洿"。《广雅·释诂》:"洿,深也。"《孟子·梁惠王上》:"数罟不入洿池,鱼鳖不可胜食也。""弃田"句:赵岐注:"弃五谷之田,以为园囿,长逸游而弃本业。"

[7]"邪说"句:赵岐注:"其小人则放辟邪侈,故作邪伪之说,为奸宄之行。"禽兽至,赵岐注:"田畴不垦,故禽兽众多。谓羿、桀之时也。"《孟子·梁惠王上》:"《汤誓》曰:'时日害丧,予及女偕亡。'民欲与之偕亡,虽有台池鸟兽,岂能独乐哉?"

[8]"及纣之身"八句:孙奭疏:"及纣之世,又为大乱。周公乃辅相武王诛伐其纣,又伐奄国,终始三年,讨戮残贼之君,乃驱逐飞廉谀臣于海隅之地而戮杀之,遂灭与纣共为乱之国者,有五十国。然后驱遣其虎、豹、犀、象之野兽而远去之,天下之人已皆大悦。"然"伐奄三年""驱飞廉",世有异说,此解尚可疑。纣,子姓,名受,商末帝,谥纣。周公,姬姓,名旦,武王发同母弟。灭商,用事居多。武王病死,成王年幼,周公摄政,东征平叛,营建洛邑,制作礼乐。见《史记·周本纪》《史记·鲁周公世家》。武王,姬姓,名发,周

105

文王子。伐奄三年,谓周公东征平叛。奄,谓奄国,都城在奄(今曲阜)。商屡迁都,奄为其一。周公平三监、淮夷之叛,灭奄。子伯禽封奄故地,建鲁国。《尚书·周书·多士》:"王曰:'多士,昔朕来自奄,予大降尔四国民命。'"孔安国曰:"昔我来从奄,谓先诛三监,后伐奄、淮夷。"飞廉,商纣大臣,亦作"蜚廉",恶来父。《史记·秦本纪》:"恶来有力,蜚廉善走,父子俱以材力事殷纣。周武王之伐纣,并杀恶来。是时蜚廉为纣石北方,还,无所报。为坛霍太山而报,得石棺,铭曰:'帝令处父不与殷乱,赐尔石棺以华氏。'死,遂葬于霍太山。"所载与《孟子》有异。

[9]"《书曰》"七句:赵岐注:"《书》,《尚书》逸篇也。丕大显明,承缵烈光也,言文王大显明王道,武王大缵承天光烈。佑开后人,谓成康皆行正道,无亏缺也。此周公辅相以拨乱之功也。"无缺,《尚书·周书·君牙》作"罔缺"。"丕显哉"二句,孔安国曰:"叹文王所谋大显明。""丕承哉"二句,孔安国曰:"言武王业美大可承奉。""佑启我后人"二句,孔安国曰:"文武之谋业大明,可承奉,开助我后嗣,皆以正道无邪缺。"丕,谓大。显,谓明。谟,谓谋。承,谓继。烈,谓光。佑,谓助。启,谓开。缺,谓坏。

[10] 世衰道微:赵岐注:"周衰之时也。"有作:有,古同"又"。弑:臣杀君、子杀父,曰弑。

[11]"孔子惧"七句:赵岐注:"孔子惧王道遂灭,故作《春秋》,因鲁史记,设素王之法,谓天子之事也。知我者,谓我正王纲也;罪我者,谓时人见弹贬者,言孔子以《春秋》拨乱也。"孔子编《春秋》,寓褒贬之意。《史记·孔子世家》:"至于为《春秋》,笔则笔,削则削,子夏之徒不能赞一词。弟子受《春秋》,孔子曰:'后世知丘者以《春秋》,而罪丘者亦以《春秋》。'"

[12]"圣王不作"十二句:赵岐注:"言孔子之后,圣人之道不兴,战国纵横,布衣处士游说以干诸侯。"朱熹《四书章句集注》:"杨朱但知爱身而不复知有致身之义,故无君;墨子爱无差等而视其至亲无异众人,故无父。无父无君,则人道灭绝,是亦禽兽而已。"杨朱,字子居,开杨朱一派,主"贵己"、"人人不损一毫,人人不利天下,天下治矣"。墨翟,墨子名翟,开墨家一派,主"兼爱""非攻""尚同""节葬"。《孟子》屡指斥杨、墨。

[13]"公明仪曰"六句:赵岐注:"公明仪,鲁贤人。言人君但崇庖厨,养犬马,不恤民,是为率禽兽而食人也。""庖有肥肉"云云,《孟子·梁惠王

上》:"庖有肥肉,厩有肥马,民有饥色,野有饿莩,此率兽而食人也。兽相食,且人恶之;为民父母行政,不免于率兽而食人,恶在其为民父母也!"

[14] 充塞仁义:谓邪说妨于仁义。充塞,堵塞。

[15] "吾为此惧"五句:赵岐注:"闲,习也。淫,放也。孟子言我惧圣人之道不著,为邪说所乘,故习圣人之道以距之。"朱熹《四书章句集注》:"闲,卫也。放,驱而远之也。作,起也。"闲,释作"习","卫",皆通。

[16] "昔者"四句:赵岐注:"抑,治也。周公兼怀夷狄之人,驱害人之猛兽也。言乱臣贼子惧《春秋》之贬责也。"

[17] "戎狄"三句:见《诗经·鲁颂·閟宫》。《毛序》:"《閟宫》,颂僖公能复周公之宇也。"赵岐注:"膺,击也。惩,艾也。周家时击戎狄之不善者,惩止荆舒之人,使不敢侵陵也。"

[18] 诐(bì)行:险诐之行。诐,偏邪不正。淫辞:邪僻之论。三圣:谓大禹、周公、孔子。

吾何为不豫哉

〔解题〕孔孟之徒身处衰世,怀"平治天下"之志,周流不已。孔子曰:"如有用我者,吾其为东周乎?"(《论语·阳货篇》)曾子曰:"士不可以不弘毅,任重而道远。仁以为己任,不亦重乎?死而后已,不亦远乎?"(《论语·泰伯篇》)孟子曰:"当今之世,舍我其谁也?"(《孟子·公孙丑下》)体现了匹夫担当天下之精神。此据古人旧注选注,题目乃编者所拟。

孟子去齐[1],充虞路问曰:"夫子若有不豫色然。前日虞闻诸夫子曰:'君子不怨天,不尤人。'"[2]曰:"彼一时,此一时也。五百年必有王者兴,其间必有名世者[3]。由周而来,七百有余岁矣。以其数,则过矣;以其时考之,则可矣[4]。夫天未欲平治天下也,如欲平治天下,当今之世,舍我其谁也?吾何为不豫哉[5]?"

——《孟子·公孙丑下》

[1] 孟子去齐:孟子入齐见宣王,导以王道仁政,宣王不能用。《孟子·公孙丑下》第十一章至十四章,皆记去齐言行。第十三章即"充虞路问"一节。

[2] 充虞:孟子弟子。先是孟子丧母归葬,返齐,止于齐邑嬴,充虞来问葬事俭奢之事。见《孟子·公孙丑下》。路问:于路中问。不豫:不悦。"不怨天"二句:《论语·宪问篇》:"子曰:'莫我知也夫!'子贡曰:'何为其莫知子也?'子曰:'不怨天,不尤人,下学而上达。知我者,其天乎!'"尤,过

也。朱熹《四书章句集注》:"此二句实孔子之言,盖孟子尝称之以教人耳。"

〔3〕"五百年"二句:《孟子·滕文公下》:"天下之生久矣,一治一乱。"朱熹《四书章句集注》:"自尧舜至汤,自汤至文武,皆五百余年而圣人出。名世,谓其人德业闻望可名于一世者,为之辅佐,若皋陶、稷、契、伊尹、莱朱、太公望、散宜生之属。"

〔4〕"由周而来"六句:赵岐注:"七百有余岁,谓周家王迹始兴,大王、文王以来,考验其时,则可有也。"朱熹《四书章句集注》:"周,谓文武之间。数,谓五百年之期。时,谓乱极思治,可以有为之日。于是而不得一有所为,此孟子所以不能无不豫也。"

〔5〕"夫天未欲"五句:赵岐注:"孟子自谓能当名世之士,时又值之而不得施,此乃天自未欲平治天下耳,非我之愆。我固不怨天,何为不悦豫乎?"

与高司谏书[1]

欧阳修

[**解题**] 宋太宗时,王禹偁作《待漏院记》,表达了对宰相能否勤政的忧虑。范仲淹偕同道论时政得失,景祐三年(1036)上《百官图》,批评宰相吕夷简任用私人,又上四论讥评时政。吕夷简恶之,斥仲淹等"越职言事,离间君臣,引用朋党"。范仲淹获谴,谪守饶州。谏官高若讷不为匡救,反诋诮范仲淹当黜。欧阳修愤然作《与高司谏书》,抗论时议,斥高若讷平庸无能,谀谄蔽明,邪曲害公,极尽嘲笑怒骂。高若讷奏闻,欧阳修谪夷陵令。欧阳修字永叔,号醉翁,晚号六一居士,吉州庐陵人。天圣八年(1030)成进士,官西京留守推官。从尹洙游,议论当世事,迭相师友。累迁参知政事,屡以直言被黜。通经史,工诗文词,尤擅文章,名入"唐宋八大家",与韩愈并称"韩欧"。著有《欧阳文忠公集》,纂修《新唐书》《新五代史》。高若讷字敏之,并州榆次人,徙家卫州。进士及第,补彰德军节度推官。参知政事吴育罢,代为枢密副使。皇祐五年,兼侍读学士、尚书左丞。卒谥文庄。《宋史》本传称其强学善记,明历学,通医书。此参酌杜维沫、陈新《欧阳修文选》选《与高司谏书》一篇。

修顿首再拜,白司谏足下[2]。某年十七时,家随州[3],见天圣二年进士及第榜,始知足下姓名。是时予年少,未与人接,又居远方,但闻今宋舍人兄弟与叶道卿、郑天休数人者,以文学大有名,号称得人[4]。而足下厕其间,独无卓卓可道说者,予固疑足下不知何如人也。其后更十一年,予再至京师,足下已为御史里行[5],然犹未暇一识足下之面,但时时于予友尹师鲁问足下之贤否[6]。而师鲁说足下"正直有学问,君子人也",予犹疑之。夫正直者,不可屈曲[7];有学问者,必能辨是非。以不可屈之节,有能辨是非之明,又为言事之官,而俯仰默默,无异众人,是果贤者耶?此不得使予之不疑也。自足下为谏官来,始得相识,侃然正色,论前世事,历历可听,褒贬是非,无一谬说。嘻!持此辩以示人,孰不爱之?虽予亦疑足下真君子也。是予自闻足下之名及相识,凡十有四年而三疑之。今者推其实迹而较之,然后决知足下非君子也。

前日范希文贬官后,与足下相见于安道家[8]。足下诋诮希文为人[9]。予始闻之,疑是戏言。及见师鲁,亦说足下深非希文所为,然后其疑遂决。希文平生刚正好学,通古今,其立朝有本末,天下所共知,今又以言事触宰相得罪[10]。足下既不能为辨其非辜[11],又畏有识者之责己,遂随而诋之,以为当黜,是可怪也。

夫人之性,刚果懦软,禀之于天[12],不可勉强,虽圣人亦不以不能责人之必能。今足下家有老母,身惜官位,惧饥寒而顾利禄,不敢一忤宰相以近刑祸[13],此乃庸人之常情,不过作一不才谏官尔。虽朝廷君子,亦将闵足下之不能[14],而不责以必能也。今乃不然,反昂然自得,了无愧畏,便毁其贤[15],以为当黜,庶乎饰己不言之过。夫力所不敢为,乃愚者之不逮;以智文其过,此君子之贼也[16]。

且希文果不贤邪?自三、四年来,从大理寺丞至前行员外郎,作待制日,日备顾问,今班行中无与比者[17]。是天子骤用不贤之人?夫使天子待不贤以为贤,是聪明有所未尽。足下身为司谏,乃耳目之官[18],当其骤用时,何不一为天子辨其不贤?反默默无一语。待其自败,然后随而非之。若果贤邪,则今日天子与宰相以忤意逐贤人,足下不得不言。是则足下以希文为贤,亦不免责;以为不贤,亦不免责,大抵罪在默默尔。

昔汉杀萧望之与王章,计其当时之议,必不肯明言杀贤者也。必以石显、王凤为忠臣[19],望之与章为不贤而被罪也。今足下视石显、王凤果忠邪?望之与章果不贤邪?当时亦有谏臣,必不肯自言畏祸而不谏,亦必曰当诛而不足谏也。今足下视之,果当诛邪?是直可欺当时之人,而不可欺后世也。今足下又欲欺今人,而不惧后世之不可欺邪?况今之人未可欺也。

伏以今皇帝即位已来,进用谏臣,容纳言论,如曹修古、刘越虽殁,犹被褒称;今希文与孔道辅皆自谏诤擢用[20]。足下幸生此时,遇纳谏之圣主如此,犹不敢一言,何也?前日又闻御史台榜朝堂,戒百官不得越职言事[21],是可言者惟谏臣尔。若足下又遂不言,是天下无得言者也。足下在其位而不言,便当去之,无妨他人之堪其任者也。昨日安道贬官,师鲁待罪,足下犹能以面目见士大夫,出入朝中称谏官,是足下不复知人间有羞耻事尔。所可惜者,圣朝有事,谏官不言而使他人言之,书在史册,他日为朝廷羞者,足下也。

《春秋》之法,责贤者备[22]。今某区区犹望足下之能一言者[23],不忍便绝足下而不以贤者责也。若犹以谓希文不贤而当逐,则予今所言如此,乃是朋邪之人尔[24]。愿足下直携此书于朝,使正予罪而诛之[25],使天下皆释然知希文之当逐,亦谏臣之一效也。

前日足下在安道家,召予往论希文之事,时坐有他客,不能尽所怀。故辄布区区,伏惟幸察,不宣[26]。修再拜。

——《四部丛刊》景元本《欧阳文忠公集·外集》卷十七

[1] 司谏:《周礼》地官之属。主督察吏民过失,选拔人才。唐门下省谏官,有补阙、拾遗。宋太宗端拱初,改补阙为左右司谏,掌讽谕规谏。元以后废。

[2] 顿首:叩地而拜。白:告语。足下:书札敬称对方套语。

[3] 家随州:大中祥符三年,欧阳修四岁,父观殁于泰州。叔晔官随州推官,欧阳修随母郑氏往依之。见华孳亨《增订欧阳文忠公年谱》。随州:在今湖北。汉置随县,西魏置随州,历代因之。

[4] 宋舍人兄弟:即宋庠、宋祁兄弟。宋庠时官起居舍人。宋庠初名郊,字伯庠,改名庠,更字公序,安州安陆人,徙家开封雍丘。天圣二年,状元及第。官至兵部侍郎、同平章事。治平三年卒,年七十一。谥元献。宋祁字子京,与兄庠同年成进士,时称"二宋"。释褐复州军事推官,累迁工部尚书。嘉祐六年卒,年六十四。谥景文。《宋史》有传。叶清卿:叶清臣字道卿,苏州长洲人。天圣二年进士第二人及第,授签书平江军节度判官。累迁两浙转运副使,擢龙图阁直学士,权三司使。上书论天下事,陈九议、十要、五利。皇祐元年卒。《宋史》有传。郑天休:郑戬字天休,苏州吴县人。天圣二年进士第三人及第,为签书宣德军节度判官。累迁吏部侍郎,拜宣徽北院使、奉国军节度使。年六十三卒,谥文肃。见《东都事略·郑戬传》。康定中,宋庠为参知,郑戬为枢密副使,叶清臣为三司使,宋祁为天章阁待制,时称天圣"四友"。吕夷简深忌之,指为朋党。尽罢四人为郡,降诏天下戒朋比。

[5] 御史里行:御史里行使,御史见习、试补官。《周礼·春官》有御史,掌赞书与治令。秦设御史大夫,并以御史监郡。汉以后,御史职责专司纠弹。里行,里行使简称。唐置,宋因之。即见习、试补官,多用于御史台官。《新唐书·百官志》:"又置御史里行使、侍御史里行使、殿中里行使、监察里行使,以未为正官,无员数。"高若讷任太常博士,御史知杂杨偕荐之为监察御史里行,迁尚书主客员外郎、殿中侍御史里行。见《宋史》本传。

[6] 尹师鲁:尹洙字师鲁,河南府人。天圣二年进士,授正平主簿,累迁太子中允。范仲淹被黜,尹洙上言与仲淹义兼师友,当同获罪,遂贬崇信

军节度掌书记,监郓州酒税。起经略判官,累迁右司谏,知渭州,贬监均州酒税。庆历七年卒。著有《河南先生文集》。见欧阳修《尹师鲁墓志铭》。与欧阳修、范仲淹、韩琦交厚,作有《论朋党疏》。

[7] 屈曲:弯曲。

[8] 范希文:范仲淹字希文,苏州吴县人。大中祥符八年进士,授广德军司理参军,累迁参知政事。与富弼、韩琦等推行庆历新政。遭贬,历知邠、邓、杭、青四州。皇祐四年,改颍州,殁于道,年六十四。谥文正。著有《范文正公文集》。《宋史》有传。安道:余靖字安道,韶州曲江人,时任集贤校理。上书论救范仲淹,贬筠州酒税。

[9] 诋消:毁谤诋责。

[10] 立朝有本末:谓在朝识大体,明其所本,知其所终,尽忠恪职。本末,《礼记·大学》:"物有本末,事有终始。"宰相:谓吕夷简。

[11] 非幸:犹非罪,即无幸。

[12] 刚果:刚毅果断。懦软:懦钝软弱。禀之于天:《汉书·礼乐志》:"天禀其性。"

[13] 顾:顾惜。刑祸:刑罚灾祸。

[14] 闵:古同"悯",谓哀怜。

[15] 便(pián)毁:即佞毁。《论语·季氏篇》:"友便佞。"郑注:"便,辩也。"

[16] 文其过:文过饰非。文,掩饰。君子之贼:指贼仁、贼义、贼伦、贼良之属。贼,害,即残害。《荀子·修身》:"害良曰贼。"

[17] 大理寺丞:大理寺掌司狱定刑,其长为大理寺卿,寺丞为属官,秩从六品。前行员外郎:宋制,员外郎隶属六部诸司。北宋前期,诸司除吏部、礼部、兵部、刑部、司封、考功、祠部、职方等八司稍有执掌,余皆闲职,诸尚书、侍郎、郎中、员外郎为寄禄官。前行、中行、后行员外郎官阶正七品。元丰改制,废除三司、审官院、审刑院、太常礼院等,诸司正合责实,各举其职。六部职官中,各有员外郎一名,正七品。前行,宋时六部分三行,吏、兵为前行,户、刑为中行,礼、工为后行。天圣二年至六年,范仲淹任大理寺丞。景祐二年,迁尚书吏部员外郎、天章阁待制,权知开封府。待制:唐置,宋沿之,于殿、阁均设待制,位在学士、直学士下。班行:同列官员。

[18]耳目之官:谏官为皇帝耳目,故云。

[19]萧望之:字长倩,萧何六世孙,东海兰陵人,徙杜陵。汉宣帝时任太傅。元帝即位,领尚书事,辅佐朝政。遭宦官弘恭、石显等诬告,下狱自裁。见《汉书·萧望之传》。王章:字仲卿,泰山钜平人。元帝初,官左曹中郎将,与御史中丞陈咸善,为石显所构,罢官。成帝立,征为谏大夫,迁司隶校尉,选京兆尹。为王凤所陷,下狱瘐死。见《汉书·王章传》。吕夷简指斥范仲淹等人朋党,欧阳修引汉末党锢以作驳议。石显、王凤:汉元帝时,石显任中书郎,构陷萧望之、王章。望之死,王章罢。成帝时,王章起用。大将军王凤辅政,王章虽为所举,不肯依附,会日蚀,上言宜更选忠贤,遂为王凤构陷。

[20]今皇帝:谓宋仁宗赵祯,在位四十二年。景祐三年,范仲淹被贬。庆历三年,用范仲淹主新政。史称仁宗盛治。曹修古:字述之,建安人。大中祥符元年进士。累官殿中侍御史,以忤章太后涉政,降工部员外郎,知兴化军。遇赦复官,未及还,病死。见《宋史·曹修古传》。刘越:字子长,大名人。大中祥符八年进士。官秘书丞,屡上言请章太后还政仁宗。以病故。仁宗亲政,刘越、曹修古皆赠右谏议大夫。孔道辅:初名延鲁,字原鲁,曲阜人。年二十五成进士,授宁州军事推官,累迁御史中丞。仁宗宠爱美人尚氏、杨氏,欲废郭后,道辅与范仲淹等谏止,贬知徐州,移兖州。宝元元年,召为御史中丞。后以朋党名,贬知郓州。见《宋史·孔道辅传》。

[21]"前日又闻"二句:李焘《续资治通鉴长编》卷一百十八:"侍御史韩渎希夷简意,请以仲淹朋党榜朝堂,戒百官越职言事。从之。"御史台,官署名,掌监察、弹劾。

[22]《春秋》之法:孔子编《春秋》,寓褒贬之意,见《予岂好辩哉》注。责贤者备:求全责备。《论语·微子篇》:"君子不施其亲,不使大臣怨乎不以,故旧无大故,则不弃也,无求备于一人。"《新唐书·太宗本纪》赞曰:"《春秋》之法,常责备于贤者。"

[23]区区:诚恳之意。

[24]朋邪:朋比为奸。

[25]正予罪:正罪,谓治罪。

[26]不宣:与上文"区区",常用作书札结语。

朋　党　论[1]

欧阳修

〔**解题**〕景祐三年(1036)，范仲淹等人讥评时政，忤宰相吕夷简，以朋党之名被黜。余靖、尹洙申救，亦遭贬。欧阳修作《与高司谏书》，借以议论时政，贬夷陵，稍迁滁州。庆历三年(1043)，杜衍、范仲淹、富弼、韩琦执政，欧阳修与余靖、王素为谏官。时朝政待举，边鄙不宁，范仲淹上明黜陟、抑侥幸等十事(《答手诏条陈十事》)。宋仁宗思求变革，施行新政。未几，范、韩、富等遭排斥，新政渐废。欧阳修上疏言事，支持范仲淹等人，力排非议，并遭贬斥。党同伐异，历来已久。孔子力辨君子、小人，《论语·卫灵公篇》："君子矜而不争，群而不党。"《为政篇》："君子周而不比，小人比而不周。"自汉末党锢兴，朋党成为小人攻讦君子，"浊流"排斥"清流"的口实。范仲淹等人被斥为朋党，欧阳修惧帝察不明，蛊于邪说，复蹈前辙，写下此文。开篇明义，指出："朋党之说，自古有之，惟幸人君辨其君子、小人而已。"申论小人同利为朋，君子所守惟道义忠信，欲求天下之治，"当退小人之伪朋，用君子之真朋"。文中细绎尧舜、周武王用君子而治，汉献帝、唐昭宗用小人亡国之由。文字谨严，理正词明。明末吴应箕作《东林始末》，力辩"东林非党"，即沿欧阳修之论。历来有"清流之祸"说，然误国者终非"清流"。欧阳修洞察甚深，惜仁宗终有未明，反复之间，兴国安邦之愿违矣。此参酌杜维沫、陈新《欧阳修文选》选《朋党论》一篇。

臣闻朋党之说,自古有之,惟幸人君辨其君子、小人而已[2]。大凡君子与君子以同道为朋,小人与小人以同利为朋,此自然之理也。然臣谓小人无朋,惟君子则有之。其故何哉?小人所好者,禄利也;所贪者,财货也。当其同利之时,暂相党引以为朋者[3],伪也。及其见利而争先,或利尽而交疏,则反相贼害[4],虽其兄弟亲戚,不能相保。故臣谓小人无朋,其暂为朋者,伪也。君子则不然,所守者道义,所行者忠信,所惜者名节。以之修身,则同道而相益;以之事国,则同心而共济。终始如一,此君子之朋也。故为人君者,但当退小人之伪朋,用君子之真朋,则天下治矣。

尧之时,小人共工、驩兜等四人为一朋,君子八元、八凯十六人为一朋。舜佐尧,退四凶小人之朋,而进元、凯君子之朋,尧之天下大治[5]。及舜自为天子,而皋、夔、稷、契等二十二人并列于朝,更相称美,更相推让,凡二十二人为一朋,而舜皆用之,天下亦大治[6]。《书》曰:"纣有臣亿万,惟亿万心;周有臣三千,惟一心。"[7]纣之时,亿万人各异心,可谓不为朋矣,然纣以亡国。周武王之臣,三千人为一大朋,而周用以兴。后汉献帝时,尽取天下名士囚禁之,目为党人[8]。及黄巾贼起,汉室大乱,后方悔悟,尽解党人而释之,然已无救矣[9]。唐之晚年,渐起朋党之论。及昭宗时,尽杀朝之名士,或投之黄河,曰:"此辈清流,可投浊流。"而唐遂亡矣[10]。

夫前世之主,能使人人异心不为朋,莫如纣;能禁绝善人为朋,莫如汉献帝;能诛戮清流之朋,莫如唐昭宗之世,然皆乱亡其国。更相称美、推让而不自疑,莫如舜之二十二臣,舜亦不疑而皆用之。然而后世不诮舜为二十二人朋党所欺,而称舜为聪明之圣者,以辨君子与小人也。周武之世,举其国之臣三千人共为一朋。自古为朋之多且大,莫如周,然周用此以兴者,善人虽多而不厌也。

夫兴亡治乱之迹,为人君者,可以鉴矣[11]。

——《欧阳文忠公集·居士集》卷十七

[1] 朋党论:一作"朋党议"。《四部丛刊》景元本《欧阳文忠公集》载此文,题注:"在谏院进。一本以'论'为'议'。"朋党,结党营私。《荀子·臣道篇》:"上不忠乎君,下善取誉乎民,不恤公道通义,朋党比周,以环主图私为务,是篡臣者也。"王禹偁《朋党论》:"夫朋党之来远矣,自尧舜时有之。八元、八恺,君子之党也;四凶族,小人之党也。"

[2] 人君:君主。君子、小人:参见本篇解题。

[3] 党引:朋比援引。

[4] 贼害:残害。

[5] 共工、驩兜:与三苗、鲧为尧时"四罪"。四凶:谓四凶族浑敦、穷奇、梼杌、饕餮。《尚书·虞书·舜典》载舜"流共工于幽州,放驩兜于崇山,窜三苗于三危,殛鲧于羽山"。《左传·文公十八年》:"舜臣尧,宾于四门,流四凶族浑敦、穷奇、梼杌、饕餮,投诸四裔,以御魑魅。是以尧崩而天下如一,同心戴舜以为天子,以其举十六相,去四凶也。"参见《史记·五帝本纪》《汉书·刑法志》。八元:帝喾才子八人:伯奋、仲堪、叔献、季仲、伯虎、仲熊、叔豹、季狸。八凯:即八恺,颛顼才子八人:苍舒、隤敳、梼戡、大临、尨降、庭坚、仲容、叔达。《左传·文公十八年》:"昔高阳氏有才子八人","齐圣广渊,明允笃诚,天下之民谓之八恺","高辛氏有才子八人","忠肃共懿,宣慈惠和,天下之民谓之八元。此十六族也,世济其美,不陨其名,以至于尧,尧不能举。舜臣尧,举八恺,使主后土,以揆百事,莫不时序,地平天成;举八元,使布五教于四方,父义、母慈、兄友、弟共、子孝,内平外成。"元,谓善。恺,谓和。

[6] 皋(gāo):皋陶(yáo),佐尧舜,明五刑,以弼五教。夔:舜时乐官。《尚书·虞书·舜典》:"帝曰:'夔,命汝典乐,教胄子。直而温,宽而栗,刚而无虐,简而无傲。诗言志,歌永言,声依永,律和声。八音克谐,无相夺伦,神人以和。'夔曰:'於!予击石拊石,百兽率舞。'"稷:后稷,周先祖,佐舜,

教民播时百谷。契(xiè)：殷先祖，佐舜，为司徒。二十二人：谓禹、皋陶、契、后稷、伯夷、夔、龙、垂、益、彭祖及"十二牧"。《史记·五帝本纪》："天下归舜。而禹、皋陶、契、后稷、伯夷、夔、龙、垂、益、彭祖，自尧时而皆举用，未有分职。于是舜乃至于文祖，谋于四岳，辟四门，明通四方耳目，命十二牧，论帝德，行厚德，远佞人，则蛮夷率服。"称美：称述美德。《论语·学而篇》："有子曰：'礼之用，和为贵。先王之道，斯为美，小大由之。'"《论语·里仁篇》："子曰：'里仁为美。'"推让：推辞逊让。让，孔子亦以为至德。《论语·泰伯篇》："泰伯其可谓至德也已矣。三以天下让，民无得而称焉。"《论语·里仁篇》："不能以礼让为国，如礼何？"禹、稷、契、皋陶治水相让，益、朱虎、熊罴掌山泽相让，伯夷、夔、龙掌礼仪祭祀相让，参见《史记·五帝本纪》。

［7］"《书》曰"五句：见《尚书·泰誓》，原作："受有臣亿万，惟亿万心；予有臣三千，惟一心。"帝纣名受。予，周武王自称。武王伐殷，师渡孟津，作《泰誓》三篇。

［8］"后汉献帝时"三句：汉献帝，汉末帝刘协。此统指汉桓帝刘志、汉灵帝刘宏之时。桓、灵间，李膺等名流抗论宦官专权，被目为党人。《后汉书·孝桓帝纪》："（永寿九年十二月）司隶校尉李膺等二百余人，受诬为党人，并坐下狱。"《后汉书·孝灵帝纪》："（建宁二年）冬十月丁亥，中常侍侯览讽有司，奏前司空虞放、太仆杜密、长乐少府李膺、司隶校尉朱㝢、颍川太守巴肃、沛相荀翌、河内太守魏朗、山阳太守翟超皆为钩党，下狱，死者百余人，妻子徙边，诸附从者锢及五属"，"（建平四年正月）大赦天下，赐公卿以下各有差，唯党人不赦"，"（熹平五年）诏党人门生故吏、父兄子弟在位者，皆免官禁锢"，"（光和二年）大赦天下，诸党人禁锢，小功以下，皆除之。"

［9］黄巾贼：谓黄巾军。《后汉书·孝灵帝纪》："中平元年春二月，钜鹿人张角自称黄天，其部师有三十六万，皆著黄巾，同日反叛，安平、甘陵人各执其王以应之"，"（三月）壬子，大赦天下党人，还诸徙者。"

［10］"唐之晚年"九句：唐穆宗至宣宗间，牛、李二党相轧，朝政紊乱。昭宗，谓李晔，此统指昭宣帝李柷，即唐哀帝，欧阳修所指未尽明。天祐二年，朱全忠贬杀大臣及朝士三十余人于滑州白马驿，从李振之请，投尸黄河。欧阳修《新五代史·唐六臣传》："甚哉！白马之祸，悲夫可为流涕者矣！然士之生死，岂其一身之事哉"，"凡搢绅之士，与唐而不与梁者，皆诬以朋党，

119

坐贬死者数百人,而朝廷为之一空。明年三月,唐哀帝逊位于梁。"范祖禹《唐鉴》卷二十四《昭宣帝》:"六月,全忠聚枢等及朝士贬官者三十余人于白马驿,一夕尽杀之,投尸于河。初,李振屡举进士不中第,故深疾搢绅之士,言于全忠曰:'此辈常自谓清流,宜投之黄河,使为浊流。'全忠笑而从之。"或,《四部丛刊》景元本注云:"一作'咸'。"

[11]"可以鉴矣"句:《四部丛刊》景元本下有注云:"一有'作《朋党议》'四字。"

登闻检院上钦宗皇帝书[1]

陈 东

[解题] 陈东字少阳,丹阳人。早有隽声,倜傥负气。蔡京、王黼方用事,人莫敢言。陈东直斥之,无所隐讳。贡入太学。宣和七年(1125)冬,金兵南下。十二月,徽宗禅位。二十七日,陈东率太学生伏阙上书钦宗,论今日之事,蔡京坏乱于前,梁师成阴谋于后,李彦结怨西北,朱勔结怨东南,王黼、童贯结怨辽、金,创开边隙,乞斩"六贼",传首四方,以谢天下,决策亲征,以威北敌。明年正月,朱勔放归,王黼安置永州,道中死,李彦赐死。陈东等又两上书论童贯、梁师成等人罪。梁师成缢死,蔡京父子、童贯一并罢免。陈东等再上书,蔡京、童贯贬岭外,蔡京病死,童贯斩首,朱勔赐死。李邦彦议与金和,李纲及种师道主战。李纲以小失利罢,陈东复率众上书,称李纲身任天下之重,"所谓社稷之臣也",李邦彦、白时中、张邦昌、赵野、王孝迪、蔡懋、李棁忌疾贤能,不恤国计,"所谓社稷之贼也"(《宋史·陈东传》)。军民从者数万。于是亟诏李纲复领行营,众稍引去。宰相吴敏欲弭谤议,奏补陈东太学录。陈东力辞而归。高宗即位,召陈东至。会李纲去,乃上书乞留李纲,罢黄潜善、汪伯彦,不报。请亲征以还二帝,治诸将不进兵之罪,又不报。适布衣欧阳澈上书言事,黄潜善以语激怒高宗,陈东遂与欧阳澈同斩于市,年四十二。陈东之集,元大德中始有刻本《尽忠录》八卷,编次错杂。明正德中续刊《少阳集》十卷,前五卷遗文,收书四卷、诗词一卷;后五卷为附录,收本传、

行状、谕赞。《四库全书》收《少阳集》五卷、附录一卷。《四库提要》："东以诸生，愤切时事，摘发权奸，冒万死以冀一悟，其气节自不可及。""第以志在匡时，言皆中理，所掊击者皆人不敢触之巨奸，所指陈者事，后亦一一皆验。是其事缘忧国，不出求名，故南宋以来儒者以忠义予之，而遗文亦至今传述焉。"陈东布衣上书，所言皆关乎国是，忧时急切，身危不顾。

臣等闻自古帝王之盛，莫盛于尧舜[2]。尧舜之盛，莫大于赏善罚恶[3]。尧之时，有八元、八凯而未暇用，有四凶而未暇去[4]。尧非不知其可用、可去也，意谓我将倦于勤，必以天下授舜，特留以遗之，使大明诛赏，以示天下耳。故《传》曰："舜有大功二十而为天子。"[5]天下诵之，至今不息。臣窃谓：在道君皇帝时[6]，非无贤才如八元、八凯而未用者，非无奸臣贼子如四凶而未去者。道君亦非不知之，特留以遗陛下[7]。又况方此夷狄侮慢中国[8]，正欲收天下之心，求天下之策，以御夷狄之难，以安中国之势。然恶者未去，善者未得，臣等窃为陛下先诛所谓奸臣贼子如四凶者，则天下皆晓然知陛下好恶所在，行见智者献谋，勇者竭力，忠臣义士莫不捐躯效死为陛下用，于是贤才如八元、八凯者可举而用矣，夷狄何足患哉！欲知奸臣贼子如四凶者，曰蔡京，曰王黼，曰童贯，曰梁师成，曰李彦，曰朱勔之徒是也[9]。

臣等谨按：蔡京罪恶最大。崇宁初，太上方恭默听断，起京闲散之地，擢置宰司[10]。京天资凶悖，专权跋扈，首为乱阶[11]，陷害忠良，进用憸佞，引置子孙，尽居要途。变乱祖宗法度，快其私心；窃弄朝廷爵赏，固其党与。蠹竭国用，残暴生民，交结宦官，姑息堂吏，盘根错节，牢不可解[12]。京乃偃蹇自肆[13]，无复忌惮，包藏祸心，实有异志。缙绅侧目，莫敢谁何,有识之士,比之王莽[14]。所幸宗庙之灵,社稷之福,太上聪明睿智,洞照其衷。奸计败露,弗得窃发[15]。使京若辅少主,其篡夺复何疑哉?此非特臣等知之,天下共知之。臣等闻顷时陈瓘、任伯雨、何昌言、江公望皆曾论其奸状[16]。故此数人者,为京一斥,不复再用,至有饮恨而死者,天下怨之。

缘京用事,奸人并进。王黼相继为相,位至公傅,骈柔曼之容,肆俳优之行,欺君罔上,蠹国害民,无所不至[17]。假应奉君上之名,置局私家,四方珍贡,尽入黼室,自奉之余,始以进御[18]。卖官鬻爵,贪饕无餍,奸赃狼藉[19],缙绅不齿。观其所为,大抵效京。朔方之衅,黼实启之[20]。

是时童贯实同其谋。贯本与京结为表里,因京借助,遂握兵权,至为太师[21],进封王爵。左右指使,官至承宣,阉卒庖人,防团是任[22]。自古宦官之盛,未有其比。然贯实庸谬,初无智谋,每一出师,必数千万,随军金帛,动亿万计。比其还朝,兵失大半,金帛所余,尽归私帑[23]。臣等盖尝闻之边人,贯之用兵,纪律不明,赏罚不公;身冒矢石,未必获赏;为贯亲随,厚赏先及。夫以师之耳目,常在大将旗鼓,进退从之,胜负系焉。贯身去敌常数百里,是致将不先敌,士不用命,以见败衄,挫辱国威。士卒陷亡,不以实奏;所获首级,增数上闻。祖宗军政,坏乱扫地,而又贪功冒赏,不察事机。朔方之兵,遂致轻举,败我国盟,失我邻好[24]。今日之事,咎将谁执?

贯之所恃,有梁师成,实联婚姻,以相救援。师成之恶,抑何可言!外示恭谨,中存险诈,假忠行佞,藉贤济奸,盗我儒名,高自标榜,妄立名号,众称隐相[25]。欲揽国家之柄,尽归诸己;欲使天下士大夫,尽出其门。端人正士,往往望风疾走而避之,亦有不幸而遭其点污者[26]。一时苟贱无耻之人[27],争往从之,旋致显位。王黼之进,实赖师成。师成与黼,如贯与京,内外相应,捷若影响[28]。黼为相臣,专秉国政,奉行师成之意而已,不闻天子之命也。朝廷执政侍从,天下监司郡守,往往皆师成门生,蔡京父子,奉之不暇。至如去岁,太上一日相二人,师成自谓皆出己意,闻者骇恨不已。夫论相者,天子之职也。宦官擅权,乃敢僭拟,浸淫不已[29]。事必有大于此者焉,可胜寒心!

顷岁李彦以根括民田,按行河北、京东、京西,威赫三路[30]。所在州郡,据堂庙坐,使监司郡守列侍其傍。而列侍之辈,咸藉彦进,不敢辄违。臣等闻中间曾有人诣太上论列此事,是时师成适在上侧,抗声言曰:"王人在古诸侯之上。"使其人不得尽言。遂致李彦凶焰益炽,夺民常产,重敛租课[31]。当职官吏,稍有违忤,即讽监司,捃摭他故[32],无辜送狱。士大夫愤郁而死者,往往有之。三路百姓,破家流荡,不知其几人,愁叹怨苦之声,洋溢道路。去年京东、河北止以租钱,及燕山免夫之征,剥克太甚,盗贼四起,正如两浙。

曩时清溪之寇,实由朱勔父子渔夺东南之民,结怨数路[33]。方腊一呼,四境响应,屠割州县数十,杀戮吏民,动伤万计。天下骚然,弥岁不已,皆勔父子所致。生民何辜?按:勔父子皆曾犯徒杖脊[34],始因赂事蔡京,夤缘入仕,交结阉寺,遂致超显。招权怙势,气焰可炙,出入禁闼无时[35],而卫士莫敢呵止。侵移内帑无数,而有司不得会计。其所请钱,号为收买花石进奉之物,其实尽以入己,自初至今,不知其几千万数。父子每以勾当公事为名,多挟官舟,往来淮浙,兴贩百端,摇动数路,蔑视官吏,仅同奴仆。所贡物色,尽取于民,四散遣人,尽行搜括。士庶之家,一花一石;坟墓之上,一松一柏,辄用黄纸缄题,以充进贡。撤民屋庐,削民家茔,幽明受祸,所在皆然。[36]甚者深山大泽,穷崖断谷,江湖危险,人迹不可到之地，苟有一花一石，实生其间，必作威福，逼胁州县，期于必取。间有不可力致，而官吏申白者，辄大怒詈，以不奉上之名归之。官吏畏惧此名，不免驱动百姓，极力攻凿，得而后已。由是致人颠踣陷溺[37]，以陨其身者，不知其数。东南之民，怨入骨髓，欲食其肉。而勔父子，方且炎炎未艾，天下扼腕。

此六贼者，前后相继，误我上皇，离我民心。天下困弊，盗贼滋起，兵革不休，遂至夷狄交侵，危我社稷。太上哀痛，情实切至，前日诏书一出，观者如堵，妇人孺子，亦常流涕。臣窃谓太上罪己之诏播告四方，而京等未正典刑，天下疑惑。盖京等平日收恩于己，敛怨于上，前此罪状，未白天下，不无归怨于太上者。若不诛京等六贼，将何以慰太上之心，雪太上之谤，以解天下之疑？而况今日之事，王黼实专其谋，童贯实专其任，败祖宗之盟，失中国之信，创开边隙，实费枝梧[38]。是致陛下新即宝位，遽劳北顾之忧。臣子之心，不胜愤愤。究其所由，蔡京坏乱于外，梁师成阴贼于内，李彦结怨于西北，朱勔结怨于东南，王黼、童贯又从而结怨于二虏[39]，遂使天下之势危如丝发。

臣等窃谓此六贼者，异名而同罪。伏愿陛下，乾刚夬决，断自圣志，擒此六贼，肆诸市朝[40]，与众共弃，传首四方，以谢天下。庶几太上之志，果成于陛下，岂不伟哉！陛下方欲鞭笞夷狄[41]，必先立我国威，以正内势。六贼不灭，国威未振。兼此六贼党与之盛，遍满中外，又养死士数百人，自为之备。若陛下万一少从宽贷，止于窜逐，祸胎尚存，则肘腋之变，恐生不测，方之夷敌，殆有甚焉。史有之曰："去河北群贼易，去朝廷朋党难。"[42]陛下诚不可不留神也。而况蔡京、王黼、童贯，盖尝阴怀异意，摇撼国本。顷年杨戬亦有是心[43]，所赖陛下父慈子孝，兄友弟恭，此数贼者计弗得行。天下臣子，切齿刻骨，有年于兹。常恨未得上方斩马剑，断其腰领[44]，以告宗庙。陛下其忍不诛乎？杨戬虽死，愿陛下亦勿赦此贼，发其冢，暴其骨，以解天下之怨愤。梁师成乃王黼之应也，黼之开边，师成实有助焉[45]。朱勔以奇技淫巧进，而官至建节，郑居中力争不可，至郁愤而死[46]。盖当时用勔建议北伐，遂有此除。今朔方如此，勔当如何？乃有稍闻警急，朝廷不暇安枕之际，勔父子遽先众人欲尽室东下。计其情实，尤不可赦。李彦据有西城所钱物，去岁东京盗起，米斗千钱，民兵缺食，中外忧之，彦乃发钱数千万，往淮浙买米，运至京东，以规厚利。前日太上诏罢西城所钱，令以其钱付之有司。闻彦尚欲强占，不肯交割，及至交割，所存无几。宦官抗国，悖慢如此，尚复可容？

臣等愿陛下断然无疑，必杀无赦，使天下忠臣义士，得信于今日[47]。《传》云："去恶如农夫之务去草，芟夷蕴崇之，绝其根本，勿使能植，则善者信矣。"[48]今夷狄背叛，正为此六贼者起。陛下其忍惜此六贼，以危天下乎？使唐明皇早诛杨国忠，则禄山未必有以藉口[49]。幸陛下无小不忍于此也[50]。陛下赦而不诛，即恐天下共起而诛之矣。夫舜之去四凶，亦见于受禅之初，未闻其犹豫也，可不鉴哉！

臣等窃闻道路之言曰："蔡京自谓有建立储贰之功。"[51]此语尤为悖逆。太上初立陛下为太子，天下共知，断自宸衷[52]。立嫡立长，古今大义，何与京事？而乃欲贪天之功，以为己力耶！此大不然者，愿陛下亟图之，然后赫斯怒而北顾[53]，决策亲征，以威丑虏。彼虽跳梁不逊，岂无一念契丹昔日澶渊之祸乎[54]？臣等窃谓亲征之诏一出，虏人心寒胆落矣。议者或谓兵食不足，未可轻动，臣等窃谓不然。陛下即位,天下归心,今更诛此六贼,以快其愤,孰不效死为陛下用?臣等虽布衣一介之贱,亦岂不能捐躯报陛下耶!况闻比日朝廷募兵,日得数万人,皆一时忠勇精锐之士,兵不患不足矣。诸司不急之务,悉已罢去,而其财用尽归朝廷。富家巨室,各有进献。更若籍没六贼,及他宦官幸臣素冒锡予,积聚货财不知纪极者,又何患财用之不足乎!臣等不自揆度,辄以宗庙社稷安危大计,献于陛下。干冒宸严,罪当万死,臣不胜俯伏待罪之至。

——明正德间刻本《少阳集》卷一

[1] 登闻检院:官署名。唐垂拱二年置四匦于朝堂,受士民投书。宋太平兴国九年,改匦院为登闻院。景德四年,改登闻检院,隶谏议大夫,专掌臣民奏章。宋初,立登闻鼓于阙门前,置鼓司。景德四年,改登闻鼓院,隶司谏正言,掌受官员及士民章奏。凡有关朝廷政事、公私利害,如不能依例上达者,可先至登闻鼓院呈递事状,再报登闻检院。钦宗皇帝:赵桓,徽宗赵佶长子,高宗赵构异母兄。政和五年,立为太子。宣和七年,即位,改元靖康。在位年余,东京陷。废为庶人,与徽宗被掳北上,卒于燕京。

[2] 尧舜:古贤圣王,见《予岂好辩哉》注。

[3] "尧舜之盛"二句:尧之时,舜协之理政,明于赏善罚恶。见《朋党论》注。

[4] 八元、八凯、四凶:见《朋党论》注。

[5] 故《传》曰:《左传·文公十八年》:"舜臣尧,举八恺,使主后土,以揆百事,莫不时序,地平天成;举八元,使布五教于四方,父义、母慈、兄友、弟共、子孝,内平外成","故《虞书》数舜之功,曰'慎徽五典,五典克从',无违教也。曰'纳于百揆,百揆时序',无废事也。曰'宾于四门,四门穆穆',无凶人也","舜有大功二十而为天子。"

[6] 道君皇帝:宋徽宗赵佶,神宗第十一子,哲宗弟。即位初,不失明君,后信用蔡京等人,朝政衰落。禅位钦宗,自为太上皇。金人下汴京,徽宗废为庶人,被掳北上,卒于五国城。赵与旹《宾退录》卷一:"上自称教主道

君皇帝。"

[7]"道君亦非"二句:谓蔡京、梁师成等"六贼",徽宗未能去之,一如尧时四凶未除,留以遗舜去之,以明善罚恶。既讳言徽宗之失,又励言钦宗翦除"六贼"。陛下,正德刻本原阙,据宋刻本《宋九朝编年备要》补。

[8]夷狄:谓金人。政和初,辽人马植献联女真灭辽之策。徽宗欲取燕云十六州,重和间与金订盟。宣和二年,议定夹攻,宋取辽燕京,金取辽中京大定府等地,迫辽亡,燕云归宋,宋以原纳辽岁币给金,史称海上之盟。宋军数为辽兵所败,灭辽后,虽得燕京及所属数州,亦多失计。金窥宋室空虚,宣和七年举兵南下。

[9]蔡京:字元长,兴化仙游人。熙宁三年进士。徽宗信用为尚书左丞、右仆射。大观中,拜太师。颇事营私,播弄权柄。陈东列其"六贼"之首。贬外,道中死。子攸、翛伏诛,絛流白州死,絛以帝婿免窜,余子孙皆分徙远恶郡。见《宋史·蔡京传》。王黼:字将明,开封祥符人。初名甫,赐名黼。多智善佞,崇宁间成进士。累迁尚书左丞、中书侍郎。父事梁师成,倚其声焰,身居宰位,献笑取悦。钦宗即位,贬崇信军节度副使,籍其家。死于道,时托言盗杀。《宋史》有传。童贯:字道夫,开封人。少为内侍,出为登州巡检。徽宗器用之,政和二年使辽,邀马植来归,以谋燕云之地。六年,签书枢密院事。宣和间,联金攻辽,贵而骄,赏罚不明。靖康元年,责为昭化军节度副使,郴州安置。未几,枭首京师。见《三朝北盟会编》卷五十二。梁师成:字守道,宦侍徽宗,善逢迎,拜太尉,时人目为隐相。钦宗立,责为彰化军节度副使。开封吏护往贬所,道中缢杀之,以暴死闻。《宋史》有传。李彦:宣和三年,宦官杨戬死后,李彦继其职。天资狠愎,与王黼相表里。靖康初,削官赐死。见《宋史·梁师成传》。朱勔:苏州人。父冲谄事蔡京。蔡京挟冲、勔入京,童贯窜置军籍中,皆得官。徽宗垂意花石,朱氏父子密取浙中珍异以进,舳舻相衔于淮汴,号花石纲。置应奉局于苏州,流毒州郡。方腊起兵,以诛朱勔为名。乃诏尽罢花木进奉。及方腊平,朱勔复得志。钦宗即位,放归田里。言者不已,羁于他州,后斩之。《宋史》有传。

[10]崇宁:宋徽宗赵佶第二个年号。太上:谓宋徽宗。"起京闲散之地"二句:《宋史·蔡京传》:蔡京觊觎执政,曾布知枢密院忌之。以谏官陈瓘论其交通近侍,出知江宁,怏怏不乐。再遭劾夺职,提举洞霄宫,居杭州。

童贯访书画奇巧至,蔡京与游,由是得徽宗属意。后徽宗有意修熙丰政事,用蔡京,拜尚书左丞,俄代曾布为右仆射。崇宁二年正月,进左仆射。闲散,谓搁置不用。宰司,谓百官之长,处宰相之位。

[11] 凶悖:凶恶悖逆。乱阶:祸端。

[12] "陷害忠良"十四句:《宋史·蔡京传》:蔡京一旦得志,肆欲所为。用条例故事,即都省置讲议司,自为提举,以其党吴居厚、王汉之十余人为僚属。擅威福,中外莫敢议。既贵而贪益甚。元祐群臣贬窜死徙略尽,蔡京犹未惬意,目为奸党,刻石文德殿门。憸佞,奸邪谄媚辈。党与,同党。

[13] 偃蹇:傲慢无礼。

[14] 比之王莽:指斥蔡京有王莽篡汉异志。

[15] "所幸"六句:先是大观三年,台谏交论蔡京之恶,致仕,犹提举修《哲宗实录》,改封楚国公。政和二年,召还辅政,封鲁国公。宣和二年,令致仕。六年,起领三省。至是凡四当国。未几,再令致仕。见《宋史·蔡京传》。

[16] 陈瓘:字莹中,号了斋,沙县人。元丰二年进士,累迁左司谏。曾论蔡京、蔡卞兄弟及章惇等人奸状。著有《了斋集》《了斋易说》《尊尧集》等。任伯雨:字德翁,眉山人。元丰五年进士,累迁左正言。曾条疏蔡卞、章惇罪状。著有《乘桴集》三卷、《戆草》二卷。何昌言:字忠孺,峡江人。绍圣四年进士,累迁礼部员外郎。曾五疏劾蔡京奸状。江公望:字民表,建德人。熙宁六年进士,累迁左司谏。疏劾蔡京,贬安南军。著有《江司谏文集》《江司谏奏稿》。《宋史·蔡卞传》:"徽宗即位,谏官陈瓘、任伯雨、御史龚夬疏其兄弟奸恶,瓘并数卞尊私史以厌宗庙之罪。伯雨言:'卞之恶有过于惇。去年封事,数千人皆乞斩惇、卞,公议于此可见矣。'"

[17] "王黼"七句:《宋史·王黼传》:王黼父事梁师成,宣和元年特进少宰,宠倾一时。既得高位,多畜子女玉帛自奉。肆俳优之行,《宋史·王黼传》:"身为三公,位元宰,至陪臚曲宴,亲为俳优鄙贱之役,以献笑取悦。钦宗在东宫,恶其所为。"

[18] 局:谓应奉局。崇宁元年,置造作局于苏州、杭州,作珍巧器物以供宫廷。崇宁四年,置苏州应奉局,搜罗奇花异石,水陆运送京师。宣和三年,方腊起事,不得已罢应奉局,其后复置,宣和七年废。《宋史·王黼传》:

129

"请置应奉局,自兼提领,中外名钱,皆许擅用,竭天下财力以供费。官吏承望风旨,凡四方水土珍异之物,悉苛取于民。进帝所者,不能什一,余皆入其家。"

[19] 贪饕:贪得无厌。奸赃:不法受贿。

[20] 朔方之衅:《宋史·王黼传》:朝廷纳赵良嗣之计,结女真共图燕。大臣多以为不可。王黼曰:"今弗取,女真必强,中原故地将不复为我有。"徽宗为所鼓动,灭辽复有金患。"及黼务于欲速,令女真使以七日自燕至都,每张宴其居,辄陈尚方锦绣、金玉瑰宝以夸富盛,由是女真益生心"。

[21] 太师:周置太师,辅弼国君。秦废,汉复置。后世为重臣加衔,示宠遇。宋时,太师、太傅、太保为三师,正一品,高于三公。

[22] 指使:即支使,谓差遣之人。承宣:承宣使。宋政和置太尉,为武阶之首,正二品。承宣使又名节度使留后,正四品,武将兼衔。阍卒:阍役,守门人。庖人:厨师。防团:防御史、团练使并称。唐置防御使、团练使。宋置诸州防御使,无职掌、定员,不驻本州,为武臣寄禄官。唐时团练使掌军事,常与防御使互兼。宋制,团练使为武将兼衔。童贯握兵权,滥行官赏,故有左右指使官承宣,阍卒庖人为防团荒谬事。

[23] 私帑:原为君主私有财物,后泛指私有财物。

[24] "贯身去敌"十七句:《三朝北盟会编》卷五十二:"然贯身在数百里外,遥为节制","(宣和四年)上锐意取燕山九州,命贯为宣抚使。贯乃令赵良嗣、马扩使于大金,密请进兵,以袭燕山","贯之亲军,号为胜捷军,请给倍于诸军。贯已贵而骄,不恤将士,赏罚不明,纪律尤乱,仆役皆为显官。"败衄(nù),挫败。

[25] "盗我儒名"四句:宦官梁师成拜太尉,恃宠弄权。徽宗留意礼文符瑞,师成善逢迎,御书号令多出其手。实不能文,而高自标榜,自言苏轼出子。招致四方俊士入门下。王黼父事之,虽蔡京父子亦诣附,时人目为"隐相"。见《宋史·梁师成传》。

[26] 点污:玷辱。

[27] 苟贱:卑鄙下贱。

[28] 影响:影子与声响。《尚书·大禹谟》:"惠迪吉,从逆凶,惟影响。"孔安国曰:"吉凶之报,若影之随形,响之应声,言不虚。"

[29] 僭拟:越分妄比。浸淫:泛滥蔓延。

[30] 三路:指河北、京东、京西三路。宋太宗末,废道置十五路,即京东、京西、河北、河东、陕西、淮南、江南、湖南、湖北、两浙、福建、西川、峡西、广东、广西。仁宗时,析京东路开封府与京西路四州,置京畿路,又析河北路为四路,成十九路。神宗末,析为二十三路,京东、河北、淮南、江南各分东西。宣和四年征辽,增燕山、云中二路,又改开封府为京畿路。

[31] "所在州郡"十四句:《宋史·梁师成传》:"李彦括民田于京东西,所至倨坐堂上,监司郡守不敢抗礼。有言于帝,师成适在旁,抗声曰:'王人虽微,序于诸侯之上,岂足为过?'言者惧而止。"

[32] 捃摭(jùn zhí):采集。

[33] 清溪之寇:谓方腊,睦州青溪人。宣和二年,率众起事,攻占六州。明年,拒招抚,童贯率军讨之。不数月事败,被俘死。方勺《清溪寇轨》:"迨徽庙继统,蔡京父子欲固其位,乃倡丰亨豫大之说,以恣蛊惑。童贯遂开造作局于苏、杭,以制御器。又引吴人朱勔进花石媚上。上心既侈,岁加增焉","江南数十郡,深山幽谷,搜剔殆遍","民预是役者,多鬻田宅子女。"又,"腊有漆园,造作局屡酷取之,腊怨而未敢发。会花石纲之扰,遂因民不忍,阴取贫乏游手之徒,赈恤结纳之。"又,方腊言曰:"当轴者皆龌龊邪佞之徒,但知以声色、土木淫蛊上心耳。朝廷大政事,一切弗恤也。在外监司牧守亦皆贪鄙成风,不以地方为意,东南之民苦于剥削久矣。近岁花石之扰,尤所弗堪。"

[34] 杖脊:杖刑,以杖挞脊背。

[35] 禁闼:宫廷门户。

[36] "其所请钱"二十六句:详述朱勔与花石纲祸民之烈。《宋史·朱勔传》:"所贡物豪夺渔取于民,毛发不少偿。士民家一石一木稍堪玩,即领健卒,直入其家,用黄封表识。未即取,使护视之,微不谨,即被以大不恭罪。及发行,必彻屋抉墙以出","民预是役者,中家悉破产,或鬻卖子女以供其须。厮山辇石,程督峭惨,虽在江湖不测之渊,百计取之,必出乃止","帝亦病其扰,乃禁用粮纲船,戒伐冢藏,毁室庐,毋得加黄封帕蒙人园囿花石,凡十余事,听勔与蔡攸等六人入贡,余进奉悉罢","流毒州郡者二十年"。

[37] 颠踣:跌倒,喻处境困顿。陷溺:使人处于水火之中。《孟子·梁

惠王上》:"彼夺其民时,使不得耕耨以养其父母,父母冻饿,兄弟妻子离散。彼陷溺其民,王往而征之,夫谁与王敌!"

[38] 边隙:边衅。枝梧:抵挡。

[39] 二虏:谓辽、金。

[40] 乾刚夬(guài)决:刚健果决。乾刚,天道刚健,用指帝王刚健决断。语本《周易·杂卦》:"《乾》刚《坤》柔。"夬决,决断。《周易·夬卦》:"君子夬夬,独行遇雨,若濡有愠,无咎。"司马光《奏弹王安石表》:"伏愿陛下,独奋乾刚,专行夬决,一遵祖宪,无用邪谋。"肆:处死后暴尸示众。

[41] 鞭笞:鞭打。此指驱逐。

[42] "去河北群贼易"二句:唐文宗语。《资治通鉴·唐纪》:"时(李)德裕、(李)宗闵各有朋党,互相挤援。上患之,每叹曰:'去河北贼易,去朝中朋党难。'"《新唐书·李宗闵传》:"(唐文宗)尝叹曰:'去河北贼易,去此朋党难。'"

[43] 杨戬:少时给事掖廷,善测伺人主意,得徽宗宠信,政和四年拜彰化军节度使,权势几埒梁师成。宣和三年死,赠吴国公。钦宗即位,诏夺赠官。

[44] 斩马剑:又称断马剑,锋利可斩马,故名。汉代称"尚方斩马剑",由尚方令铸造,供御用。俗称尚方宝剑,持剑大臣有先斩后奏之权。腰领:腰与颈,断之即死。

[45] "梁师成"三句:王黼启朔方之衅,得梁师成之助。《宋史·梁师成传》:"黼造伐燕议,师成始犹依违,卒乃赞决。"

[46] 建节:持执符节。使臣受命,建节以为凭信。郑居中:字达夫,开封人。登进士第,累迁知枢密院事。助蔡京复相,继又不合,为一时士论所望。宋与金约攻辽,王黼、蔡京、童贯主之。郑居中持议不可,不听。燕山平,进太保,自陈无功,不拜。宣和五年卒,年六十五。谥文正。见《宋史·郑居中传》。

[47] 信:正德刊本注:"信,与伸同。"

[48] "《传》云"六句:语出《左传·隐公六年》:"周任有言,曰:'为国家者,见恶如农夫之务去草焉,芟夷蕴崇之,绝其本根,勿使能殖,则善者信矣。'"芟(shān)夷,割除。芟,刈。夷,杀。蕴崇,堆积,积聚。蕴,古同"薀"

（wēn）。植，通"殖"。周任，周大夫。

［49］"使唐明皇"二句：安禄山以清君侧、诛杨国忠为名起兵。《新唐书·安禄山传》："帝春秋高，嬖艳钳固，李林甫、杨国忠更持权，纲纪大乱。禄山计天下可取，逆谋日炽"，"反范阳，诡言奉密诏讨杨国忠，腾榜郡县。"唐明皇，唐玄宗李隆基，早年用姚崇、宋璟，励精图治，史称开元盛世。晚年宠幸杨贵妃，信用李林甫、杨国忠，致安史之乱。见《旧唐书·玄宗本纪》。杨国忠，本名杨钊，蒲州永乐人。以从祖妹杨玉环贵，位至宰相，专权误国。马嵬之变，军士杀杨国忠。见《旧唐书·杨国忠传》。安禄山，本营州柳城杂胡，为互市牙郎。张守珪用为偏将，继养为子。累迁营州都督、平卢军使。又拜河东节度。天宝十四载，反于范阳。明年，建燕国。后为部下所杀。见《旧唐书·安禄山传》。

［50］小不忍：语本《论语·卫灵公篇》："子曰：'巧言乱德。小不忍，则乱大谋。'"小不忍，谓慈仁不忍，不能割舍。《汉书·外戚列传》："夫小不忍乱大谋，恩之所不能已者，义之所割也。"

［51］储贰：储副，太子。政和五年，立钦宗为太子。时郓王宠盛，尚有动摇东宫意。后议渐息，蔡京自居其功。

［52］宸衷：帝意。

［53］赫斯：《诗经·大雅·皇矣》："王赫斯怒，爰整其旅。"赫，怒意。斯，语气助词。后用指帝王盛怒。

［54］澶渊之祸：景德元年，辽举兵深入宋境。寇准主战，宋真宗亲至澶州督战。宋军射杀辽南京统军使萧挞凛，辽军士气大挫。宋辽订立和约，史称澶渊之盟。

133

辞诰命上皇帝书(节选)

陈 东

〔解题〕靖康元年四月九日,钦宗以吴敏之请,御批"太学生陈东言事,诚出忠义,敕赐迪功郎、同进士出身,补太学正录"。四月十六日,陈东上《辞诰命上皇帝书》,力辞归。书中历述屡次上书由来,自剖心志:"臣之官与不官,何预国之缓急?臣愿大臣缓其所缓,急其所急,同心同德,勤劳国家,助陛下大有为于天下,以成中兴之功","臣谓今日之所急者,退小人,进君子,修政事,攘边患。"宋人文章尚理尚用,奏疏论辩尤如此。陈东诸书识见卓荦,气骨铮铮,千载之下,感人犹深。

臣于去年十二月二十七日,同在学诸生伏阙下上书,乞诛奸臣蔡京等六贼[1]。又于今年正月初六日、三十日,臣两诣登闻检院上书[2]。盖因太上皇帝南幸[3],申言六贼之奸。又于二月初五日,载同在学诸生伏阙下上书,乞录用李纲,并乞罢李邦彦等[4]。是日军民不期而会、不谋而同者十余万众,扣阍号呼,惊动九重[5]。论臣之罪,自当诛戮。陛下仁圣,赦其万死,在臣之分,已是侥幸。臣虽至愚,粗知忠孝分义,岂敢复萌一毫私心,以希朝廷恩赏?今来遽被宠命,臣恐惧莫知所以。

伏念臣出自科举,肄业乡校[6],十有一年。贡至辟雍,升入太学[7]，又十五年矣。臣未尝不欲仕也，恶不由其□[8]。□□之家，或因父祖，官至使相，子孙遂补文资，多方结托，求赐出身[9]。及一时权幸，叨冒官爵之人，初未尝知书，而识字亦自有数，自知名位穹崇[10]，不厌公论，率多干求出身之赐。如此之类，溷浊搢绅，躐等妄作[11]，众心不平。臣每遇此辈，心甚蔑之。窃谓一旦官曹澄清，真可付之一笑。臣正月三十日检院上书，已及其大略矣[12]。方欲再有申陈，欲朝廷以惜名器、清流品为先务，而前日一切滥冒进者，尽乞改正追夺然后已[13]。臣今岂敢躬自蹈之，而于学校科举之外，妄受官耶？况臣伏阙上书，岂是得已之事？事干宗社大计[14]，势危情迫，急欲上闻。意谓天子深居九重之中，堂下千里，门庭万里[15]，已是隔绝。况登闻检院等处，去门庭又远者，则韦布刍荛之言[16]，岂能遽达乎？臣等诸生熟计议之，咸谓叫号帝阍，庶可即达。此去年十二月二十七日、今年二月初五日，臣等两伏于阙下也。

十二月二十七日所言，奸臣蔡京等六贼者，以天下坏乱至极，乃致夷狄侮慢中国，上皇避位而去。陛下新即宝位，遽遭北虏之忧。事至于此，皆京等所致。臣等诸生，谓陛下即位之初，当大明诛赏，以示天下。又况方欲鞭笞夷狄[17]，必先立我国威，以正内势。六贼不灭，国威不振。是必先诛京等，然后赏罚明而国威立。则在位之臣，必能悉心叶力，助陛下大有为于天下。谁敢怀奸误国如京等耶？夷狄闻之，必望风远遁矣。此臣等伏阙之本心也。

二月五日所言，乞斥李邦彦等，而复留李纲。盖于初四日早，闻李纲废罢，而军民怨愤，恟恟可畏[18]。臣等深恐不测之变瞬息窃发，窃料朝廷之上，侍从台谏之中[19]，必无为陛下言者，故乞亟复用李纲，以安军民之心。此臣等伏阙之本心也。

臣等诸生，遭遇圣明，各欲尽忠竭孝，以戴君父[20]。事干宗社大计，奋不顾身，为陛下言之，岂敢于此侥幸官爵？况十二月二十七日，六贼者正在朝廷。二月五日，邦彦等六七辈亦方用事。臣等以布衣一介触忤权贵，命如缀旒[21]。兼王时雍携开封府剚子数人及兵士持器械者数十人至阙下，意欲便诛臣等[22]。又王宗濋亦欲以殿前兵来杀之[23]。臣等知有宗社耳，知有陛下耳，曾何此之恤？是日若非陛下亲降诏旨，命大臣遣中使宣谕臣等，则臣等皆即死于二人手矣。臣若觊觎恩赏，岂敢力抵秉政用事之人，而致身于斧锧之间乎？王时雍当时在阙下宣言，谓臣等以布衣劫天子。臣今受爵命，则是当时合众以要陛下，果中时雍之言。万一朝廷或听时雍之说，臣等死有余罪。兼宗濋、时雍各尝出榜学门，指伏阙上书为意欲作乱，一曰当行军法，二曰当致极刑。又时雍受李棁之嘱[24]，欲根治诸生，皆置于法。盖闻谕其乡人之在学者，使之逃避，乃差下捉事人数百辈[25]，欲掩不备，尽执诸生诛之。若非陛下急赐止绝，臣等诸生几无噍类[26]。宗濋、时雍又日遣人在太学察视诸生动静，至今不绝，使一学之士惴惴然不得游息于其间。二人各骋私忿如此，安知陛下之待诸生正不尔也。臣又尝见尚书省榜示吴敏札子，申雪李邦彦之冤，谓邦彦主和议，用李邺以成功，乃引高欢事，陷臣等于叛逆之域[27]。臣等本欲以忠义报国，而乃为敏、时雍等归以恶名。臣等诸生，日夜忧惧，苟不能湔洗此名[28]，则万世之后，不免得罪于名教，臣岂宜更因此以受官爵？不知朝廷当时待臣等如此，今乃遽欲加臣以官，何举措不审如是耶！

臣又闻近日大臣与李纲论事不合，乃指臣等当时伏阙，与纲结托。臣等诸生，传闻此说，不胜骇叹。纲于臣等何有？兼一日之间，十余万众，岂人力所能遽集？此固不敢以口舌辩也。然臣独怪今诸大臣，往往皆陛下所倚信。陛下兴衰拨乱、宵旰不遑之际[29]，正当爱惜寸阴，若救焚拯溺然，顷刻不宜少懈。今乃上恬下嬉[30]，犹多暇日，反汲汲荐臣以官。臣之官与不官，何预国之缓急？臣愿大臣缓其所缓，急其所急，同心同德，勤劳国家，助陛下大有为于天下，以成中兴之功。

臣谓今日之所急者，退小人，进君子，修政事，攘夷狄。今小人未尽退，君子未尽进，故政事未甚修，而夷狄未易攘也。方今天下，事无大小，罔不蛊弊[31]，正须振颓纲，起废事，刮磨整齐之然后可，奈何犹坐视而不救乎？臣知之矣，其大患有二焉。陛下不断，大臣怀私，此方今之大患也。陛下不断，则主威不立；大臣怀私，则公道不行。主威不立，则虽有大禹之忧勤，文王之恭俭，未能济功也；公道不行，则虽有伊尹之志，周公之功[32]，亦不足观也已。

臣何以知陛下之不断，而大臣之怀私乎？蔡京、蔡攸，尚逭典刑[33]，臣以是知之也。蔡氏罪恶贯盈，虽族灭，不足以偿天下之愤。自崇宁以来，蔡京专权跋扈，坏乱天下，窥伺神器[34]，动摇国本，天下共忿之。台谏之官如陈瓘、任伯雨、何昌言、江公望等[35]，论列京罪，章数十上，兼近日言者备疏蔡氏父子之恶，众论不容如此，终未正厥典刑以诛殛之[36]。臣以是知陛下之不断也。臣亦知陛下非不欲诛殛之也，所以未能断然不疑者，岂朝廷之上有为之营救者乎？今诸大臣率多蔡氏之党，往往傅会牵合，以蔽蔡氏之罪。臣以是知大臣之怀私也。大臣如此，陛下当每有以察之，勿以其有可录之功，而遂忘其所可疑之言。臣若见之，当面折之曰："陛下方欲大明诛赏，彰善瘅恶[37]，以成中兴之功。宰执大臣，各当赤心，以助陛下，何苦怀一蔡氏，害国大计耶！不过以谓昔致身于此，卵而翼之，蔡氏之恩，不可忘也。抑尝回首思之乎？蔡氏所以恩我者，朝廷之官爵耳。今不负蔡氏，即负朝廷，二者必有一焉。与其负朝廷，宁若负蔡氏，况于蔡氏何负之有？"《传》曰："大义灭亲。"[38]古者人臣之用心也，苟事干天下国家，虽父子，不敢相隐。故舜殛鲧，而禹不敢致一言之救，石碏亦不敢辄私其子恶也[39]，况朋党乎？臣等书生，前此上书，无虑千百辈，其间岂无蔡氏乡党、亲戚故旧？然公议所在，不敢私也。何宰执大臣，乃欲怀私害公，党奸臣而忘君父乎？

——明正德间刻本《少阳集》卷二

[1] 六贼：蔡京、王黼、童贯、梁师成、李彦、朱勔。见《登闻检院上钦宗皇帝书》注。

[2] 登闻检院：见《登闻检院上钦宗皇帝书》注。靖康元年正月初六日、三十日上书，俱见《少阳集》卷一。

[3] 太上皇帝：谓宋徽宗。宣和七年十二月，徽宗以金兵南下，禅位钦宗。靖康元年正月三日夜，携皇后、皇子等出通津门南下，防御之事悉委钦宗。四月，还京师。见李埴《宋十朝纲要》卷十九、《宋史·徽宗本纪》。

[4] 伏阙下上书：谓是年二月初五日，陈东等再上《伏阙上钦宗皇帝书》。书见《少阳集》卷二。"乞录用李纲"二句：《伏阙上钦宗皇帝书》称李纲身任天下之重，"所谓社稷之臣也"，李邦彦、白时中、张邦昌、赵野、王孝迪、蔡懋、李梲之徒"忌嫉贤能，动为身谋，不恤国计"。李纲：字伯纪，无锡人。政和二年进士，累迁太常少卿。钦宗即位，擢兵部侍郎，进尚书右丞。出为河东、河北宣抚使。以专主战议遭黜。建炎元年，起右仆射，兼中书侍郎，不数月罢。绍兴二年，起湖南宣抚使，兼知潭州，旋罢。绍兴十年卒，年五十八。谥忠定。著有《梁溪集》《靖康传信录》。《宋史》有传。李邦彦：字士美，怀州人。应对便捷，善讴谑，能蹴鞠，自号李浪子。以善谄事，宣和三年拜尚书右丞，五年转左丞。明年，拜少宰。无所建树，阿顺充位而已，都人目为浪子宰相。金人薄都城，李纲、种师道罢。李邦彦坚主割地之议，陈东伏阙上书，请斥之。言者交论，出知邓州。建炎初，以主和误国，责建武军节

度副使,浔州安置。《宋史》有传。又,李邦彦与李彦非一人。后世或不察,误以李邦彦为"六贼"之一。

[5]"是日军民"四句:陈东等上书,军民从者数万。传旨慰谕,众不肯去。于是亟诏李纲,复领行营,众乃引去。见《宋史·陈东传》。扣阍,士民入朝讼冤申诉。阍,宫门。九重,指帝王。古时天子九门。宋玉《九辩》:"君之门以九重。"

[6]乡校:古时地方学校,此指州县之学。北宋三次兴学,即庆历兴学、熙宁兴学、崇宁兴学。庆历间,诏州县学选官员或宿学之士教授,立讲规,士子习业满,方许应举。

[7]辟(bì)雍:此指外学。辟雍本周天子设大学,东汉以后,历代皆有辟雍。崇宁元年,京城南郊营建外学,赐名辟雍。太学专处上舍、内舍生,外学专处外舍生。诸路贡士入外学,考试合格,补上舍、内舍,方可入太学。上舍、内舍、外舍,各有限额。

[8]恶不由其□:正德刻本阙一字,当为"道"字。语本《论语·里仁篇》:"富与贵,是人之所欲也。不以其道得之,不处也。贫与贱,是人之所恶也。不由其道得之,不去也。"

[9]使相:晚唐时,朝廷笼络藩镇节度,授予同中书门下平章事衔,时称使相。五代沿之。宋时,亲王、枢密使、留守节度使等兼侍中、中书令、同平章事者,亦称使相,不预政事,不书敕,惟宣敕除授者,敕尾存其衔而已。见《宋史·百官志》。文资:文职。赐出身:北宋开"赐出身""特奏名"之例,于久试不中士子择而补录。《宋史·选举志》载开宝三年,宋太祖诏礼部阅贡士及十五举曾终场者,得一百零六人,赐本科出身。特奏名恩例,盖自此始。

[10]叨冒:贪图。穹崇:高大貌,形容声望地位崇高。

[11]溷浊:同"混浊",指玷辱。蹖等:逾越等级。妄作:肆意胡为。

[12]正月三十日检院上书:即《登闻检院三上钦宗皇帝书》,云:"国家取士,至公之选,无如科举。士大夫所恃以自异者,无如及第出身。人主所笼络天下英俊以求将相者,正在于此。而师成乃荐其门吏使臣储宏两次特赴廷试,赐第唱名。宏自登第之后,依前使充使臣之役。则是天子临轩策士,止可充师成趋走执役之吏尔。非特以左右奴仆玷辱士类,又所以轻侮朝

廷选举之法。宣和六年春,上皇亲策进士八百余人,皆以献颂上书为名,特赴廷试,率多师成之力,尽是富商豪子,先曾进纳。及非法补受官职,士大夫不齿之","国家选举之法,为师成坏乱,几至扫地。"

[13] 惜名器、清流品:谓甄序人物,区别贤否。名器,犹大器,喻国家栋梁。流品,品次,品类。《旧唐书·韦贯之传》:"贯之为相,严身律下,以清流品为先,故门无杂宾。"李纲《与右相条具事宜札子》:"盖所以清流品,重名器也。"追夺:追削剥夺。

[14] 宗社:宗庙社稷,借指国家。

[15] 堂下:宫殿阶下。门庭:犹宫廷。

[16] 韦布刍荛之言:乡野浅陋之言,多作谦语。陆游《送七兄赴扬州帅幕》:"诸公谁听刍荛策,吾辈空怀畎亩忧。"布衣刍荛,平民百姓。韦布,皮带粗衣,平民所服。刍荛,割草打柴,乡野所事。

[17] 鞭笞:鞭打。此指驱逐。

[18] 恂恂:喧扰貌。

[19] 侍从台谏:见《虞允文传》注。

[20] 君父:指天子。

[21] 缀旒(liú):喻形势危急。

[22] "兼王时雍"二句:靖康元年二月初五日,陈东与太学生上书,开封府尹王时雍欲尽致于狱,时甚危急。见《宋史·陈东传》。王时雍,高凉郡人。靖康之变,为东京留守。张邦昌称帝,王时雍权知枢密院事,领尚书省。伪楚亡,被诛。见《宋史·高宗本纪》、《宋史纪事本末》卷十三。

[23] 王宗濋:靖康元年任殿前副指挥使,与金人战城下,引卫兵遁逃,致都城失守。见《宋史·高宗本纪》。

[24] 李梲(zhuō):靖康元年正月,同知谏院。钦宗欲亲征,命李纲为东京留守,以李梲副之。三月,李梲升尚书右丞。金兵陷建康,李梲与守臣陈邦光具降状。

[25] 捉事人:捕役缉防者。

[26] 止绝:禁绝。王溥《五代会要·刺史》:"百姓、僧道不得举请,一切止绝。"几无噍(jiào)类:噍类无遗。噍,嚼,吃东西。噍类,指活人。

[27] "臣又尝见"六句:《三朝北盟会编》卷四十一:靖康元年二月二十

六日,太学生吴若诚上书言吴敏、李邦彦事:敌兵压境,李邦彦不肯抚率士民,身冒矢石,以捍长河,乃私送妻子,进谏避逃之计,不忠不智,"而欲以遣李邺为功,良可惊笑。臣闻割地取赂,金人本谋,李邺不能逆知其情,折之以辩,拒之以死,但望尘设拜,以邀其欢,输款露诚,以漏其机,张皇不当,以成其策"。"而吴敏辄引元魏高欢事以劫群臣,以动陛下。是敏将为宰相而杜言路之兆也。夫卫士聚党,焚张彝宅,怒其私也。故高欢知士有离心,散财给士。今兵民伏阙,杀内侍,欲殴宰相者,欣戴陛下也","此真中兴之祥,而吴敏忧之,不知权者也。"吴敏,字元中,真州人。蔡京荐之充馆职,累迁给事中。娶蔡京次女。钦宗即位,知枢密院事,拜少宰。主和议。绍兴二年卒,年四十四。见《宋史·吴敏传》。李邺,靖康元年,金兵围汴,李邺使金,许割地。建炎间,官越州安抚使,以城降金。高欢事,高欢以大丞相控北魏朝政,立孝静帝,迁都邺城,专擅东魏朝政十余年。次子高洋建北齐,追尊高祖神武皇帝。高欢事,谓其在洛阳见宿卫羽林焚烧领军张彝宅,朝廷不敢问,遂归里,散财结客。见《北齐书·神武帝纪》。

[28] 湔洗:除去。

[29] 宵旰不遑:犹不遑启处、宵衣旰食,谓忙于繁重或紧急的事务。宵旰,犹日夜。

[30] 上恬下嬉:上下嬉戏逸乐。

[31] 蛊弊:积久而成的弊病。

[32] 大禹:见《予岂好辩哉》注。文王:姬姓,名昌,恭俭有德,勤政礼贤,以兴周。武王灭商,追尊为文王。伊尹:名挚,善治事,佐汤灭夏。周公:见《予岂好辩哉》注。

[33] 蔡攸:字居安,蔡京长子。蔡京柄政,喜用私人,子攸、儵、翛,攸子行,皆贵。崇宁间,蔡攸累迁枢密直学士。蔡京再相,蔡攸加龙图阁学士,兼侍读。以大臣子领袖同僚,懵不知学。后被黜。蔡京死,御史言蔡攸罪不减乃父,燕山之役,祸及宗社。诏置万安军,寻遣使者诛之。见《宋史·蔡攸传》。尚逭(huàn)典刑:犹言逭诛。逭,逃避。典刑,刑罚正法。

[34] 神器:鼎、玺等象征国家权力之物,借指政权。

[35] 陈瓘、任伯雨、何昌言、江公望:见《登闻检院上钦宗皇帝书》注。

[36] 诛殛(jí):诛杀。

〔37〕彰善瘅恶：扬善黜恶。彰，显扬。瘅，憎恨。

〔38〕大义灭亲：《左传·隐公四年》："四年春,卫州吁弑桓公而立"，"九月,卫人使右宰丑涖杀州吁于濮。石碏使其宰獳羊肩涖杀石厚于陈。君子曰：'石碏，纯臣也。恶州吁而厚与焉。大义灭亲，其是之谓乎！'"

〔39〕舜殛鲧：《尚书·虞书·舜典》载舜"殛鲧于羽山"。《史记·五帝本纪》："四岳举鲧治鸿水,尧以为不可,岳强请试之,试之而无功,故百姓不便"，"于是舜归而言于帝"，"殛鲧于羽山,以变东夷。四罪而天下咸服。""石碏（què）"句：卫庄公嬖妾生子州吁恃宠好兵,庄公弗禁,大夫石碏进谏,不听。石碏子石厚与州吁游,戒之亦不听。州吁弑卫桓公以自立,卫使右宰丑杀州吁,石碏使家宰獳羊肩杀石厚,君子许曰"大义灭亲",见本篇"大义灭亲"注。

戊午上高宗封事[1]

胡　铨

〔解题〕　胡铨字邦衡，号澹庵，吉州庐陵人。建炎二年(1128)进士，释褐抚州军事判官。绍兴五年(1135)，迁枢密院编修官。八年，宰臣秦桧主和，王伦引金使萧哲、张通古以"诏谕江南"为名南来，士民群情激愤，胡铨抗疏乞斩王伦、秦桧、孙近。书上，编管昭州。秦桧迫于公论，以胡铨监广州盐仓，改签书威武军判官，编管新州，移吉阳军。秦桧死，量移衡州。孝宗即位，擢起居郎，兼侍讲、史院编修官。隆兴二年(1164)，兼国子祭酒，寻权兵部侍郎。乞致仕，陛辞犹以归陵寝、复故疆为言。淳熙七年(1180)卒，谥忠简。著有《易解》《春秋解》《周礼解》《礼记解》《澹庵集》。按《宋史》本传，建炎二年，高宗策士，胡铨因御题问"治道本天，天道本民"，云："汤、武听民而兴，桀、纣听天而亡。今陛下起干戈锋镝间，外乱内讧，而策臣数十条，皆质之天，不听于民。"孝宗已识其"直谅"。《戊午上高宗封事》义正气昌，文末激呼"臣备员枢属，义不与桧等共戴天。区区之心，愿斩三人头，竿之藁街"，足可砭顽起懦。宜兴进士吴师古刻传之，金人千金募其书。

　　绍兴八年十一月日，右通直郎、枢密院编修官臣胡铨，谨斋沐裁书，昧死百拜，献于皇帝陛下[2]。

臣谨案:王伦本一狎邪小人,市井无赖,顷缘宰相无识,遂举以使虏[3]。惟务诈诞[4],欺罔天听,骤得美官,天下之人,切齿唾骂。今者无故诱致虏使,以诏谕江南为名,是欲臣妾我也,是欲刘豫我也[5]。刘豫臣事丑虏,南面称王,自以为子孙帝王万世不拔之业[6]。一旦豺狼改虑,猝而缚之,父子为虏[7]。商鉴不远[8],而伦又欲陛下效之!

夫天下者,祖宗之天下也;陛下所居之位,祖宗之位也。奈何以祖宗之天下,为犬戎之天下?以祖宗之位,为犬戎藩臣之位[9]?陛下一屈膝,则祖宗庙社之灵,尽污夷狄;祖宗数百年之赤子,尽为左衽;朝廷宰执,尽为陪臣;天下士大夫,皆当裂冠毁冕,变为胡服[10]。异时豺狼无厌之求,安知不加我无礼如刘豫也哉?夫三尺童子,至无知也,指犬豕而使之拜,则怫然怒[11]。今丑虏则犬豕也,堂堂天朝,相率而拜犬豕,曾童稚之所羞,而陛下忍为之耶?

伦之议乃曰:"我一屈膝,则梓宫可还,太后可复,渊圣可归,中原可得。"[12]呜呼!自变故以来,主和议者,谁不以此说唉陛下哉?而卒无一验,是虏之情伪已可知矣[13]。陛下尚不觉悟,竭民膏血而不恤,忘国大仇而不报,含垢忍耻,举天下而臣之甘心焉。就令虏决可和,尽如伦议,天下后世谓陛下何如主?况丑虏变诈百出,而伦又以奸邪济之,梓宫决不可还,太后决不可复,渊圣决不可归,中原决不可得。而此膝一屈,不可复伸;国势陵夷,不可复振,可为痛哭流涕长太息也[14]。

向者陛下间关海道,危如累卵[15],当时尚不肯北面臣虏,况今国势稍张,诸将盛锐,士卒思奋。只如顷者丑虏陆梁,伪豫入寇,固尝败之于襄阳,败之于淮上,败之于涡口,败之于淮阴,较之前日蹈海之危,已万万矣[16]。倘不得已而遂至于用兵,则我岂遽出房人下哉?今无故而反臣之,欲屈万乘之尊,下穹庐之拜,三军之士不战而气已索[17]。此鲁仲连所以义不帝秦[18],非惜夫帝秦之虚名,惜天下大势,有所不可也。今内而百官,外而军民,万口一谈,皆欲食伦之肉[19]。谤议汹汹,陛下不闻,正恐一旦变作,祸且不测。臣切谓不斩王伦,国之存亡,未可知也。

虽然,伦不足道也。秦桧以腹心大臣,而亦为之。陛下有尧舜之资,桧不能致陛下如唐虞,而欲导陛下如石晋[20]。近者礼部侍郎曾开等引古谊以折之[21],桧乃厉声曰:"侍郎知故事,我独不知?"[22]则桧之遂非狠愎[23],已自可见。而乃建白令台谏从臣佥议可否[24],是乃畏天下议己,而令台谏从臣共分谤耳。有识之士,皆以为朝廷无人。吁,可惜哉!孔子曰:"微管仲,吾其被发左衽矣。"[25]夫管仲,霸者之佐耳,尚能变左衽之区,为衣冠之会。秦桧,大国之相也,反驱衣冠之俗,归左衽之乡。则桧也,不惟陛下之罪人,实管仲之罪人矣。

孙近附会桧议,遂得参知政事[26]。天下望治,有如饥渴,而近伴食中书[27],漫不可否事。桧曰房可和,近亦曰可和;桧曰天子当拜,近亦曰当拜。臣尝至政事堂,三发问而近不答,但曰"已令台谏侍从议矣"。呜呼!参赞大政,徒取充位如此,有如房骑长驱,尚能折冲御侮耶[28]?臣窃谓秦桧、孙近,亦可斩也。

臣备员枢属,义不与桧等共戴天[29]。区区之心,愿斩三人头,竿之藁街,然后羁留房使[30],责以无礼,徐兴问罪之师,则三军之士,不战而气自倍。不然,臣有赴东海而死耳,宁能处小朝廷求活耶[31]?

小臣狂妄,冒渎天威,甘俟斧钺,不胜陨越之至[32]。

——明万历间刻本《历代名臣奏疏》卷六

[1]戊午：绍兴八年。高宗：赵构字德基，徽宗赵佶第九子，钦宗赵桓异母弟。靖康二年五月，金人掳徽、钦二帝北去，赵构即位，改元建炎。绍兴三十二年，禅位太子赵眘。淳熙十四年卒。封事：臣下上书奏事，防有泄漏，以皂囊封缄，故称。

[2]"绍兴八年"六句：据《四库》本增。通直郎，宋代散官，从六品。元丰改制，用代太子中允、赞善大夫、太子洗马。枢密院编修官：宋设枢密院，与中书门下分掌军政，号称二府。枢密院为枢府，中书门下为政府。枢密院设都承旨、承旨、副承旨、检详官、计议官、编修官等。编修官负责纂述、拟订文书，随事置，无定员。胡铨入枢密院，任编修官。见《宋史·胡铨传》。斋沐裁书，与"昧死百拜"皆上书常用敬畏语。斋沐，斋戒沐浴。裁书，裁笺作书。昧死，冒死。百拜，多次行礼。

[3]王伦：见《虞允文传》注。按《宋史·王伦传》：绍兴八年秋，王伦再使金，金主宣设宴三日，遣签书宣徽院事萧哲、右司郎中张通古为江南诏谕使，偕至南。朝论多归罪王伦。十一月，王伦引疾请祠，不许。王伦见张通古，遂议秦桧见金使于其馆，受书以归。金许归徽宗梓宫、韦太后及河南地。狎邪：轻薄放荡，品行不端。宰相：谓秦桧，见《虞允文传》注。绍兴八年三月，秦桧升右仆射、同中书门下平章事。是年秋，王伦以端明殿学士再使金。见《宋史·王伦传》《宋史·秦桧传》。

[4]诈诞：欺诈虚妄。《荀子·修身》："匿行曰诈，易言曰诞。"

[5]"今者"四句：金使南来，事出骤然，且非南宋朝廷先议定，故曰王伦"无故诱致"。金使肆纵无礼，以"诏谕江南"为名，故曰"是欲臣妾我也，是欲刘豫我也"。臣妾，古时奴仆男称臣，女称妾。刘豫，字彦游，永静军阜城人。元符间进士，累迁河北西路提点刑狱。金兵至，弃官逃。建炎二年，知济南府，献城降。建炎四年，金册封刘豫为帝，以黄河为界，国号大齐。刘豫用金年号，甘为抗宋前卒。金惧其羽丰，绍兴八年冬废为蜀王，削国号。后改封曹王。见《宋史·刘豫传》《金史·刘豫传》。

[6]臣事丑虏：刘豫称帝，臣事金国，如后晋石敬瑭向契丹称臣，自称"儿皇帝"。南面称王：古时帝王临朝，坐北朝南，故用指称王称帝，所对之语为北面称臣。子孙帝王万世不拔之业：贾谊《过秦论》："秦王之心，自以为

关中之固,金城千里,子孙帝王万世之业也。"

［7］豺狼:喻金人。父子为虏:绍兴七年十一月,金人袭汴京,执刘豫及子刘麟,囚金明池。未几,徙刘豫父子于临潢。见《宋史·刘豫传》《宋史纪事本末·金人立刘豫》。

［8］商鉴不远:《诗经·大雅·荡》:"殷鉴不远,在夏后之世。"殷鉴,谓商灭夏,殷人子孙当以夏亡为鉴戒。宋时,讳太祖赵匡胤父弘殷名,改殷作商。

［9］犬戎:《宋史·胡铨传》作金虏。

［10］赤子:喻指百姓。左衽:衣襟左开。古人衣襟,中原尚右开,四方之族尚左开。《尚书·毕命》:"四夷左衽。"郑玄注:"言东夷、西戎、南蛮、北狄被发左衽之人。"胡服:古时北边少数民族服装。

［11］怫(fèi)然:忿怒貌。《庄子·德充符》:"我怫然而怒。"

［12］"伦之议"六句:参见本篇"王伦"注。梓宫,帝后棺木,此指徽宗棺木。绍兴五年,徽宗卒五国城。金人葬之广宁。绍兴十二年,归宋,葬永固陵,后改名永祐陵。太后,谓韦贤妃,高宗生母。靖康二年,为金人掳北。赵构即位,遥尊为宣和皇后。绍兴七年,遥尊为皇太后。绍兴十二年,归宋。《宋史·韦贤妃传》:"帝以后久未归,每颦蹙曰:'金人若从朕请,余皆非所问也。'王伦使回,言金人许归后。未几,金人遣萧哲来,亦言后将归状,遂豫作慈宁宫,命莫将、韩恕为奉迎使","金人遣萧毅、邢具瞻来议和,帝曰:'朕有天下而养不及亲,徽宗无及矣,今立誓信,当明言归我太后,朕不耻和。不然,朕不惮用兵。'"渊圣,谓宋钦宗。高宗即位,遥尊为孝慈渊圣皇帝。

［13］唊:唊说,利诱。情伪:真假。

［14］陵夷:衰败。"可为"句:语本贾谊《陈政事疏》:"臣窃惟事势,可为痛哭者一,可为流涕者二,可为长太息者六。"

［15］"向者"二句:靖康二年,高宗在应天府(今商丘)即位,弃中原,移兵扬州。建炎三年,金兵下扬州。高宗仓皇渡江,经润州入浙。苗傅、刘正彦等兵变,高宗退位。张浚、韩世忠等起兵勤王,高宗复位。金兵渡江,高宗率臣僚先后至越州、明州,漂泊海上,至温州。明年,回杭州。间关,辗转,状道路艰险。危如累卵:语本《史记·范雎蔡泽列传》:"秦王之国,危于累卵。"

147

[16]丑虏陆梁:谓金人跋扈用兵。陆梁,跳走状,引申为嚣张跋扈。伪豫入寇:伪齐刘豫甘为金人前卒,屡出兵攻宋。败之于襄阳:绍兴四年,岳飞败伪齐李成军,收复襄阳六郡之地。败之于淮上:绍兴四年冬,韩世忠在大仪镇破金兵,追至淮水。败之于涡口:绍兴六年,杨沂中等败伪齐刘猊军于涡口。败之于淮阴:绍兴六年,韩世忠守淮阴,屡败金人及伪齐之兵。万万:谓远胜过。

[17]万乘:周制,天子地方千里,兵车万乘。后以指皇帝。穹庐:毡帐,借指金国。气已索:气衰。索,意为尽。

[18]鲁仲连:战国齐人,多计谋,好排纷解难。秦围赵都邯郸,魏王使臣辛垣衍说赵尊奉秦王为帝。鲁仲连晓以利害,赵、魏同息其议。平原君欲封鲁仲连,不肯受。见《战国策·赵策三》。帝秦:尊秦为帝。后用以专指屈奉异族。

[19]皆欲食伦之肉:极言痛恨。食肉,语本《左传·襄公二十一年》:"然二子者,譬于禽兽,臣食其肉,而寝处其皮矣。"

[20]尧舜、唐虞:见《予岂好辩哉》注。石晋:后唐河东节度使石敬瑭起兵反,乞援契丹,灭后唐,建国号晋,定都汴梁,臣事契丹,割幽云十六州。

[21]曾开:字天游,曾几之兄。其先赣州人,移居河南府。善文章,崇宁间登进士第。累迁礼部侍郎,兼直学士院。秦桧专主和议,曾开与之争。会胡铨上封事痛斥秦桧而赞曾开,由是以宝阁待制知婺州。继提举太平观,知徽州。以病免。年七十一卒。《宋史》有传。古谊:同"古义"。谊,通"义"。

[22]"桧乃厉声曰"三句:《宋史·曾开传》:秦桧慰以温言,曾开曰:"公当强兵富国,尊主庇民,奈可自卑辱至此!"又引古谊以折之。秦桧大怒曰:"侍郎知故事,桧独不知耶?"他日,曾开至政事堂问:"计果安出?"秦桧曰:"圣意已定,尚何言?公自取大名而去,如桧,第欲济国事耳。"犹以梓宫未还,韦太后、钦宗未复,诏侍从台谏集议以闻。

[23]遂非:遂非文过,谓坚持错误,不知悔改。狠愎:狠愎自用,谓独断专行。

[24]建白:提议。台谏从臣:台谏侍从,见《虞允文传》注。《宋史·胡铨传》作"台谏侍臣"。佥议:共同商议。

[25]"微管仲"二句:语出《论语·宪问篇》:"子曰:'管仲相桓公,霸诸侯,一匡天下,民到于今受其赐。微管仲,吾其被发左衽矣。'"管仲,名夷吾,字仲。相齐桓公称霸,九合诸侯。

[26]孙近:字叔诸,无锡人。崇宁二年进士,五年中宏词科。累迁工部郎中。高宗即位,累迁吏部侍郎,直学士院。党同秦桧,升参知政事。后贬谪。见洪武《无锡县志》卷三。参知政事:与同平章事、枢密使、枢密副使合称宰执。宋时,以参知政事为副宰相,简称参政。

[27]伴食中书:谓孙近庸庸食禄,无所作为。伴食,《旧唐书·卢怀慎传》:"怀慎与紫微令姚崇对掌枢密。怀慎自以为吏道不及崇,每事皆推让之。时人谓之伴食宰相。"中书,宋设中书门下,与枢密院分掌军政,号为二府。二府官长,互有兼任。

[28]折冲:御敌。冲,指冲车,用以冲城攻坚。

[29]枢属:枢密院属官。戴天:《礼记·曲礼上》:"父之仇,弗与共戴天。"不共戴天,表示仇恨之深、不耻之甚。

[30]藁(gǎo)街:汉时街名,在长安城南门内,为属国使节馆舍所在地。元稹《授牛元翼深冀州节度使制》:"苟获戎首,置之藁街。"虏使:谓金使萧哲、张通古。

[31]赴东海而死:《战国策·赵策三》:鲁仲连曰:"彼秦者,弃礼义而上首功之国也。权使其士,虏使其民。彼则肆然而为帝,过而遂正于天下,则连有赴东海而死矣,吾不忍为之民也。"欧阳守道《题晏尚书绍兴奏稿》:"胡公曰:'吾有蹈东海而死耳,宁能处小朝廷求活耶?'以君父屈膝之后,举朝将尽为陪臣皂隶也。"

[32]"小臣狂妄"四句:据《四库》本增。封事末敬畏语。冒渎天威,冒犯帝威。甘俟斧钺,甘伏斧锧。斧钺用于斩刑,借指重刑。陨越,颠坠,引申为惶恐。《左传·僖公九年》:"恐陨越于下,以遗天子羞。"

上孝宗论撰贺金国启[1]

胡 铨

〔解题〕胡铨在朝嘉言谠论,于南渡大政多所匡补。绍兴八年(1138)上《戊午上高宗封事》,请斩王伦、秦桧、孙近,辞气凛然,朝野传诵。胡铨被黜,曾开、吴师古等亦受牵累。宋孝宗即位,胡铨始得入朝。隆兴二年(1164)上《上孝宗论撰贺金国启》,抨击宰相汤思通"又一秦桧也"。读之,令人气壮。

隆兴二年七月日,臣胡铨奉诏撰大金国贺冬至启,内中用再拜,用献纳,书御名[2]。此三大事也,已经二十余年,臣下皆不能正其非。今臣年过六十,官逾三品,收岭峤海岛之遗骸,为陛下侍从之尊职,复因循而书,不正救之[3],恐天下后世谓陛下何如主,谓臣何如人。

三王之臣主俱贤[4],迄今史臣称为美谈。昨宰相汤思退集议中书堂[5],臣终坐以三事为说,而思退罔然不答。臣窃以为思退又一秦桧也。思退不去,国体弱矣。臣手可断,臣笔不可摇;臣头可去,臣笔不可去,而臣字不可写。庶使远夷知中国之有人,是亦强国之一端。

谨具奏闻,乞外而宣示臣章于朝堂,使奸夫佞子不敢肆其恶;内而宣示臣章于史馆,使天下后世有所知。然后窜臣于海岛[6],以为臣子敢言之戒。干渎天威[7],不胜战慄。

——《文渊阁四库全书》本《澹庵文集》卷二

〔1〕孝宗：宋孝宗赵昚，初名伯琮，改名瑗，赐名玮，字元永，赵匡胤七世孙。绍兴三十二年五月立为太子，改名昚。六月，高宗禅位于孝宗。淳熙十六年，孝宗禅位于光宗赵惇，自称寿皇圣帝。贺金国启：按绍兴十一年"绍兴和议"，宋对金称臣、赔款。逢金主生辰、每岁元日、冬至等重要节日，宋廷须上贺启。贺启：贺书。

〔2〕"臣胡铨"四句：孝宗即位，胡铨兼史院编修官，故奉诏撰贺启。蔡邕《独断》卷下："冬至阳气起，君道长，故贺。"宋人重冬至节，金人亦然。孟元老《东京梦华录》："京师最重此节，虽至贫者，一年之间，积累假借，至此日更易新衣，备办饮食，享祀先祖。官放关扑，庆祝往来，一如年节。"献纳，谓进贡。御名，皇帝名讳，一般避讳不书。"绍兴和议"后，高宗对金称臣，孝宗不得已沿之。此三者皆关国体，故胡铨于"三大事"不能释怀，议事中书堂，终坐以三事为说。

〔3〕收岭峤海岛之遗骸：《宋史·胡铨传》：胡铨上书请斩秦桧等人。诏除名，编管昭州。秦桧迫于公论，以胡铨监广州盐仓。明年，改签书威武军判官。绍兴十二年，谏官罗汝楫劾胡铨饰非横议，诏除名，编管新州。十八年，新州守臣张棣攻讦胡铨谤讪怨望，移谪吉阳军。因循：沿用旧例旧习。正救：匡正补救。

〔4〕三王：一谓夏禹、商汤、周武王；一谓夏禹、商汤、周文王。《穀梁传·隐公八年》："盟诅不及三王。"范宁注："三王，谓夏、殷、周也。"《孟子·告子下》："五霸者，三王之罪人也。"赵岐注："三王，夏禹、商汤、周文王是也。"三王得贤者为辅，故曰"臣主俱贤"。

〔5〕汤思退：见《虞允文传》注。《宋史·汤思退传》："思退始终与张浚不合。浚以雪耻复仇为志，思退每借保境息民为口实"，"敌既得海、泗、唐、邓，又索商、秦，皆思退力也。"中书堂：中书门下政事堂。

〔6〕窜臣于海岛：用劾秦桧被贬今事，隐用鲁仲连蹈海故事。

〔7〕干渎天威：即冒渎天威。

劾魏忠贤二十四大罪疏(节选)

杨　涟

[**解题**] 有明政治为祸大者二端：宦官干政；首辅擅权。阉竖之祸剧有三：王振开其端；刘瑾等"八虎"继之；明末魏忠贤阉党登峰造极。东林杨涟抗疏魏阉死，壮烈不下杨继盛，后世并称之"二杨"。杨涟字文孺，号大洪，应山人。磊落负奇节。万历三十五年(1607)成进士，知常熟，举廉吏第一，擢户科给事中，转兵科。光宗嗣位，杨涟与左光斗促郑贵妃移宫，疏劾崔文升上红丸。熹宗即位，促李选侍移宫，以避免垂帘之事。遭诬毁，乞去。天启二年(1622)，起礼科都给事中，擢太常少卿。明年冬，升左佥都御史。天启四年，进左副都御史。魏忠贤用事，群小竞附。杨涟与赵南星、左光斗、魏大中诸子激扬风议，阉党衔恨次骨。是年六月，杨涟上《劾魏忠贤二十四大罪疏》，恳乞立赐究问，以正国法。魏忠贤初闻疏惧，其党人王体乾及客氏力为护持。吏部尚书赵南星被逐，廷推代者，杨涟注籍不与其事。魏忠贤矫旨责无人臣礼，杨涟遂与陈于廷、左光斗并削籍。魏忠贤再兴汪文言狱，将罗织杀之。天启五年，徐大化劾杨涟、左光斗党同伐异，招权纳贿。阉党许显纯严鞫汪文言，使诬杨涟纳熊廷弼贿。文言大呼："世岂有贪赃杨大洪哉？"许显纯乃自为狱词。杨涟坐赃下诏狱，备受拷掠，七月死于狱，年五十四。左光斗、魏大中、周朝瑞、袁化中、顾大章同时毕命，并称"六君子"。杨涟家素贫，籍没后，母、妻止宿谯楼，二子乞食以养。征赃令急，乡人出资相助。崇祯帝治阉祸，

为平冤,谥忠烈。《明史》有传。所著《杨忠烈公文集》六卷,有顺治十七年刻本。卷二首篇即劾魏珰二十四罪疏,凡三千九百余言。杨继盛劾严嵩十罪、五奸疏,世竞传抄,以至纸贵。杨涟疏亦传诵天下。当时京城相传为缪昌期具草,实则不然(参见《缪西溪先生自录》)。清代官修《明臣奏议》收此疏,题作《劾魏忠贤二十四大罪疏》,颇有剪裁,仅一千三百余字。此据顺治刊本节选,而用《明臣奏议》之题。

忠贤负此二十四大罪,惧内廷之发其奸,杀者杀,换者换,左右既畏而不敢言;惧外廷之发其奸,逐者逐,锢者锢,外廷又皆观望而不敢言。更有一种无识无骨、苟图富贵之徒,或扳附枝叶,或依托门墙,或密结居停,或投诚门客,逢其所喜,挑其所怒,无所不至。内有授而外发之,外有呼而内应之,向背忽移,祸福立见[1]。间或内廷奸状败露,又有奉圣客氏为之弥缝其罪戾,而遮饰其回袤[2]。故掖廷之内,知有忠贤,不知有皇上;都城之内,知有忠贤,不知有皇上。即大小臣工[3],积重之所移,积势之所趋,亦不觉其不知有皇上而只知有忠贤。每见中外有紧切当做之事,当起用之人,必曰要与内边说说。或人不得用,事不得行,亦只说内边不肯。宫中府中[4],大事小事,无一不是忠贤专擅。即章奏之上,反觉皇上为名,忠贤为实。且如前日忠贤已往涿州矣,一切事情,必星夜驰请;一切票拟,必忠贤既到始敢批发[5]。嗟嗟天颜咫尺之间,不请圣裁,而驰候忠贤意旨于百里之外。事势至此,尚知有皇上耶?无皇上耶?有天日耶?无天日耶?

天祚圣明,屡行谴告。去年以荧惑守斗告,今年以长日风霾告,又以一日三地震告,而乾清之震尤甚,皆忠贤积阴蔽阳之象[6]。圣明偶不及觉察,反加之恩,而忠贤益憖不畏死[7]。更甚之恶,羽翼已成,骑虎难下,太阿倒授[8],主势益孤。及今不为早治,职不知皇上之宗社何所托,圣躬之安危何所托,三宫九嫔之安危何所托[9]！而如此毒心辣手胆横,已不能为下,意棘必不肯容人[10]。即普天共戴之皇子,元良托重之贵妃,能保时得其欢心,而不犯其所忌,职又不知贵妃、皇子之安危何所托？万一少有差池,职即欲以死报皇上,亦复何及[11]？

伏念皇上,天纵聪明,春秋鼎盛,生杀予夺[12],岂不可以自主？何为受制幺麽小竖,令内外大小俱坐针毡之上,而惴惴莫必其命耶[13]！职在兵科时,曾参及进忠名在御前,盖实有见于忠贤狼子野心,不可向迩[14]。不意圣明断之不早,养成今日。倘复优游姑息,再念其随侍旧人,客氏又从旁巧为营解,不即加处治,"小不忍,则乱大谋",臣不能为皇上策矣[15]。

高皇帝洪武十年,有内侍以久侍内廷,从容言及政事。上即日斥遣,随谕群臣曰:"汉、唐之祸,虽曰宦官之罪,亦人主信爱之过使然。向使宦者不得典兵预政,虽欲为乱,其可得乎？今此宦者虽事朕日久,不可姑息,决然去之,所以惩将来也。"[16]洋洋圣谟,中官言及政事,且惩将来,况忠贤欺君无上,罪恶积盈,岂容当断不断[17]？伏乞皇上,大奋雷霆,将忠贤面缚至九庙之前[18],集大小文武勋戚,敕法司逐款严讯。考历朝中官交通内外[19],擅作威福,违祖宗法,坏朝廷事,失天下心,欺君负恩事例,正法以快神人公愤。其奉圣夫人客氏,亦并敕令居外,以全恩宠,无复令其厚毒宫中。其傅应星、陈居恭、傅继教[20],并下法司责问。然后布告天下,暴其罪状,示君侧之恶已除,交结之径已塞。如此而天意弗回,人心弗悦,内治外安不新开太平气象者,请斩职以谢忠贤。

职知此言一出,忠贤之党断不能容职,然职不惧也。但得去一忠贤,以不误皇上尧舜之令名,即可以报命先帝,可以见二祖十宗之灵[21]。一生忠义之心事,两朝特达之恩知[22],于愿少酬,死且不憾。惟皇上鉴职一点血诚[23],即赐施行。

——清顺治十七年刻本《杨忠烈公文集》卷二

[1]"忠贤负此"二十二句:熹宗立,魏忠贤犹未敢肆,一意趋奉王安,交结魏朝。两为言官所劾,皆王安救之。未几逐魏朝,与客氏及王体乾以计杀王安。王体乾掌司礼监,魏忠贤自领东厂,客氏封奉圣夫人。给事中侯震旸上疏劾之,降职。御史倪思蕙、王心一论劾,谪外。阁臣沈㴶交结魏忠贤,朝臣霍维华、孙杰、顾秉谦、魏广微首附忠贤,孙杰劾去尚书周嘉谟、阁臣刘一燝。科臣惠世扬上言被谪,御史周宗建、修撰文震孟、太仆卿满朝荐俱被谴。天启三年,御史黄尊素、李应升劾奏,矫旨切责。魏忠贤所忌者独外廷,思就外廷以攻外廷。科臣傅櫆揣知其意,疏劾杨涟、魏大中,词引故太监王安、中书汪文言,诬以交构。杨涟乃愤而疏劾魏忠贤二十四罪。见《明史·宦官传》。二十四大罪:其一为宦官干政,坏二百余年政体;其二为逐股肱大臣刘一璟、周嘉谟;其三为逐宪臣邹元标,阻碍言路。凡二十四条,详见杨涟疏中。内廷,宫禁以内。外廷,禁中之外。扳附,依附。居停,寄居,此犹门客。逢,迎合。挑,拨弄。向背,赞同与反对。

[2]奉圣客氏:熹宗乳媪客氏,封奉圣夫人,与魏忠贤勾结,时称"客魏"。崇祯即位,放之浣衣局,旋笞死。回衺(xié):即回邪,犹奸邪。《礼记·乐记》:"倡和有应,回邪曲直。"孔颖达曰:"回谓乖违;邪谓邪辟。"

[3]臣工:群臣百官。

[4]宫中府中:谓内廷、外廷。诸葛亮《出师表》:"宫中府中,俱为一体。"

[5]忠贤已往涿州:杨涟劾魏珰第二十三罪即忠贤进香涿州,警跸传呼,俨然帝王乘舆。魏大中《自谱》载天启四年春:"时魏奄如涿祠元君,阮留涿,然秸相拜,作竟夜谈。"阮,即阮大诚。涿州,在顺天府西南一百四十里。票拟:明时内阁代皇帝批答臣僚奏章,先将拟定之辞书于票签,附本进呈,称票拟。

［6］"天祚圣明"七句：天启三年四月，荧惑守斗百余日。见《明史·天文志》。天启四年二月，风霾昼晦，尘沙蔽天，连日不止。见《明史·五行志》。天启四年正月，天津三卫地震。二月，京师地震，宫殿动摇。三月丙辰，京师再震；戊午夜再次地震，庚申夜连续三震。见《明史·熹宗本纪》。天启三年冬，南直隶大震，动摇数郡。见周起元《请修省以弭灾疏》。天祚，上天。谴告，谴责警告。荧惑守斗，荧惑即火星，古以为司命，以荧惑守心为凶象。《史记·天官书》："越之亡，荧惑守斗。"《后汉书·天文志》："荧惑逆行，守心前星"，"荧惑逆行守之，为反臣。"乾清，乾清宫，内廷正殿。明神宗卒，杨涟、左光斗促郑贵妃移出；泰昌帝卒，又促李选侍移出，防其干预朝政。阉党攻击东林，每以移宫为口实。移宫案与梃击案、红丸案并为明季三大案。积阴蔽阳，喻臣蔽主。

［7］愍不畏死：强横不害怕死。愍，同"敯"，强也。今人解愍为祸乱，误。《明史·马士英传》："而乃愍不畏死，自取覆宗。"

［8］羽翼已成：《史记·留侯世家》："羽翼已成，难动矣。"骑虎难下：《魏书·司马衍传》：苏峻叛，温峤平乱，欲陶侃出，甜言招之，至乃谢曰："今者骑虎之势，可得下乎？"太阿倒授：太阿倒持，喻大权失落。秦观《李训论》："自德宗惩北军之变，以左右神策、天威等军分委宦官主之，由是太阿倒持，不复可取。"太阿，古宝剑名，喻权柄。

［9］职：下属对上司的自称，此犹臣。圣躬：圣体。三宫九嫔：王后妃嫔。三宫，此谓正宫、东宫、西宫。皇后居正宫，设贵妃。嘉靖十年，仿古礼册立九嫔，即德嫔、贤嫔、庄嫔、丽嫔、惠嫔、安嫔、和嫔、僖嫔、康嫔，位在贵妃下。

［10］棘：同"亟"。

［11］"即普天"九句：熹宗第一子朱慈然，生为死胎。裕妃庄氏为客氏等所害，矫旨勒令自尽。杨涟劾魏珰第九罪曰："裕妃以有喜传封，中外欣欣相告矣。忠贤以抗不附己，属其私比捏，倡无喜，矫旨勒令自尽，不令一见皇上之面"，"是皇上又不能保其妃嫔矣。"第十罪曰："中宫有庆，已经成男。凡在内廷，当如何保护？乃绕电流虹之祥，忽化为飞星堕月之惨。传闻忠贤与奉圣夫人实有谋焉"。魏大中之子学濂《为恭谢圣恩无涯，父仇必报，敬拜血疏，请伸两观之诛，以瞑九原之目疏》："而先臣适见逆谋不靖，先帝孤

立,皇子列嫔之死生悉寄于忠贤、客氏之喜怒,祸酿于密,非所忍言,故疏列怀冲太子、裕妃、胡贵人三事入告,且连引傅应星、陈居恭、傅继教诸逆孽。既触忠贤、客氏之机,正入大铖、傅櫆之彀。"熹宗三子慈然、慈焴、慈炅,皆殇。诸妃有成妃李氏、裕妃张氏等。裕妃原为宫女,天启三年册封,同年废黜。元良,大贤大士。

[12] 天纵聪明、春秋鼎盛:疏中用以赞美帝王。天纵,上天赋予。春秋,年岁。鼎盛,正当盛时。生杀予夺:生死赏罚大权。

[13] 幺麽:微不足道。小竖:对宦官的蔑称。莫必其命:犹不知所终。《史记·礼书第一》:"纣剖比干,囚箕子,为炮烙刑,杀无辜。时臣下憯然,莫必其命。"

[14] 进忠:魏忠贤自宫,改名李进忠,见《周忠介公遗事》注。狼子野心:《左传·宣公四年》:"初,楚司马子良生子越椒。子文曰:'必杀之!是子也,熊虎之状,而豺狼之声。弗杀,必灭若敖氏矣。谚曰:狼子野心。是乃狼也,其可畜乎?'子良不可,子文以为大慼。"不可向迩:《尚书·商书》:"若火之燎于原,不可向迩,其犹可扑灭。"向迩,接近。

[15] 优游:犹豫迟疑。"小不忍,则乱大谋":语本《论语·卫灵公篇》,见《登闻检院上钦宗皇帝书》注。

[16] "高皇帝"十五句:雷礼《皇明大政纪》卷二载洪武元年四月:"上谕宦官不得典兵预政。上谓侍臣曰:'吾观史传所书,汉、唐末世,皆为宦官败蠹,不可拯救,未尝不为之惋叹。此辈在人主之侧,日见亲信……岂宜预政典兵?汉、唐之祸,虽曰宦官之罪,亦人主宠爱之使然。向使宦官者不得典兵,虽欲为乱,其可得乎?"《昭代典则》《弇州史料》《国朝典汇》皆系朱元璋禁宦官预政典兵于洪武元年,当以洪武元年为是。朱元璋立法甚严,然自英宗始,王振、汪直、刘瑾、魏忠贤相继为祸。高皇帝,明太祖朱元璋。汉、唐之祸,东汉桓、灵间,宦官专权,清除异己,缉捕党人,为东汉覆亡一因。唐末,宦官干政典兵,立君、弑君、废君如同儿戏,唐亡亦由之。故云"汉、唐之祸"。

[17] 洋洋圣谟:语出《尚书·伊训》:"圣谟洋洋,嘉言孔彰。"圣谟,犹圣训。罪恶积盈:犹恶贯满盈。《尚书·泰誓》:"商罪贯盈,天命诛之。"当断不断:《黄帝四经》:"当断不断,反受其乱。"

[18] 九庙:天子宗庙。古时天子立庙祀祖,有太祖庙、三昭庙、三穆庙,共七庙。王莽增为九庙,凡祖庙五、亲庙四。

[19] 交通:勾结。

[20] 傅应星:魏忠贤嫡甥,阉党羽翼。陈居恭:字元礼,安肃人。官都督府佥事,掌锦衣卫,为奄党爪牙。雍正《畿辅通志》卷七十一《人物》载"魏珰乱政,锦衣官校多不法,居恭疏纠之,遣戍者十余人。又申救建言被逮诸臣,并劾魏珰三大罪,罢职归",恐未为信。傅继教:东厂理刑,与傅应星结为兄弟,依附奄党。杨涟劾魏珰第二十罪言及"野子傅应星为之招摇引纳,陈居恭为之鼓舌摇唇,傅继教为之投甌打网,片语违欢,则驾帖立下。如近日之挐中书汪文言,不从阁票,不会阁知,不理阁救。而应星等造谋告密,犹日夜未已,势不至兴同文之狱,刊党锢之碑不已者。当年西厂汪直之横,恐未足语"。

[21] 令名:美誉。先帝:谓明光宗朱常洛。二祖十宗:见《周忠介公遗事》注。

[22] 两朝:谓泰昌、天启。

[23] 血诚:犹赤诚。

狱中血书

杨　涟

〔解题〕"天启六君子"被逮,奄党许显纯酷刑拷掠,其惨状具见黄煜编《碧血录》及燕客《天人合征纪实》。天启五年(1625)七月二十四日,杨涟毕命。钱谦益《杨公墓志铭》:"公之死,惨毒万状,暴尸六昼夜,蛆虫穿穴。"杨涟狱中文字《狱中血书》等沉痛至极。《天人合征纪实》载:"杨公有遗稿二千言,又亲笔誊真一通,叩首床褥,以托顾公。狱中耳目严密,无安放处,藏之关圣画像之后,已而埋卧室北壁下,盖以大砖。后公发别房,望北壁真如天上,倩孟弁窃之以还,随寄弁弟持归。杨公又有血书二百八十字,藏之枕中,冀死后枕出,家人拆而得之。竟为颜紫所窃。紫亦号于人曰:'异日者,吾持此赎死。'"《狱中血书》收入清顺治十七年刻本《杨忠烈公文集》卷二,凡一百八十六字。明崇祯刊本《颂天胪笔》卷五收《狱中血书》,《知不足斋丛书》本《碧血录》收《血书》一百八十五字,仅末句"一刀"无"一"字。谈迁《国榷》卷八十七:"有绝笔,同狱孟淑孔藏焉。许显纯并杀淑孔,又火其《血书》百八十字。珠商某记之得传。"所录《血书》一百三十四字,中有删略。此据顺治刊本《杨忠烈公文集》选录,首尾完整,和血泪之语,尽见肝胆。陆元铉《杨忠烈公血影石》:"岂有贪赃杨大洪,借刀何事砍东风?已拚碧血千年化,竟使清流一网空。仰药肯因恭显死,殒身甘与俊厨同。不教幻相留终古,正气犹堪贯白虹。"张伯行《杨大洪文集序》:"有明称文章节义赫奕古今者,莫盛于二杨。一则发奸相于前,一则击逆珰于后,而皆死于巨憝之手。呜呼!何祸之烈也。二公怀忠义之性,抱贞直之操,均所谓丹可磨而不可改其色,兰可燔而不可灭其香。"

涟今死杖下矣!痴心报主,愚直仇人,久拚七尺[1],不复挂念。不为张俭逃亡,亦不为杨震仰药,欲以性命归之朝廷,不图妻子一环泣耳[2]。打问之时,柱坐赃私,杀人献媚,五日一比,限限严旨[3]。家倾路远,交绝穷途,身非铁石,有命而已。雷霆雨露,莫非天恩[4]。仁义一生,死于诏狱,难言不得死所,何憾于天,何怨于人[5]!惟我身副宪臣,曾受顾命[6]。孔子云:"托孤寄命,临大节而不可夺。"[7]持此一念,终可以见先帝于在天,对二祖十宗与皇天后土、天下万世矣[8]。大笑大笑还大笑,一刀砍东风,于我何有哉[9]!

——清顺治十七年刻本《杨忠烈公文集》卷二

[1] 拚(pàn):舍弃。七尺:谓身躯。

[2] 张俭逃亡:张俭字元节,山阳高平人。汉桓帝时,官东部督邮。中常侍侯览家人残暴乡里,张俭上书劾侯览及其母罪恶。党锢祸起,侯览诬张俭与同郡二十四人为部党,刊章讨捕,张俭遁亡。见《后汉书·张俭传》。杨震仰药:杨震字伯起,弘农华阴人。东汉名士,以博学称"关西孔子"。五十始仕。延光二年,代刘恺为太尉。屡直言,为中常侍樊丰等愤怨。明年罢免,行至城西凡阳亭,曰:"吾蒙恩居上司,疾奸臣狡猾而不能诛,恶嬖女倾乱而不能禁,何面目复见日月?"饮鸩死。见《后汉书·杨震传》。"不图"句:言以身报国,不贪求寻常床箦死。妻子一环泣,《庄子·大宗师》:"俄而子来有病,喘喘然将死,其妻子环而泣之。"

[3] "打问之时"五句:吴应箕《杨涟传》:杨涟下诏狱,即追论移宫、通王安犯上,罪当死。然难于坐赃,于是借封疆一案,谓受熊廷弼贿,竟以此杀之。杀人献媚,谓许显纯媚魏珰,施以酷刑。五日一比,比谓比较,杖责追

比。五日为约数。按《天人合征纪实》,七月初四日比较,初九日比较,十三日比较,十七日比较,十九日比较,二十一日比较。二十四日比较后,凡三两日即一比较。限限严旨,谓限期严逼。

[4]"雷霆雨露"二句:杨涟《狱中绝笔》亦有此语:"日前赴逮,不为张俭之逃亡,杨震之仰药,亦谓雷霆雨露,莫非天恩。"谓痴心报主,生死皆赖天命。

[5]难言不得死所:《魏书·张普惠传》:"人生有死,死得其所,夫复何恨!""何憾于天"二句:《论语·宪问篇》:"不怨天,不尤人,下学而上达。知我者,其天乎!"

[6]"惟我身副宪臣"二句:杨涟《狱中绝笔》:"此岂皇上如天之仁,国家慎刑之典,祖宗待大臣之礼?不过仇我者立追我性命耳!"宪臣,谓御史。杨涟天启四年进左副都御史。顾命,临终之命。《尚书·顾命序》:"成王将崩,命召公、毕公率诸侯相康王,作《顾命》。"光宗临危曾召杨涟等人,嘱以国事。见杨涟《狱中绝笔》。

[7]托孤寄命:《论语·泰伯篇》:"曾子曰:'可以托六尺之孤,可以寄百里之命,临大节而不可夺也,君子人与?君子人也。'"孔安国曰:"六尺之孤,谓幼少之君也。"

[8]先帝:谓明光宗朱常洛。二祖十宗:见《周忠介公遗事》注。皇天后土:指天地。皇天,古时称天。后土,古时称地。

[9]"大笑"三句:杨涟《狱中绝笔》末云:"大笑还大笑,但令此心未尝死。白日冥冥,于我何有哉!""大笑"句,谢枋得《辞洞斋华父二刘兄惠寒衣》:"只愿诸贤扶世教,饿夫含笑死犹生。""一刀"句,郑鄤《碧血序》:"杨中丞诸篇,草于镇抚,血肉淋漓之余,读之可涕可舞。至于'刀砍东风',闻道矣。"

与东林诸友[1]

高攀龙

[**解题**] 天启六年（1626）三月，缪昌期以魏珰迫害就逮，作《与高景逸》："知有今日久矣。与李膺、范滂同游地下，亦复何憾？幸留翁丈在，是不肖弟子孙之幸也。"无锡高攀龙字存之，号景逸。万历十七年（1589）进士，授行人。疏谏明神宗惜才远佞，降应天府检校，迁揭阳典史，乞假归，与顾宪成修复东林书院，率众讲学。熹宗即位，起光禄寺丞，累迁刑部右侍郎。天启四年，擢左都御史。疏劾阉党崔呈秀，罢归。明年，阉党矫旨毁东林书院。缇骑至门，高攀龙笑曰："我视死如归久矣。"（高世宁《高忠宪公年谱》）十七日自沉园池，年六十五。《遗疏》云："臣虽削夺，旧系大臣。大臣受辱则辱国，故北向叩头，从屈平之遗则。君恩未报，结愿来生。"崇祯改元，谥忠宪。《明史》有传。著有《周易孔义》三卷、《春秋孔义》十二卷、《高子遗书》十二卷等。高、顾东林讲学，明道崇本，兴复礼义，救治人心，以拯时衰。如杨涟《狱中绝笔》所说："但愿国家强固，圣德刚明，海内长享太平之福。"高攀龙《与东林诸友》一书，足见东林"书生"本色。

有人问我："东林作何工夫？"[2]吾拱手，对曰："只是这等。大圣大贤也增不得些子，愚夫愚妇也减不得些子。莫轻看了这一拱手，从前不知费许多钻研，方讨得这个模样。从后不知费几许兢业,方保得这个模样。且莫说要看腊月三十日。"[3]

——《文渊阁四库全书》本《高子遗书》卷八下

[1] 东林:东林书院,在无锡。宋政和间,杨时寓此讲学,旧址在泰伯渎北,保安寺后。后废。万历三十二年,顾宪成等兴复东林书院,别建于城中。见光绪《无锡、金匮县志》卷六《学校》。

[2] 工夫:修养,涵养。理学家谈性理,讲求工夫,通常对"本体"而言。东林诸子亦然。高廷珍《东林书院志》卷五《会语三·高景逸先生东林论学语上》:"彦文云:'老师诗云"本体睹闻为入窍,工夫戒惧是天然"二句,彦文思之,真妙也。'"又,"若说性,工夫便一毫不可加;若说教,工夫便一毫不可少。"又,"彦文问曰:'知言、养气,是一是二?'先生曰:'知言是格物致知,养气是正心诚意。都是一串工夫,不是两件。不要轻看了知言,即是知道,即是知德。'"

[3] 拱手:古礼之一,双手合抱胸前,以表敬事。通常左手在上,遇丧事,右手在上。《礼记·曲礼上》:"遭先生于道,趋而进,正立拱手。"东林诸子以礼乐废坏,兴教于下。论学主于平时工夫,故攀龙以拱手作譬。些子:少许。兢业:谓谨慎戒惧。《诗经·大雅·云汉》:"兢兢业业,如霆如雷。""且莫说"句:《论语·八佾》即载当时流传的俗谚"与其媚于奥,宁媚于灶"。可见祭灶神由来已久。祭灶神在腊月二十三,为小年,祈求灶神上天言好事,代为美言,所谓"吃甜甜,说好话","好话传上天,坏话丢一边"。此处高攀龙指重视自我修行,不必借他人美言。

经邦济世,深谋远虑

进美芹十论

辛弃疾

[解题] 辛弃疾(1140—1207)字幼安,号稼轩,济南历城人。少承家训,志在恢复。金主完颜亮南侵,中原豪杰并起,耿京聚兵山东,辛弃疾为掌书记,劝说决策南向。绍兴三十二年(1162),耿京令其奉表归宋。高宗召见,授天平节度掌书记。张安国、邵进已杀耿京降金,辛弃疾趋金营缚张安国,献俘行在。历江阴签判、建康通判、江东安抚司参议官,知隆兴府,兼湖南安抚。以言者落职。宋光宗立,起福建点刑狱,迁大理少卿,历知福州、绍兴、镇江、江陵诸府,进枢密都承旨,未受命卒。著有《稼轩集》。善长短句,寄托忧君爱国之思,悲壮激烈,后世称"稼轩风"。文墨议论,英伟磊落,进孝宗《美芹十论》,上宰相虞允文《九议》,皆有洞见,惜未能用。刘克庄《辛稼轩集序》云:"笔势浩荡,智略辐凑","以孝皇之神武,及公盛壮之时行其说而尽其才,纵未封狼居胥,岂遂置中原于度外哉?"《十论》究竟作于何时,学界颇有争议。盖非作于一时,历有增删,定为《十论》,进献则在乾道间。《四库提要》疑"后人伪题弃疾",则为荒诞之说。"十论"即"审势""察情""观衅""自治""守淮""屯田""致勇""防征""久任""详战",讨论时政得失、国体大事。辛弃疾《进美芹十论》劄子,道光《济南府志》称"表",民国陈思《稼轩先生年谱》称"劄子"。欧阳修《归田录》卷二:"唐人奏事,非表非状者,谓之榜子,亦谓之录子,今谓之劄子。"今观其文,当作"劄子"是。"美芹"典出《列子·杨

朱篇》：宋国田夫谓其妻："负日之暄,人莫知者,以献吾君,将有重赏。"里中富人告曰："昔人有美戎菽、甘枲茎、芹萍子者,对乡豪称之。乡豪取而尝之,蜇于口,惨于腹,众哂而怨之。"其人大惭。辛弃疾用此典故,意自谦也。

臣闻事未至而预图,则处之常有余；事既至而后计,则应之常不足[1]。虏人凭陵中夏,臣子思酬国耻,普天率土[2],此心未尝一日忘。

臣之家世,受廛济南,代膺阃寄,荷国厚恩[3]。大父臣赞,以族众,拙于脱身,被污虏官,留京师,历宿、亳、涉沂、海,非其志也[4]。每退食,辄引臣辈,登高望远,指画山河,思投衅而起[5],以纾君父所不共戴天之愤。尝令臣两随计吏,抵燕山,谛观形势[6]。谋未及遂,大父臣赞下世[7]。粤辛巳岁,逆亮南寇,中原之民,屯聚蜂起[8]。臣尝鸠众二千,隶耿京为掌书记,与图恢复,共籍兵二十五万,纳款于朝[9]。不幸变生肘腋,事乃大谬,负抱愚忠,填郁肠肺[10]。

官闲心定,窃伏思今日之势。朝廷一于持重,以为成谋[11]；虏人利于尝试,以为得计。故和战之权,常出于敌,而我特从而应之。是以燕山之和未几,而京城之围急；城下之盟方成,而两宫之狩远；秦桧之和,反以滋逆亮之狂[12]。彼利则战,倦则和,诡谲狙诈[13],我实何有？惟是张浚符离之师,甫有生气,虽胜不虑败,事非十全,然计其所丧,方诸既和之后,投闲踩躏[14],犹未若是之酷。而不识兵者,徒见胜不可保之为害,而不悟夫和而不可恃,为膏肓之大病,亟遂齰舌以为深戒[15]。臣窃谓恢复自有定谋,非符离小胜负之可惩,而朝廷公卿过虑,不言兵之可惜也。古人言："不以小挫,而沮吾大计。"[16]正以此耳。

恭维皇帝陛下,聪明神武,灼见事几,虽光武明谟,宪宗果断[17],所难比拟。一介丑虏,尚劳宵旰[18]。此正天下之士,献谋效命之秋。臣虽愚且陋,何能有知,徒以忠愤所激,不能自已。以为今日虏人实有弊之可乘,而朝廷上策惟预备乃为无患,故罄竭精恳[19],不自忖量,撰成御戎十论,名曰《美芹》。其三言虏人之弊,其七言朝廷之所当行。先审其势,次察其情,复观其衅,则敌之虚实,吾既详之矣。然后以其七说,次第而用之,虏固在吾目中[20]。惟陛下留乙夜之神,沉先物之几,志在必行,无惑群议,庶乎"雪耻酬百王,除凶报千古"之烈,无逊于唐太宗[21]。

典冠举衣以复韩侯,虽越职之罪难逃[22];野人美芹而献于君,亦爱主之诚可取[23]。惟陛下赦其狂僭而怜其愚忠,斧锧余生[24],实不胜幸万幸万之至。

——罗振玉唐风楼抄本《美芹十论》

[1]"臣闻"四句:语本《太公金匮》。马总《意林》卷一"太公金匮二卷":"武王问太公曰:'殷已亡其三人,今可伐乎?'太公曰:'臣闻之:知天者不怨天,知己者不怨人。先谋后事者昌,先事后谋者亡。且天与不取,反受其咎;时至不行,反受其殃;非时而生,是为妄成。故夏条可结,冬冰可释,时难得而易失也。"

[2]虏人:对金人的蔑称。凭陵:侵犯。中夏:华夏,中国。班固《东都赋》:"目中夏而布德,瞰四裔而抗棱。"普天率土:四海之内。《诗经·小雅·北山》:"溥天之下,莫非王土;率土之滨,莫非王臣。"

[3]"臣之家世"四句:按陈思《稼轩先生年谱》,辛弃疾始祖辛维叶官大理评事,由狄道迁济南。曾祖辛寂宾官州司户参军。受廛,受地为民。《孟子·滕文公上》:"远方之人,闻君行仁政,愿受一廛而为氓。"阃寄,委以军政之事。

[4]"大父臣赞"八句:按陈思《稼轩先生年谱》,辛弃疾祖父辛赞受金

命,官亳州谯县令,知开封府,非其志也。章谦亨《辛稼轩赞》:"祖朝请公累族众,不克南渡,常诲先生:'无忘尔国雠!'"沂、海:沂州、海州。

[5] 退食:公余休息。投隙:犹投间,乘隙。

[6] 计吏:州郡掌簿籍并负责上计的官吏。燕山:谓燕京。金贞元元年,完颜亮迁都燕京,改称中都。谛观:审视。形势:谓当时局势与地形险要。

[7] 大父臣赞下世:按陈思《稼轩先生年谱》,辛赞卒于绍兴二十九年后一二年间。

[8] "粤辛巳岁"四句:绍兴三十一年辛巳,完颜亮率兵南下,欲统一江南。中原豪杰并起,遥与南宋响应。粤,古同"聿""越""曰",用于句首或句中。逆亮,金主完颜亮,见《虞允文传》注。屯聚蜂起,蜂涌聚兵。

[9] 鸠众:纠集众人。耿京:济南人。绍兴三十一年,聚兵山东,称天平节度使,节制山东、河北忠义军马。将奉表归宋,为部下张安国、邵进已所杀。掌书记:节度掌书记。唐景龙间设,秩从八品。耿京起兵,辛弃疾为掌书记。高宗召见,授天平节度掌书记。纳款:归顺。

[10] 变生肘腋:祸生肘腋,事变发生在身边。《三国志·蜀书·法正传》:"亮答曰:'主公之在公安也,北畏曹公之强,东惮孙权之逼,近则惧孙夫人生变于肘腋之下。当斯之时,进退狼跋。'"填郁:犹郁积。

[11] 持重:持重待机,意为小心谨慎,以待时机。

[12] "是以"六句:言宋、金联合灭辽,金背盟南下,东京围急。钦宗与金订城下之盟,金背盟,掳徽、钦二帝。秦桧主和,与金订绍兴和议,反滋完颜亮猖狂,举兵南下。燕山之和,北宋宣和间,宋、金灭辽,金拒尽还燕云之地。双方议定,宋给银二十万两、绢三十万匹,并纳燕京代租款一百万贯,金始还燕云六州(即景、檀、易、涿、蓟、顺)及燕京。城下之盟,靖康元年,金兵攻东京,宋、金订盟,宋割让太原、中山、河间三镇。城下之盟,多指兵败者被迫签订屈服和议。《左传·桓公十二年》:"大败之,为城下之盟而还。"两宫之狩远,徽、钦二帝为金掳于北。秦桧之和,宋高宗为迎还徽宗之柩及生母韦太后,指授秦桧等人与金签订绍兴和议,纳贡称臣。

[13] 诡谲:诡诈多变。狙诈:狡猾奸诈。

[14] 张浚:字德远,汉州绵竹人。政和八年进士,授太常簿。绍兴五

年,出为右相。以主战,屡遭罢黜。孝宗即位,复为枢密使。隆兴元年,奉命督师北伐,初战告捷,以部下不和,兵败符离。次年,罢相。八月病卒,年六十八。谥忠献。著有《紫岩易传》《张魏公集》。见《宋史》本传。符离之师:隆兴元年四月,张浚北伐,命邵宏渊师次盱眙,李显忠师次定远。李显忠复灵壁、虹县,进兵宿州。金人来争,邵宏渊不肯援,李显忠失利。李、邵师溃于符离,致有隆兴和议。见《宋史·孝宗本纪》。符离,唐和元间,割符离、蕲县及泗州之虹县,置宿州。宋改宿州符离郡,后建保静军节度,领符离等四县,属淮南东路。顾祖禹《读史方舆纪要》卷八:"溃处当在宿州东南。史家纪载不详,以在宿州境内,故仍曰符离。"胜不虑败:《孙子兵法·军形篇》:"昔之善战者,先为不可胜,以待敌之可胜。不可胜在己,可胜在敌。故善战者,能为不可胜,不能使敌之必可胜。"《淮南子·兵略训》:"善用兵者,必先修诸己而后求诸人,先为不可胜而后求胜。"熊克《宋中兴纪事本末》卷五十六:"上谓宰执曰:'朕与诸将论兵,未尝论胜,惟先论败。汉高帝屡战屡败,终成帝业;项羽屡战屡胜,终不能成事,一败遂亡。故凡论兵者,不必论胜,惟先虑败,冀终成也。'"计其所丧:《墨子·非攻中》:"计其所自胜,无所可用也;计其所得,反不如所丧者之多。"投闲:乘隙,伺机。蹂躏:侵扰。

[15] 膏肓之大病:膏肓之疾。《左传·成公十年》:"疾不可为也,在肓之上,膏之下。攻之不可,达之不及,药不至焉,不可为也。"杜预注:"肓,鬲也。心下为膏。"齰(zé)舌:齰舌缄唇,闭口不言。齰,咬啮。

[16] "不以小挫"二句:《旧唐书·裴度传》:吴元济叛,唐宪宗发兵讨伐。元和十一年六月,唐邓节度使高霞寓兵败,宰相欲罢兵。宪宗曰:"夫一胜一负,兵家常势。若帝王之兵不合败,则自古何难于用兵,累圣不应留此凶贼。今但论此兵合用与否,及朝廷制置当否,卿等唯须要害处置","何可以一将不利,便沮成计?"符离之败,侍御史王十朋上疏:"臣闻宿州之师全军退守,观时识变,深得进退之机。然而异议小人,与圣意素不合者,往往幸灾乐祸,倡为浮议,以动摇大计,以离间陛下素所委任之臣。使其说果行,殆非宗社之福。"(《历代史臣奏议》卷二百三十四)

[17] 恭维:对上谦词。灼见:洞察。《尚书·立政》:"灼见三有俊心。"事几:朕兆。《易·系辞下》:"几者,动之微,吉之先见者也。"光武:汉光武帝刘秀,肇立东汉,史称光武中兴。建武中元二年卒,谥光武皇帝。明谟:决

策英明,谋略深远。宪宗:唐宪宗李纯,贞元二十一年即位,励精图治,史称元和中兴。元和十五年卒,庙号宪宗。

[18] 宵旰:宵衣旰食。

[19] 罄竭:竭尽。精恳:精诚。《宋书·谢灵运传》:"太守孟颛事佛精恳。"

[20] 先审其势:《美芹十论》第一篇为《审势》。次察其情:《美芹十论》第二篇为《察情》。复观其衅:《美芹十论》第三篇为《观衅》。虏固在吾目中:典出《后汉纪·后汉光武皇帝纪》:"上西征至漆,议者以为车驾不宜入险,且遣诸将观虚实。议未定,会马援夜至,劝上曰:'嚣众瓦解,兵进必破。'以米为山谷于上前,指众军所入处。上笑曰:'虏在吾目中矣。'车驾遂进"。

[21] 留乙夜之神:留神,即劳神。《汉书·叙传下》:"汉武劳神,图远甚勤。王师踔踔,致诛大宛。"乙夜,夜晚二更。古时夜分五更,一更甲夜,二更乙夜,三更丙夜,四更丁夜,五更戊夜。沉先物之几:沉几,即沉机,察变用智。《旧唐书·张仲武传》:"沉机变化,动合神明。"先物,犹先务。《孟子·尽心上》:"尧舜之知而不遍物,急先务也。""雪耻"二句:《全唐诗》卷二录李世民句:"雪耻酬百王,除凶报千古。"注云:"《本纪》云:贞观二十年秋,帝幸灵州,破薛延陀。时铁勒诸部遣使相继入贡,请置吏,北荒悉平。帝为五言诗,勒石于灵州,以序其事。今止存此。"唐太宗:李世民,李渊次子,多军功,封秦王。即位,改元贞观。对外用兵,先后攻灭东突厥、薛延陀,征报高昌、龟兹、吐谷浑等,被尊为天可汗。贞观二十三年卒,庙号太宗。

[22] "典冠举衣"二句:典出《韩非子·二柄》:"昔者韩昭侯醉而寝,典冠者见君之寒也,故加衣于君之上。觉寐而说,问左右曰:'谁加衣者?'左右对曰:'典冠。'君因兼罪典衣与典冠。其罪典衣,以为失其事也;其罪典冠,以为越其职也。非不恶寒也,以为侵官之害甚于寒。故明主之畜臣,臣不得越官而有功,不得陈言而不当。越官则死,不当则罪。"典冠,掌管冠服。典衣,掌管衣寝。韩侯,韩昭侯,名武,用申不害为相,以术治国。

[23] "野人美芹"二句:用芹献故事,典出《列子·杨朱篇》,见本篇解题。

[24] 狂僭:狂妄僭越。斧锧余生:谓免于死罪,上书言事敬辞。斧锧,古时斩人刑具。

自　治（节选）

辛弃疾

〔**解题**〕　宋孝宗时，辛弃疾忠愤所激，不能自已，撰《美芹十论》，其三言金人之弊，其七言朝廷所当行。《四库提要》："是书皆论恢复之计。其审势、察情、观衅三论，所以明敌之可胜；其自治、守淮、屯田、致勇、防征、久任、详战七论，所以求己之能胜。"符离兵败，南宋朝廷内外气丧自馁，论者或谓"南北之势定矣，吴楚之脆弱，不足以争衡于中原"，辛弃疾于是作《自治》，先言古今常理，"夷狄之腥秽不可以久安于华夏"，以固朝廷恢复之志。继审时度势，指出宜"绝岁币""都金陵"，勤习战守，壮养士气，富国强兵，以待恢复之机。其说时或不免书生意气，然规划自治，颇多远见。此选后数段专论"自治"文字。

今之议者，皆痛惩往者之事，而劫于积威之后，不推项籍之亡秦，而猥以蔡谟之论晋者以籍口[1]。是犹怀千金之璧，不能斡营低昂，而遥尾于贩夫[2]；惩蝮蛇之毒，不能详覈真伪，而褫魄于雕弓，亦已过矣[3]。故臣愿陛下姑以光复旧物而自期，不以六朝之势而自卑，精心强力，日与二三大臣，讲求古今南北之势，知其不侔而不为之惑[4]，则臣固当为陛下言自治之策。

今之所以自治者，不胜其多也。官吏之盛否，民力之优困,财用之丰耗,士卒之强弱,器械之良苦,边备之废置[5],此数者,皆有司之事,陛下亦次第而行之,臣不能悉举也。顾今有大者二,陛下知之而未果行,大臣难之而不敢发者,一曰绝岁币,二曰都金陵[6]。臣闻今之所以待虏,以缗计曰二百万余[7]。以天下之大,而为生灵社稷计,曾何二百余万之足云!臣不为二百余万缗惜也。钱唐、金陵,俱在大江之南,而其形势相去亦无几矣,岂以为是数百里之远,而遽有强弱之辨哉!臣不为数百里计也。然而绝岁币则财用未可以遽富,都金陵则中原未可以遽复,是三尺童子之所知,臣之区区,以为是言者,盖古之英雄、拨乱之君,必先内有以作三军之气,外有以破敌人之心[8]。故曰:"未战养其气。"[9]又曰:"先人有夺人之心。"[10]今则不然,待敌则恃欢好于金帛之间,立国则借形势于湖山之险,望实俱丧[11],莫此为甚!使吾内之三军,习知其上之人畏怯退避之如是,以为夷狄必不可敌,战守必不可恃,虽有刚心勇气,亦销铄委靡而不振。臣不知缓急,将谁使之战哉?借使战,其能必胜乎?外之中原民心,以为朝廷置我于度外,谓吾无事则知自备而已,有事则将自救之不暇。向之袒臂疾呼,而促逆亮之毙、为吾响应者[12],他日必无若是之捷也。如是则敌人将安意肆志而为吾患。今绝岁币,都金陵,其形必至于战。天下有战形矣,然后三军有所怒而思夺,中原亦有所恃而思乱。陛下间取其二百余万缗者,以资吾养兵实劳之费,岂不为朝廷之利乎!

然此二者,在今日未可遽行。臣观虏人之情玩吾之重战,而所求未能充其欲,不过一二年,必以战而要我[13]。苟因其要我而遂绝之,则彼亦将自沮,而权固在我矣。议者必曰:"朝廷全盛时,西、北二虏,亦不免于赂。今我有天下之半,而虏倍西、北之势,虽欲不赂,得乎?"[14]臣应之曰:"是赵之所以待秦也。"昔者秦攻邯郸而去,赵将割六城而与之和。虞卿曰:"秦之攻赵也,倦而归乎?抑其力尚能进,且爱我而不攻乎?"王曰:"秦之攻我也,不遗余力矣,必以倦而归矣。"虞卿曰:"秦以其力,攻其力所不能取,倦而归。王又以其力之不能攻以资之,是助秦自攻也。"[15]臣以为虞卿之所以谋赵者,是今日之势也。且今日之势,议者固以东晋自卑矣。求之于晋,彼亦何尝退金陵、输岁币乎?

臣窃观陛下圣文神武,同符祖宗,必将陵跨汉唐,鞭笞异类[16],然后为称,岂能郁郁久居此者乎?臣愿陛下酌古以御今[17],毋惑纷纭之论,则恢复之功,可以必其有成。古人云:"谋及卿士,谋及庶人。"[18]又曰:"作屋道边,三年不成。"[19]盖谋贵众,断贵独,惟陛下深察之。

——罗振玉唐风楼抄本《美芹十论》

[1]"今之议者"五句:往者之事,即文中前段所云汉亡,"天下离而为南北,吴不足以取魏,而晋足以并吴;晋不能以取中原,而陈亦既毙于隋;与夫艺祖之取南唐,取吴越。天下之士遂以为东南地薄兵脆,将非命世之雄,其势固至于此"。积威之后,即前段所云"当秦之时,关东强国莫楚若也,而秦楚相遇,动以数十万之众见屠于秦,君为秦虏而地为秦墟。自当时言之,是南北勇怯不敌之明验"。项籍之亡秦,即前段所云"项梁乃能以吴楚子弟驱而之赵,救钜鹿,破章邯","卒以坑秦军,入函谷,焚咸阳,杀子婴"。项羽名籍,楚国下相人。起兵反秦,入咸阳。与刘邦争天下,兵败死。蔡谟之论晋者,即前段所云"蔡谟亦谓:'度今诸人,必不能办此。吾见韩卢、东郭逡俱毙而已。'"蔡谟,字道明,陈留考城人。晋室南渡,累迁太常,领秘书监,任征北将军。晋康帝间,任左光禄大夫、开府仪同三司。见《晋书·蔡谟传》。

[2]斡营:斡旋经营。低昂:低贱与昂贵。贩夫:贩卖货物的小商人。《周礼·地官·司市》:"夕时而市,贩夫贩妇为主。"

[3]被魄于雕弓:用杯弓蛇影故事。见《风俗通义·怪神》"世间多有

见怪惊怖以自伤者"条。褫魄,失魂落魄。张衡《东京赋》:"罔然若醒,朝罢夕倦,夺气褫魄之为者也。"

［4］光复旧物:谓恢复故土,再造中兴。李纲《论中兴劄子》:"虽或中微,一旦愤起,则天戈所挥,靡不如志。兴衰拨乱,光复旧物,非偶然也。"不侔:不相同。谓南宋与金分立南北之势,与六朝不同。

［5］盛否:通"胜否",好和坏。《后汉书·胡广传》:"臣愚以为可宣下百官,参其同异,然后览择胜否,详采厥衷。"优困:优裕和困顿。丰耗:丰裕和耗竭。良苦:精良和粗劣。废置:废弛和设置。

［6］绝岁币:断绝岁币之贡。绍兴和议,宋对金称臣纳贡,每年给贡银二十五万两,绢二十五万匹。隆兴和议,改岁贡为岁币,银、绢各减五万。都金陵:移都金陵。南宋都临安,偏于一隅,时有移都金陵之说。

［7］缗:成串的铜钱,又称贯,通常一缗合一千文。

［8］作三军之气:《孙子兵法·军争篇》:"故三军可夺气,将军可夺心。"作气,振作勇气。破心:犹夺心,动摇决心。

［9］未战养其气:《左传·庄公十年》:"夫战,勇气也。一鼓作气,再而衰,三而竭。彼竭我盈,故克之。"

［10］"先人"句:《左传·宣公十二年》:"《军志》曰:'先人有夺人之心。'薄之也。"意谓先声夺人。

［11］望实:威望和实力。

［12］袒臂:犹袒右,袒衣露臂,借指揭竿而起。逆亮:金主完颜亮,见《虞允文传》注。

［13］必以战而要我:要战,即邀战,"要"同"邀"。

［14］西、北二虏:谓辽、西夏。不免于赂:北宋给辽、西夏岁贡。苏轼《教战守策》:"今国家所以奉西、北之虏者,岁以百万计。"

［15］"昔者秦攻"十七句:《史记·平原君虞卿列传》:"长平大败,遂围邯郸,为天下笑。秦既解邯郸围,而赵王入朝,使赵郝约事于秦,割六县而媾。……来年秦复攻王,王无救矣。'"虞卿,名信,赵中牟人。赵孝成王尊为上卿,故号虞卿。长平战后,反对割地与秦。奉使联齐,与魏合从,结好楚、韩、燕。

［16］圣文神武:文德昭著,英明威武,用以称颂帝王。同符:相合。祖

宗,谓宋太祖赵匡胤、太宗赵光义。陵跨:跨越。鞭笞:鞭打,借指驱逐。

[17] 酌古以御今:择古之善者以为治今借鉴。刘勰《文心雕龙·奏启》:"酌古御今,治繁总要。"

[18] "谋及卿士"二句:《尚书·洪范》:"汝则有大疑,谋及乃心,谋及卿士,谋及庶人,谋及卜筮。"卿士,周时三公六卿通称。《诗经·大雅·常武》:"赫赫明明,王命卿士。"后泛指卿大夫。

[19] "作屋道边"二句:《诗经·小雅·小旻》:"如彼筑室于道谋,是用不溃于成。"谓筑室道边,以路人意见不一,难于成事。后世传为谚语:"作舍道边,三年不成。"《后汉书·曹褒传》:"召玄武司马班固,问改定礼制之宜。固曰:'京师诸儒,多能说礼,宜广召集,共议得失。'帝曰:'谚言:作舍道边,三年不成。会礼之家,名为聚讼,互生疑异,笔不得下。昔尧作大章,一夔足矣。'"

郁离子(七条)

刘 基

〔解题〕 刘基(1311—1375)字伯温,青田人。通经史百家、天文兵法。至顺四年(1333)成进士,授高安县丞。廉正谠直,为人所忌,归隐。至正八年(1348),起江浙行省儒学副提举。建言监察御史失职,为上官所沮,又辞去。十二年,起浙东元帅府都事,于招安方国珍持异议,羁管绍兴。十六年,起江浙行省都事,累迁行省郎中。再归隐,著《郁离子》。二十年,赴金陵,朱元璋礼遇甚隆。佐朱明创立,颇著功绩,封诚意伯,谥文成。《明史》有传。《郁离子》共十八章,一百九十五则。刘基以元政浊乱,积弊积弱,危机四伏,著书自见忧时之思、治世见解,托于人物故事、支离荒怪之辞。关于"郁离",吴从善《郁离子序》:"郁离者,文明之谓也,非所谓自号。其意谓天下后世若用斯言,必可底文明之治耳。"《郁离子》大旨,如徐一夔序所说:"郁离者何?离为火,文明之象,用之其文,郁郁然为盛世文明之治,故曰《郁离子》","其言详于正己、慎微、修纪、远利、尚诚,量敌审势,用贤治民,本乎仁义道德之懿,明乎吉凶祸福之几,审乎古今成败得失之迹"。大概矫元室之弊,有激而言也。此选《郁离子》七条,题目乃编者新拟。诸条内容涉及用贤治民,不惟为元世之鉴,亦为后世之鉴。

千里马非冀产[1]

郁离子之马孳得駃騠焉[2]。人曰:"是千里马也,必致诸内厩。"[3]郁离子悦,从之。至京师,天子使太仆阅方贡[4],曰:"马则良矣,然非冀产也。"[5]置之于外牧[6]。

[1]此为《郁离子》第一条前半则。国家之治,用贤为重。蒙元选用人材,重肤色种族,分百姓四等,重要职官由蒙古人或色目人充任。元末重开科取士,分左右榜,汉人、南人列右榜。刘基有激于此,以千里马非冀产喻元廷用人之弊。所作《君马黄》批评当时用人制度:"吾闻良骥称以德,不闻矜此骊黄色。世无伯乐识者谁,有德无色空自知。"可相发明。

[2]孳:生育。駃騠(jué tí):良马名。《逸周书·王会解》:"请令以橐驼、白玉、野马、騊駼、駃騠、良弓为献。汤曰:'善!'"

[3]必致诸内厩:《史记·李斯列传》:"骏良駃騠,不实外厩。"内厩,宫中马厩。外厩,宫外马舍。

[4]太仆:九卿之一,掌舆马畜牧。北齐始称太仆寺卿、少卿。方贡:四方贡物。

[5]冀产:北方所产。旧以冀产马为良。韩愈有"伯乐一过冀北之野,而马群遂空"(《送石处士序》)之说。

[6]外牧:京都外牧马之所,意犹外厩。

今之用人[1]

郁离子谓执政曰:"今之用人也,徒以具数与?抑亦以为良,而倚以图治与?"[2]执政者曰:"亦取其良而用之耳。"郁离子曰:"若是,则相国之政与相国之言不相似矣。"执政者曰:"何谓也?"郁离子曰:"仆闻农夫之为田也,不以羊负轭;

贾子之治车也,不以豕骖服。知其不可以集事,恐为其所败也[3]。是故三代之取士也,必学而后入官,必试之事而能,然后用之,不问其系族,惟其贤,不鄙其侧陋[4]。今风纪之司,耳目所寄,非常之选也。仪服云乎哉?言语云乎哉?乃不公天下之贤,而悉取诸世胄、昵近之都那竖为之,是爱国家不如农夫之田,贾子之车也[5]。"执政者许其言而心忤之。

[1] 此条亦讨论元廷用人问题,善于取譬。指出国家用人不惟贤,而"悉取诸世胄、昵近之都那竖为之",类于农人耕田"以羊负轭",商贾治车"以豕骖服",乃置"爱国家"于不顾,所谓倚良图治,不啻空谈。

[2] 具数:备计,犹言充数。《韩非子·难言》:"家计小谈,以具数言,则见以为陋言。"

[3] 为田:耕田。负轭:驾轭。轭,架在牛马颈上的横木。治车:出行。骖服:驾车之马。三马驾车,谓骖服。集事:成事。

[4] "是故三代"七句:《礼记·王制》:"命乡论秀士,升之司徒,曰选士。司徒论选士之秀者而升之学,曰俊士。升于司徒者,不征于乡;升于学者,不征于司徒,曰造士。乐正崇四术,立四教,顺先王诗、书、礼、乐以造士。春秋,教以礼乐;冬夏,教以诗书。王大子、王子、群后之大子、卿大夫元士之适子、国之俊选,皆造焉。凡入学以齿。将出学,小胥、大胥、小乐正简不帅教者,以告于大乐正,大乐正以告于王。王命三公九卿、大夫元士皆入学;不变,王亲视学;不变,王三日不举,屏之远方。西方曰棘,东方曰寄,终身不齿。大乐正论造士之秀者,以告于王,而升诸司马,曰进士。司马辨论官材,论进士之贤者,以告于王,而定其论。论定,然后官之。任官,然后爵之。位定,然后禄之。"侧陋,身处僻野的贤人、出身卑贱的明良。

[5] "今风纪"二句:元代,御史大夫等居风纪之司,为天子耳目官。云乎哉:《论语》:"礼云礼云,玉帛云乎哉?乐云乐云,钟鼓云乎哉?"世胄:贵家子弟。左思《咏史八首》其二:"世胄蹑高位,英俊沉下僚。"昵近:亲近,亲信。都那竖:谓纨绔子弟。《国语·楚语上》:"使富都那竖赞焉。"韦昭注:"富,富于容貌。都,闲也。那,美也。竖,未冠者也。言取美好,不尚德。"

工之侨琴[1]

工之侨得良桐焉,斫而为琴,弦而鼓之,金声而玉应,自以为天下之美也,献之太常[2]。使国工视之[3],曰:"弗古。"还之。工之侨以归,谋诸漆工,作断纹焉;又谋诸篆工,作古款焉;匣而埋诸土,期年出之[4]。抱以适市,贵人过而见之,易之以百金,献诸朝。乐官传视,皆曰:"希世之珍也。"工之侨闻之,叹曰:"悲哉世也!岂独一琴哉?莫不然矣。而不早图之,其与亡矣!"遂去,入于宕冥之山[5],不知其所终。

[1]《论语·阳货篇》:"恶紫之夺朱也。"表实去伪,抑文尚质,乃治世所务。刘基忧世风之变,以工之侨琴为譬,讥刺世情好假,指出黜真崇虚,是非颠倒,不亡国者鲜矣。

[2] 工之侨:虚托之名。良桐:桐之良材。古人削桐为琴。桓谭《新论·琴道篇》:神农氏"始削桐为琴,绳丝为弦"。赵希鹄《洞天清录·古琴辨》:"桐木不宜太松。桐木太松而理疏,琴声多泛而虚。宜择紧实而纹理条条如丝线密,条达不邪曲者。此十分良材,亦以掐不入为奇。其掐得入者,粗疏柔脆,多是花桐。"鼓:鼓琴,弹琴。太常:秦时置奉常,汉时改太常,掌宗庙礼仪等。后世沿之,专掌祭祀礼乐。

[3] 国工:国中技艺高超者。

[4] 断纹:裂纹,此指古琴裂纹。赵希鹄《洞天清录·古琴辨》:"古琴以断纹为证,盖琴不历五百岁不断,愈久则断愈多","然真断纹如剑锋,伪则否。"又,"伪作者用信州薄连纸,先漆一层,于上加灰纸,断则有纹;或于冬日,以猛火烘琴极热,用雪罨激裂之;或用小刀刻画于上。虽可眩俗眼,然决无剑锋,亦易辨。"断有数等,有蛇腹断、梅花断等。古款:古器款识。期年:整一年。

[5] 宕冥:幽深、高深貌。张衡《思玄赋》:"逾庬鸿于宕冥兮,贯倒景而高厉。"《说文解字》:"宕,过也。冥,窈也。"

治天下犹医病[1]

治天下者,其犹医乎?医切脉以知证,审证以为方[2]。证有阴阳虚实,脉有浮沉细大,而方有汗下、补泻、针灼、汤齐之法[3],参苓、姜桂、麻黄、芒硝之药,随其人之病而施焉。当则生,不当则死矣。是故知证知脉而不善为方,非医也,虽有扁鹊之识,徒哓哓而无用[4]。不知证不知脉,道听途说以为方,而语人曰:"我能医。"是贼天下者也[5]。故治乱,政也;纪纲,脉也;道德、政刑,方与法也;人才,药也[6]。夏之政尚忠,殷承其敝而救之以质;殷之政尚质,周承其敝而救之以文;秦用酷刑苛法以箝天下,天下苦之,而汉承之以宽大,守之以宁壹[7]。其方与证对,其用药也无舛,天下之病有不瘳者[8],鲜矣!

[1] 元末朝廷无力救亡,群雄并起又是一副泻剂,士人奔走群雄间,自炫才智,天下益乱。刘基以为治天下有赖五端:"治乱,政也;纪纲,脉也;道德、政刑,方与法也;人才,药也。"虽谙世乱"证""脉"及"为方"之理,却无从施治。后随朱元璋削平天下,即意在与其使"庸医"害世,不如身自任之。游潜《梦蕉诗话》:"厥后元政益乱,四海糜沸,进不可为,退无所容,不得已乃转而为救民之举,出求真主佐之。"

[2] 切脉:按脉,中医诊断病症之法。证,通"症"。

[3] 阴阳虚实、浮沉细大:医者辨证,括:为阴、阳、表、里、寒、热、虚、实八纲,而脉有浮、沉、细、大之分。《难经本义》卷上:"六难曰:脉有阴盛阳虚,阳盛阴虚。何谓也然?浮之损小,沉之实大,故曰阴盛阳虚;沉之损小,浮之实大,故曰阳盛阴虚。是阴阳虚实之意也。"滑寿注:"浮沉以下指轻重言,盛虚以阴阳盈亏言。轻手取之而见减小,重手取之而见实大,知其为阴盛阳虚也。重手取之而见损小,轻手取之而见实大,知其为阳盛阴虚也。"汤

齐:汤剂。"齐",通"剂"。

［4］扁鹊:秦越人,渤海郡郑人,以善医闻,相传《难经》为其所作。见《史记·扁鹊仓公列传》。哓哓:争辩。韩愈《重答张籍书》:"择其可语者诲之,犹时与吾悖,其声哓哓。"

［5］语(yù):告诉。贼:贼害。

［6］政:通"证"。纪纲:法度。政刑:政令刑罚。《论语·为政篇》:"子曰:'道之以政,齐之以刑,民免而无耻;道之以德,齐之以礼,有耻且格。'"

［7］"夏之政尚忠"八句:《汉书·杜周传》:"殷因于夏,尚质;周因于殷,尚文。今汉家承周、秦之敝,宜抑文尚质,废奢崇俭,表实去伪。"宁壹,安定一统。《史记·曹相国世家》:"百姓歌之曰:'萧何为法,颟若画一;曹参代之,守而勿失。载其清净,民以宁一。'"

［8］无舛:无误。不瘳(chōu):疾病不愈。瘳,病愈。

聚民犹抟沙[1]

民犹沙也,有天下者,惟能抟而聚之耳[2]。尧舜之民,犹以漆抟沙,无时而解[3]。故尧崩,百姓如丧考妣,三载,四海遏密八音,非威驱而令肃之也[4]。三代之民,犹以胶抟沙,虽有时而融,不释然离也[5]。故以子孙传数百年,必有无道之君而后衰,又继而得贤焉,则复兴。必有大无道如桀与纣,而人有贤圣诸侯如商汤、周武王者间之[6],而后亡。其无道未如桀、纣者,不亡;无道如桀、纣,而无贤圣诸侯适丁其时而间之者[7],亦不亡。霸世之民,犹以水抟沙,其合也若不可开,犹水之冰,然一旦消释,则涣然离矣[8]。其下者,以力聚之,犹以手抟沙,拳则合,放则散。不求其聚之之道,而以责于民,曰:"是顽而好叛。"呜呼,何其不思之甚也!

［1］治天下,实即治民。刘基以为治民犹如抟沙。上者如尧舜之治,以漆抟沙,民心如一;其次如夏、商、周三代,以胶抟沙,民心犹不离散;再下如秦后霸世,以水抟沙,民心易散;最下者以力聚民,以手抟沙,放手即散。所说最下者,虽不明言,其指元廷则易知。元人以力得天下,不思聚民之道,犹以力治天下。百姓叛离,非由"顽而好叛",实因治道不明,与古贤明君治天下相悖。

［2］抟而聚之:抟聚,意为集聚。

［3］"尧舜之民"三句:《韩非子·安危》:"尧无胶漆之约于当世而道行,舜无置锥之地于后世而德结。能立道于往古,而垂德于万世者之谓明主。"

［4］"故尧崩"五句:《尚书·舜典》:"二十有八载,帝乃殂落。百姓如丧考妣,三载,四海遏密八音。"考妣,父母。如丧考妣,言百姓感德思慕。遏,绝。密,静。八音,金、石、丝、竹、匏、土、革、木。四海绝音三年,言尧帝德恩化之深。

［5］三代:谓夏、商、周。释然:消融貌,瓦解貌。

［6］桀与纣:夏桀、商纣。桀为夏亡国之君,名癸,谥桀。荒淫暴虐。商汤起兵伐之,贬于鸣条,流南巢死。见《史记·夏本纪》。商汤:名履,商开国之君,与周文王、武王并称。见《史记·殷本纪》。

［7］适丁:适逢,恰遇。

［8］霸世:谓秦后之世,崇尚王霸。"犹水之冰"三句:谓涣然冰释。杜预《春秋左传序》:"涣然冰释。"涣然,消散貌。

胜天下之道在德[1]

或问胜天下之道[2],曰:"在德。"[3]何以胜德?曰:"大德胜小德,小德胜无德。大德胜大力,小德敌大力。力生敌,德生力。力生于德,天下无敌。故力者胜一时者也,德愈久而愈胜者也。夫力,非吾力也,人各力其力也。惟大德为能得群力,是故德不可穷,而力可困。"人言五伯之假仁义也[4],或曰："是何足道哉！"郁离子曰："是非仁人之言也。五伯之时，天下之乱极矣，称诸侯之德无以加焉，虽假而愈于不能，故圣人有取也。故曰：诚胜假，假胜无。天下之至诚，吾不得见矣，得见假之者亦可矣。"[5]

[1] 刘基推尊以德治国，此条论胜天下之道在德，针对蒙元治天下恃于气力而发，指出力能胜一时，德则愈久愈胜，力必生于德，始天下无敌。

[2] 胜天下：《管子·七法·为兵之数》："成功立事，必顺于理义。故不理不胜天下，不义不胜人；故贤知之君，必立于胜地。"

[3] 在德：《论语·为政篇》："子曰：'为政以德，譬如北辰，居其所而众星共之。'"《孟子·公孙丑上》："孟子曰：'以力假仁者霸，霸必有大国。以德行仁者王，王不待大。汤以七十里，文王以百里。以力服人者，非心服也，力不赡也。以德服人者，中心悦而诚服也，如七十子之服孔子也。'"

[4] 五伯：春秋五霸。假仁义：借助仁义，语出《孟子·公孙丑上》。

[5] "诚胜假"二句：诚谓诚于仁义，假谓借于仁义。

虎用力不用智[1]

虎之力，于人不啻倍也；虎利其爪牙，而人无之，又倍其力焉，则人之食于虎也，无怪矣。然虎之食人不恒见，而虎之皮，人常寝处之[2]，何哉？虎用力，人用智；虎自用其爪牙，而人用物。故力之用一，而智之用百；爪牙之用各一，而物之用百。以一敌百，虽猛不必胜，故人之为虎食者，有智与物而不能用者也。是故天下之用力而不用智，与自用而不用人者，皆虎之类也。其为人获而寝处其皮也，何足怪哉！

——《郁离子》，《四部丛刊》景明刻本《诚意伯文集》卷二

[1] 此条以虎用力而人用智为喻，讽诫治者恃于力气，必至颠覆。刘

基山中忧世,冀返"文明",反思蒙元治天下误入歧途,发为沉痛醒世之言。

[2] 寝处:坐卧。

深　虑　论（选二）

方孝孺

〔**解题**〕方孝孺（1357—1402）字希直，一字希古，学者称正学先生，宁海人。从学宋濂，通经史百家、理学渊源、名物度数。洪武末，选授汉中府学教授，蜀献王延为宾师。建文即位，召为翰林博士，寻进侍讲，礼遇甚隆。建文四年（1402），朱棣靖难兵至，召草即位诏，不屈而死，年四十六。《明史》有传。著有《逊志斋集》《三礼考注》诸书。洪武间，朱元璋用意自专，求治过速，法令严酷，政弊滋甚。方孝孺身在草野，蹴然而忧："不以伊周之心事其君，贼其君者也；不以孔孟之学为学，贼其身者也。"（金贲亨《台学源流》）谓圣王之治，先德教而后政刑，作《深虑论》十篇，谈论时弊，思深虑远，各有精见。兹选其三、其五，前者有"继世而有天下者，必视前政之得失而损益之。知其得而不知其失，惩其失而尽革其旧，此皆乱之始也"之论，后者有"治天下有道，仁义礼乐之谓也；治天下有法，庆赏刑诛之谓也"之说。方孝孺为一世大儒，自悼空言尚多，思屏绝文章事。然文章与宋濂并称"宋方"，俨然明文大家。至于其忠义之气，充塞宇内，数百年来，为世所重。

深虑论三

继世而有天下者，必视前政之得失而损益之[1]。知其得而不知其失，惩其失而尽革其旧，此皆乱之始也。夫有天下，远者至于数十世，近者百余年而后亡。其先之政必有善者，及其子孙一旦而败之，亦必有不善者。苟去其不善而复其善，增益其所未足，而变更其所难循，求其宜于民情，则可矣，奚必使其一出于己而后为政哉[2]！

三代以降，昏主败国相寻于世者[3]，非他，皆欲以私意更其政，而无公天下之心故也。舜继尧，未尝改于尧之政；禹继舜，守舜之法而不敢损益[4]。汤之继桀，武王之继纣[5]，反桀、纣之所为，复之于禹、汤之旧，损益之而已，未尝敢以私意为之也。以私意为天下者，惩其末而不究其本者也[6]。周之政可谓善矣，本于唐、虞二代之为，而损益于武王、周公二圣人之心[7]。后世虽有智者，岂能过于二圣人哉？暴秦起而继之，见其子孙败于削弱，则曰周之政弱，于是更之以强，周之刑过于宽，于是易之以猛，而不知周之法未尝过于宽与弱也。当周之衰，国自为政，苛刑密禁，四布而百出，武王、周公之遗意扫荡无遗，民不堪其主之暴虐，于是亡六国而为秦[8]。则周之诸侯以强与猛而亡，非过于弱与宽也。秦不知其故，不反武王、周公之旧，而重之以强，济之以猛，于是天下怨苦而叛之。非民之罪也，变更之道非也。

夫政，譬之弓然，日用之则调，越月逾旬而不用之则欹[9]。善治弓者，见其欹则檠之，使其调而已；不善治弓者，则折而弃之，而更以朽株败枲。为弓以射[10]，射而不中乎禽，岂禽之过哉？弃良弓之过也。天下之弓，不能必其良否。惟羿之弓[11]，不问可知其良，以其善射而择之精也。后世之政，其得失未可定也，千载之后举而行之而无弊者，其惟武王、周公之法乎！

[1] 继世：犹后世。损益：增减。《论语·为政篇》："子张问：'十世可知也？'子曰：'殷因于夏礼，所损益，可知也；周因于殷礼，所损益，可知也。其或继周者，虽百世，可知也。'"

[2] 为政：治理国家。《论语·为政篇》："子曰：'为政以德。'""或谓孔子曰：'子奚不为政？'子曰：'《书》云："孝乎惟孝，友于兄弟，施于有政。"是亦为政，奚其为为政？'"

[3] 三代：夏、商、周。相寻：接连不断。

[4] 舜、尧、禹：见《予岂好辩哉》注。其事见《史记·五帝本纪》《史记·夏本纪》。

[5] 汤、武王：商汤、周武王。桀、纣：夏桀、商纣。其事见《史记·殷本纪》《史记·周本纪》。

[6] 惩其末：惩于末流之弊。不究其本：犹言忘其根本。

[7] "周之政可谓善矣"四句：《论语·八佾篇》："子曰：'周监于二代，郁郁乎文哉！吾从周。'"周因殷礼，周公又制作礼乐，故云"损益于武王、周公"。唐、虞，有唐有虞，即唐尧、舜虞。

[8] 亡六国而为秦：秦亡六国，一统天下。

[9] "夫政"四句：以治弓喻为政。调，调和。《荀子·哀公》："弓调而后求劲焉，马服而后求良焉。"欹，倾斜。

[10] 朽株：朽烂的根桩。司马相如《上书谏猎》："舆不及还辕，人不暇施功，虽有乌获、逢蒙之伎，力不得用，枯木朽株，尽为难矣。"败枲（xǐ）：破烂的麻绳。

[11] 羿之弓：《说文》称羿为帝喾射官。贾逵曰："羿之先祖，世为先王射官，故帝赐羿弓矢，使司射。"《淮南子》称尧时十日并出，羿射落九日。盖羿是善射之号。

深虑论五

治天下有道，仁义礼乐之谓也；治天下有法，庆赏刑诛之谓也[1]。古之为法者，以仁义礼乐为谷粟，而以庆赏刑诛为盐醯[2]，故功成而民不病。弃谷粟而食盐醯，此乱之所由生也。山谷之民,固多不待盐醢而生者矣,其害不过羸惫而无力。以盐醢为食,不至于腐肠裂吻而死,岂遂止哉?人性非好死也,常趋死之道而违生者,告之者非也。

夫仁义礼乐之道,非虚言而已,必有其实。本其实而告之,人宁有不知其美者乎?仁义礼乐之为人忌于世者,由夫虚言而不为事实者。始告之以为仁,而不告之以为仁之故,彼将曰:"此虚言耳,奚可用哉!"告之以为义,为礼乐,而不告之为之之事,彼将曰:"此特其名尔,安足信哉!"此圣人之道所以见弃于世而不振也。持剑拥盾而谓人曰我善斗,人必信之;儒衣冠而谓人曰我善斗,不笑则怒矣。故欲人之见信,必先示之以其事。

圣人之为仁,非特曰仁而已也,必有仁之政。欲民之无饥也,口授之田;欲民之无寒也,教之桑而帛,麻而布;欲老者之有养,祭享宾客之有奉也,教之陂池而鱼鳖,牢栅而鸡豚[3];欲民之安也,不为苛役以劳之[4];欲民之无夭也,不为烦刑以虐之。亲老子独者勿事,胎育而贫者有给,以致于猎而不伤麛卵,樵而不斩萌蘖[5],皆仁也。其为义也,必有义之政。上之取之也有常,用之也有节,均之也有分。疆界也,以防其争;邻保也,以洽其欢[6];车服也,以昭贵贱[7];衡量也[8],以信多寡;饥寒也,减其力役之征[9],略其婚娶之仪;学于闾也[10],使其知长幼之序;书于乡也[11],使其知善恶之效。推而至于安生而达分,尊上而趋事[12],皆义也。为礼之政,而使民自揖让、拜跪、献酬之微,各极其敬,以至于五伦叙而三纲立[13]。为乐之政,而使民自咏歌、搏拊、舞蹈之事,充而大之,至于和乐忠信,不怨不怒而易使[14]。圣人之用是四者,持之以坚凝,而守之以悠久,如待获于秋,浚泉于深,必得其效而后止。四者之化成,天下之民胶结而不可解[15]。有不齐者,从而以法令之[16],则令之易服,而治之不难。

故三代之民非异于后世之民也,后世之民常好乱,而三代之时,未尝有一民为乱者,治之者异也。仁义礼乐入其心,民虽知可以为乱而不能;赏罚旌诛动其心,民虽欲为乱而不敢。不能者有所耻,而不敢者有所畏也。治天下而能使人耻于为非,虽无刑罚,可也。恃法威而使民畏,民其能常畏乎?及其衰则不畏之矣。三代以下,虽有贤主,而不足致治者,欲使民畏,而不知仁义礼乐之说也。故为治不可以不察也。

——《四部丛刊》景明嘉靖四十年王可大刻本《逊志斋集》卷二

[1] 庆赏:赏赐。刑诛:刑罚。

[2] 谷粟:谷物之类主食。盐醢:盐酱之类佐料。

[3] "欲民之无饥"七句:语本《孟子·梁惠王上》"不违农时"至"数口之家可以无饥矣"一段文字。口授,按人计授。陂池:池沼。

[4] "欲民之安也"二句:《论语·学而篇》:子曰:"节用而爱人,使民以时。"

[5] 亲老子独:父母年迈,独子无兄弟。麛(mí)卵:幼鹿、鸟卵,指幼小禽兽。萌蘖:新芽。

[6] 邻保:邻居。《周礼·地官·族师》:"五家为比,十家为联;五人为伍,十人为联;四闾为族,八闾为联。使之相保相受,刑罚庆赏相及。"《周礼·地官·大司徒》:"令五家为比,使之相保。五比为闾,使之相受。"唐时,以四家为邻,五家为保。见《通典·食货三》。

[7] 车服:车舆礼服。《尚书·舜典》:"敷奏以言,明试以功,车服以庸。"民功曰庸,以车服赏其功。古时以车服别贵贱。

[8] 衡量:衡量之器,引申指衡量之制。

[9] 力役:劳役。

[10] 学于闾:谓学于乡校。

[11] 书于乡:谓旌表乡里。

[12] 安生:犹安分。达分:明于职分。趋事:奉侍。

[13] 揖让:古时客主相见礼,作揖谦让。拜跪:古时见尊长礼。献酬:古时酬答礼。《诗经·小雅·楚茨》:"献酬交错,礼仪卒度,笑语卒获。"郑玄曰:"始主人酌宾为献,宾既酌主人,主人又自饮酌宾曰酬。"五伦叙:五伦有序。五伦,君臣、父子、兄弟、夫妇、朋友五种人伦。《孟子·滕文公上》:"逸居而无教,则近于禽兽。圣人有忧之,使契为司徒,教以人伦:父子有亲,君臣有义,夫妇有别,长幼有序,朋友有信。"

[14] "为乐之政"五句:《尚书·益稷》:"夔曰:'戛击鸣球搏拊,琴瑟以咏。'祖考来格,虞宾在位,群后德让。下管鼗鼓,合止柷敔,笙镛以间。鸟兽跄跄,箫韶九成,凤凰来仪。夔曰:'於!予击石拊石,百兽率舞,庶尹允谐。'"咏歌,王闿运《尚书笺》:"合丝为咏歌,合竹为闲歌。"搏拊,即推拊。王闿运《尚书笺》:"《大传》曰:以韦为鼓,谓之搏拊。"舞蹈,王闿运《尚书笺》:"拟状凤皇之象,来舞庭中,言凤皇来,则九变毕,然后前人之鸟兽相率而舞。自汉及今,乐皆有焉。"

[15] 胶结而不可解:见《聚民犹抟沙》注。

[16] "有不齐者"二句:化用《论语·为政篇》:"道之以德,齐之以礼,有耻且格。"

忠心许国,九死不悔

哀　郢[1]

屈　原

[**解题**] 屈原名平,字原,战国楚人,楚王族后裔。怀王时,颇受信任,遭上官大夫等造谣中伤,又以屡谏受到排斥,赋《离骚》以明志。楚顷襄王时,流放江南。作《九歌》《天问》《九章》等,投汨罗死。事具《史记·屈原贾生列传》。《九章》即《惜诵》《涉江》《哀郢》《抽思》《怀沙》《思美人》《惜往日》《橘颂》《悲回风》,非出于一时,后人裒辑成卷,取名"九章"。《哀郢》约作于楚顷襄王十四、十五年间(前285—前284)。屈原离开郢都在仲春二月,顺流向东,过夏首,至涌水,回舟折南,上洞庭,复折东下江,至鄂渚而止。王夫之《楚辞通释》称作于顷襄王二十一年,即秦将白起破郢后。其时已过晚。《离骚》忧君忧民,周流八荒,孜孜追求"美政"理想,悲愤交织,强烈地展现了生死决择的内心痛苦和忠贞不渝的爱国情操。《哀郢》亦写得十分沉痛,"家国之恨与身世之感、伤痕感与使命感,紧紧地交织在一起,充分体现了屈原的爱国情操与艺术才华"(董楚平《楚辞译注》)。洪兴祖《楚辞补注》谓《哀郢》"言己虽被放,心在楚国,徘徊而不忍去,蔽于谗谄,思见君而不得。故太史公读《哀郢》,而悲其志也"。此参酌黄灵庚《楚辞导读》(待刊稿)、《楚辞章句疏证》、董楚平《楚辞译注》及古人旧注,选录《哀郢》一首。

皇天之不纯命兮,何百姓之震愆[2]。民离散而相失兮,方仲春而东迁[3]。去故乡而就远兮,遵江夏以流亡[4]。出国门而轸怀兮,甲之朝吾以行[5]。发郢都而去闾兮,荒忽其焉极[6]?楫齐扬以容与兮,哀见君而不再得[7]。望长楸而太息兮,涕淫淫其若霰[8]。过夏首而西浮兮,顾龙门而不见[9]。心婵媛而伤怀兮,眇不知其所蹠[10]。顺风波以从流兮,焉洋洋而为客[11]。凌阳侯之泛滥兮,忽翱翔之焉薄[12]?心絓结而不解兮,思蹇产而不释[13]。将运舟而下浮兮,上洞庭而下江[14]。去终古之所居兮,今逍遥而来东[15]。羌灵魂之欲归兮,何须臾而忘反[16]。背夏浦而西思兮,哀故都之日远[17]。登大坟以远望兮,聊以舒吾忧心[18]。哀州土之平乐兮,悲江介之遗风[19]。当陵阳之焉至兮,淼南渡之焉如[20]?曾不知夏之为丘兮,孰两东门之可芜[21]?心不怡之长久兮,忧与愁其相接。惟郢路之辽远兮,江与夏之不可涉[22]。忽若不信兮,至今九年而不复[23]。惨郁郁而不通兮,蹇侘傺而含戚[24]。外承欢之汋约兮,谌荏弱而难持[25]。忠湛湛而愿进兮,妒被离而鄣之[26]。尧舜之抗行兮,瞭杳杳而薄天[27]。众谗人之嫉妒兮,被以不慈之伪名[28]。憎愠惀之修美兮,好夫人之忼慨[29]。众踥蹀而日进兮,美超远而逾迈[30]。

乱曰:曼余目以流观兮,冀一反之何时[31]?鸟飞反故乡兮,狐死必首丘[32]。信非吾罪而弃逐兮,何日夜而忘之[33]?

——黄灵庚疏证《楚辞章句疏证》第三册,中华书局2007年版

[1] 郢:为楚国都,在今湖北江陵西北。
[2] "皇天"二句:王逸《楚辞章句》:"言皇天不纯一其施,则万物夭

伤;人君不纯一其政,则百姓震动以触罪也。"皇天,德美大称皇天。不纯命,天命失常。震愆,谓百姓惊恐失所。震,震惊。愆,罪过。

[3] 仲春:二月。东迁:王逸《楚辞章句》:"徙我东行,遂与室家相失也。"

[4] 故乡:谓郢都。遵:循。江夏:水名。《汉书·地理志》:"夏水首受江,东入沔,行五百里。"应劭曰:"沔水自江别,至南郡华容为夏水,过郡入江,故曰江夏。"沔水,即汉水。

[5] 轸(zhěn)怀:痛思。甲之朝:甲日清晨。古时用甲、乙、丙、丁等十天干与子、丑、寅、卯等十二地支相配以记日。此处甲有天干而无地支,未详何甲日。《九店楚简·日书》:"凡春三月,甲、乙、丙、丁不吉,壬、癸吉。""刑、夏、享月,春不可以东徙。"楚月夏屎,仲春二月。按日者言,仲春甲日东迁,不吉。

[6] 去间:离乡。间,里门。荒忽其焉极:王逸《楚辞章句》:"愁思荒忽,安有穷极之时?"荒忽,即恍惚,心神无着。

[7] 楫:船櫂。齐扬:同举。容与:徘徊。

[8] 长楸(qiū):大梓,谓故国乔木。淫淫:流貌。

[9] 夏首:夏水口。西浮:顺水流。浮,王逸《楚辞章句》:"船独流为浮也。"龙门:郢都东门。据《纪南城遗址考古报告》,郢都城门有八:水门三,陆门五。南垣有二:一为东门,陆门,即龙门;一为西门,水门,即《楚辞·招魂》之修门。

[10] 婵媛:纠缠牵引。眇:远。蹠(zhí):《说文》:"楚人谓跳跃曰蹠。"王逸《楚辞章句》释为"践",即其引申义。

[11] 洋洋:王逸《楚辞章句》:"洋洋,无所归貌也。"洪兴祖《楚辞补注》:"水盛貌。"洋洋又谓舒缓貌、自得貌。今取王逸之释。

[12] 凌:乘。阳侯:水神,借喻水波。《淮南子·览冥训》:"武王伐纣,渡于孟津,阳侯之波,逆流而击。"高诱注:"阳侯,陵阳国侯也。其国近水,溺死于水,其神能为大波,有所伤害,因谓之阳侯之波也。"翱翔:无定貌。薄:止,读如迫。

[13] 絓结:即悬结,挂念不忘。絓,悬。蹇产:诘屈,意为纠缠。按:以上二十四句写离开郢都,顺水流东行,悲伤痛苦。

〔14〕运舟:回船。运,回转。上洞庭而下江:上,逆水行。下,顺水流。楚以左、以东为上,以右、以西为下,异于中原。洞庭之水,自南向北注于长江,屈原由江入洞庭,则曰"上"。由洞庭顺流而东,则曰"下"。屈原顺江夏东行,入江,而后运舟上洞庭。未几,复下江,至鄂渚而止。

〔15〕"去终古"句:王逸《楚辞章句》:"远离先祖之宅舍也。"

〔16〕羌:发语词,用在句首。灵魂之欲归:王逸《楚辞章句》:"精神梦游,还故居也。"忘反:忘归。

〔17〕夏浦:涌口之浦,在今湖北华容附近。《水经注·江水》:"江水又东,涌水注之。水自夏水南通于江,谓之涌口。"屈原东行至涌水,则自北向南浮行,上洞庭,复下江,过夏浦。

〔18〕大坟:高地。王逸《楚辞章句》:"水中高者为坟。《诗》曰:'遵彼汝坟。'"

〔19〕"哀州土"二句:感乡邑之美好,伤远涉大川,风俗已异。平乐,平坦富饶。江介,江岸。遗风,遗余风俗。

〔20〕"当陵阳"二句:王逸《楚辞章句》:"意欲腾驰,道安极也","森滉弥望,无际极也。"陵阳,乘水波。陵,通"凌",乘驾。阳,阳侯,喻水波。森,渺茫。

〔21〕夏:通"厦",大屋。丘:丘墟。两东门:谓郢都两东门。芜:荒芜。

〔22〕江与夏:长江与夏水。涉:渡。

〔23〕忽若不信兮:王逸《楚辞章句》:"始从细微,遂见疑也。"谓细微过失不见宥。九年:言放于东南已九年。楚顷襄王即位,子兰为令尹,屈原无立足地,如九年为实数,其时盖在顷襄王十三四年前后,俟考。

〔24〕不通:谓思虑闭塞。塞:犹乃。侘傺(chà chì):怅然失志伫立貌。按:以上二十四句,写顺流而下,先在洞湖盘旋,后沿江而东,时时记挂故都安危,思念乡邑。

〔25〕汋约:王逸《楚辞章句》:"好貌。"或作"灼灼",讹误。汋约,声转作"绰约",柔弱貌,状美女容色。《庄子·逍遥游》:"绰约若处子。"此状小人谄媚之态,美恶同辞。谌荏弱而难持:《楚辞章句》:"言佞人承君欢颜,好其谄言,令之汋约然,小人诚难扶持之也。"谌,诚,确实。荏弱:软弱。

〔26〕湛湛:厚重貌。妒被离而鄣之:王逸《楚辞章句》:"言己体性重

198

厚,而欲愿进,谗人妒害,加被离析,鄣而蔽之。"被离,众盛貌。鄣,遮蔽。

[27] 抗行:志行高尚。瞭:明亮。杳杳:高远。薄:迫近。

[28] 不慈:尧以子丹朱不贤,传位舜。舜以子商均不肖,传位禹。古人或责尧不慈。《庄子·盗跖》:"尧不慈,舜不孝。"《吕氏春秋·当务篇》:"尧有不慈之名,舜有不孝之行。"洪兴祖《楚辞补注》:"言此者,以明尧、舜大圣,犹不免谗谤,况余人乎?"

[29] "憎愠惀(lǔn)"二句:洪兴祖《楚辞补注》:"君子之愠惀,若可鄙者;小人之忼慨,若可喜者,唯明者能察之。"愠惀,烦愤。《楚辞补注》:愠,心所愠积。惀,思求晓知。修美,美好。修,谓美。忼慨,借指浮夸大语。

[30] "众踥蹀(qiè dié)"二句:言奸佞小智受大用,贤良才俊见疏。踥蹀,奔走貌。按:以上十二句写深痛楚国重用小人,弃远忠贤。

[31] 乱:辞赋末尾总括全篇的部分。"曼余目"二句:王逸《楚辞章句》:"言己放远,日以曼曼,周流观视,意欲一还,知当何时也?"曼余目,即延目。曼,本义为引,引申为远。

[32] "鸟飞"二句:王逸《楚辞章句》:"思故巢也","念旧居也。"首丘,《礼记·檀弓上》:"乐,乐其所自生;礼,不忘其本。古之人有言曰:'狐死正丘首,仁也。'"《淮南子·说林训》:"鸟飞反乡,兔走归窟,狐死首丘,寒将翔水,各哀其所生。"

[33] "信非"二句:王逸《楚辞章句》:"我以忠信而获过也","昼夜念君,不远离也。"

议纠合两淮复兴（三首）

文天祥

〔解题〕 文天祥（1236—1283）字宋瑞，又字履善，号文山，吉州庐陵人。宝祐四年（1256）举进士第一。开庆元年（1259），元兵南侵，宦官董宋臣劝理宗迁都。文天祥时入为宁海军节度判官，上书乞斩宋臣。不报，自免归。迁刑部郎官等职，累为台臣论罢，除军器监，兼权直学士院。为贾似道所不喜，致仕，年才三十七。咸淳九年（1273），起湖南提刑。明年，知赣州。德祐元年（1275），江上兵急，诏天下勤王。文天祥募兵吉州，得众万人。八月，提兵至临安，除知平江府。明年正月二日，除知临安府，辞不拜。十九日早除枢密使，午除右丞相兼枢密使，遣入元营请和。至则抗论不屈，拘至镇江，乘间逃真州，间关至福州，拜右丞相。景炎二年（1277），转战闽粤、江右。明年六月，卫王赵昺即位，改元祥兴。八月，天祥进信国公。十一月，进屯潮阳。十二月十五日移屯海丰，二十日军溃被执。祥兴二年（1279），解送元大都。至元十九年（1282）不屈死，年四十七。著有《文山先生全集》。事具《文山先生纪年录》、《宋史·文天祥传》。文天祥气节彪炳一代，工诗文。长谷真逸《农田余话》卷上云："宋南渡后，文体破碎，诗体卑弱"，"及天祥留意杜诗，所作顿去当时之凡陋，观《指南前后录》可见。不独忠义冠于一时，亦斯文间气之发见也。"文天祥南冠之作如《过零丁洋》《正气歌》，历代传诵不衰。其于国危之际，备尝艰辛，纪为"诗史"，并皆可贵。今选《议纠合两淮复兴》《扬子江》《至温州》《自叹》诸篇。按《文山先生纪年录》,德祐二年二月二十九日,文天祥自镇江逃出,三月一日入真州,三月三日被逐。《议纠合两淮复兴》绝句三首作于真州。时守将苗再成闻文天祥谈国事,感慨流涕,踊跃思奋。文天祥即作书报淮东制置李庭芝,约淮西夏贵起兵。当时传言元人"密遣一丞相入真州说降",李庭芝令苗再成亟杀文天祥。苗再成不忍,将之逐出真州。文天祥以为真州用兵乃"中兴之机",不幸错失,终生憾之。《指南录后序》:"得间奔真州,即具以北虚实告东西二阃,约以连兵大举,中兴机会,庶几在此。"《集杜诗·至真州》诗序:"是行也,中兴之机也。一人狐疑,事乃大缪,惜哉!"

予至真州,守将苗再成不知朝信于是数月矣,问予京师事,慷慨激烈,不觉流涕[1]。已而诸将校诸幕皆来,俱愤北不自堪,两淮兵力足以复兴,惜天使李公怯不敢进,而夏老与淮东薄有嫌隙,不得合从,得丞相来通两淮脉络,不出一月,连兵大举,先去北巢之在淮者,江南可传檄定也[2]。予问苗守计安出,苗云:"先约夏老,以兵出江边,如向建康之状,以牵制之。此则以通泰军义打湾头,以高邮、淮安、宝应军义打扬子桥,以扬州大军向瓜洲,某与赵刺史孟锦以舟师直捣镇江,并同日举,北不能相救。湾头、扬子桥皆沿江脆兵守之,且怨北,王师至即下。聚而攻瓜洲之三面,再成则自江中一面薄之,虽有智者,不能为之谋。此策既就,然后淮东军至京口,淮西军入金城,北在两浙,无路得出,虏帅可生致也。"[3]予喜不自制,不图中兴机会在此,即作李公书,次作夏老书,苗各以覆帖副之[4]。及欲予致书戎帅及诸郡,并白此意,予已作朱焕、姜才、蒙亨等书[5],诸郡将以次发。时与议者皆勇跃,有谓李不能自拔者,又有谓朱焕、姜才各做起来,李不自由者,又有谓李恨不得脱重负,何幸有重臣辅之。予既遣书,盱盱焉望报天之欲平治天下,则吾言庶几不枘凿乎[6]!

清边堂上老将军,南望天家雨湿巾[7]。为道两淮兵定出,相公同作衺盟人[8]。

扬州兵了约庐州,某向瓜洲某鹭州[9]。直下南徐侯自管,皇亲刺史统千舟[10]。

南八空归唐垒陷,包胥一出楚疆还[11]。而今庙社存亡决,只看元戎进退间[12]。

——《四部丛刊》景明刻本《文山先生全集》卷十三

[1] 苗再成:德祐初,知真州。文天祥至,苗再成为所感动,有意大举兵,文天祥即致书李庭芝、夏贵。李庭芝得书,疑文天祥叵测,将并疑苗再成。六月,真州陷,苗再成死之。见《通鉴续编》卷二十四、道光《重修仪征县志》卷二十六。

[2] 天使李公:淮东制置李庭芝,字祥甫,随州应山人。权知扬州,筑大城以绝元兵觊望。修学校,赈旱灾,扬民德之。德祐二年,召为右丞相。元兵来攻,调苗再成战其南,许元战其北,姜才、施忠战其中。城中食尽,不肯降。以朱焕守扬州,以姜才将七千人东入海。至泰州被执,不屈,死。见万历《扬州府志》卷九。夏老:夏贵,安丰人。咸淳间,除淮西制置使,兼知庐州。德祐二年三月,以淮西降。授中书左丞。祥兴二年卒。文天祥《集杜诗·淮西帅》诗序:"知国亡,乃以淮西全境献北为己功焉。于是贵年八十余矣,'老而不死是为贼',其贵之谓欤!"淮东:淮南东路。宋时在苏北、江淮设淮南东路、淮南西路,东路又称淮左,西路又称淮右。夏贵守淮西,李庭芝守淮东,二人有所不合。合从:联合抗敌。

[3] 湾头:古茱萸湾,在扬州城东北十五里。后周韩令坤守扬,败南唐兵于湾头堰。宋时毁湾头港口,以遏金兵。李全叛,攻扬州,至湾头立砦。元攻扬州,兵屯湾头。后为镇。扬子桥:在扬州城南三十五里,又名扬子津、

扬子渡、扬子镇,与瓜洲相连。赵孟锦:宋宗室,德祐间以军功任扬州都统司参议官。与元兵战,身先士卒,为苗再成倚重。乘雾袭元兵,登舟失足堕水死。见隆庆《仪真县志》卷五、嘉庆《扬州府志》卷六十八。京口:在镇江城东北,自东晋后,屹为重镇。金城:在建康城东二十五里,三国时吴筑。见景定《建康志》卷二十。

[4] 覆帖:文书所附告知机密的单帖。

[5] 朱焕:明刊《文山先生全集》原作"朱涣",此据《元名臣事略》《元史》《宋元资治通鉴》《元书》《新元史》改。文天祥之师名朱涣,与此非一人。朱焕为泰安新泰人,官淮安安抚使。德祐二年,李庭芝将入海,命朱焕守扬州。朱焕以城降,累迁福建道宣慰使。见《新元史·朱焕传》、嘉庆《扬州府志》卷三十六。姜才:宋末名将,任李庭芝制置府都拨发官。德祐二年,端宗即位,召为龙神四厢都指挥使。六月,知高邮。随李庭芝至泰州,被执,不屈死。见《元名臣事略》卷二、《心史·大义集》之《五忠咏》。蒙亨:宋将,官统制,见至大《金陵新志》卷十三。

[6] 枘(ruì)凿:方枘圆凿。喻事不协,扞格不入。

[7] 清边堂:按道光《重修仪征县志》卷二《建置志》,宋时真州治所在城内西北隅,"近东为清边堂"。文天祥入真州,暂憩清边堂。《题苏武忠节图》诗序:"既延入城,苗守遂见,语国事移时,感慨流涕,即往住清边堂。"老将军:谓苗再成。南望天家:德祐二年正月,谢太后封赵显为益王、判福州,赵昺为广王、判泉州,遣人护送南行。谢太后、宋恭帝旋被俘。宋室复兴之望在南,故云。雨湿巾:犹泪湿巾。

[8] "为道"二句:述苗再成语。两淮:淮南东路、西路。相公:谓丞相。此为苗再成称文天祥。歃盟,歃血为盟。时再成邀文天祥共举兵。

[9] "扬"二句:此诗四句言苗再成复兴之计。扬州兵了,谓游说李庭芝。约庐州,谓游说夏贵。某鹭州:即诗序所说"淮西军入金城"。鹭州,白鹭洲,在建康城西大江中,周回十五里,多聚白鹭,因名。景定《建康志》卷十九:"国朝开宝七年,王师问罪江南曹彬等,破南唐兵五千于白鹭洲,即此地。建炎末,虏骑侵轶江南,回至江口,闻王师将以海舟中流邀其归路,遂用牛犁等,于白鹭洲一夜凿一小河,乘轻舠而走。"

[10] "直下"二句:即诗序所说"某与赵刺史孟锦以舟师直捣镇江"。

203

南徐:镇江。东晋侨置徐州于京口,南朝宋时改南徐。皇亲刺史:谓赵孟锦,本宋宗室。

[11]"南八"二句:言南霁云死虽壮烈,睢阳终陷;申包胥恸哭乞师,却得存楚,以赞再成计议有再造宋室之功。南八,南霁云,魏州顿丘人,行八。平安史之叛,屡有战功。至德二载,安庆绪叛军攻睢阳,张巡、南霁云驰援。睢阳失守,并死之。韩愈《张中丞传后叙》:"又降霁云,云未应。巡呼云曰:'南八,男儿死耳,不可为不义屈!'云笑曰:'欲将以有为也。公有言,云敢不死?'即不屈。"包胥:申包胥,见《申包胥如秦乞师》注。

[12]庙社:宗庙社稷,借指国家。元戎:主将统帅。此指李庭芝、夏贵,因二人关系甚大,态度不明,故云。

扬子江

文天祥

[**解题**] 德祐二年（1276）三月，文天祥被逐出真州城，自扬州至通州，经海道至温州，南下福建。其间历尽艰险，九死一生。《指南录后序》备载"及于死者，不知其几"云："真州逐之城门外，几彷徨死；如扬州，过瓜洲、扬子桥，竟使遇哨，无不死；扬州城下，进退不由，殆例送死；坐桂公塘土围中，骑数千过其门，几落贼手死；贾家庄几为巡徼所陵迫死；夜趋高邮，迷失道，几陷死；质明，避哨竹林中，逻者数十骑，几无所逃死；至高邮，制府檄下，几以捕系死；行城子河，出入乱尸中，舟与哨相后先，几邂逅死；至海陵，如高沙，常恐无辜死；道海安、如皋，凡三百里，北与寇往来其间，无日而非可死；至通州，几以不纳死；以小舟涉鲸波出，无可奈何，而死固付之度外矣。"《扬子江》即作于此际，"臣心一片磁针石，不指南方不肯休"，传为千古名句。扬子江，长江自扬州至通州入海一段。

自通州至扬子江口，两潮可到，为避诸沙及许浦、顾诸从行者，故绕去出北海，然后渡扬子江[1]。

几日随风北海游，回从扬子大江头[2]。臣心一片磁针石，不指南方不肯休[3]。先生以此名其《录》云。

——《四部丛刊》景明刻本《文山先生全集》卷十三

[1]"自通州"六句：文天祥《闻谍》诗序："予既不为制钺所容,行至通州,得谍者云:镇江府走了文相公,许浦一路有马来捉。闻之悚然,为赋此。"诗云："北来追骑满江滨,那更元戎按剑嗔。"两潮,两经潮汐,指两日。渚沙,在扬子江中。许浦,在常熟北。乾隆《江南通志》卷十二："许浦,在常熟县北七十里。西接梅李塘,会昆承诸湖水,以达于海。宋孝宗时,设水军寨于此。"顾诸,顾泾,在嘉定东。乾隆《江南通志》卷六十一："顾泾港,在嘉定县东四十里入海。"周衡《通州修城记》："宋高宗南渡,其臣吕祉以为通州与平江昆山县福山对岸,踔顺风,不半日可至,须预为之防。于是置水军,起许浦,以至顾泾。"见乾隆《江南通志》卷二十。北海,文天祥《北海口》诗序："淮海本东海地,于东中云南洋、北洋。北洋入山东,南洋入江南。人趋江南而经北洋者,以扬子江中渚沙为北所用,故经道于此,复转而南,盖辽绕数千里云。"

[2]"几日"二句：文天祥《乱礁洋》诗序："自北海渡扬子江,至苏州洋,其间最难得山。"《过扬子江心》："渺渺乘风出海门,一行淡水带潮浑。长江尽处还如此,何日岷山看发源。"

[3]"臣心"二句：是年文天祥手编其诗为《指南录》,并作《后序》。"指南录"之名,即二句意也。

至 温 州

文天祥

〔**解题**〕德祐二年（1276）四月八日，文天祥从海道至温州。闻益王赵昰未立，上表劝进，留一月候命。《至温州》作于此际，自写壮心悲苦，一如杜陵乱离悲歌。出生入死，艰苦万状，而不忘中兴。"乘潮一到中川寺，暗读中兴第二碑"之句沉郁苍凉，诵之悲壮。此参酌张玉奇《文山诗选注》，选《至温州》一首。

万里风霜鬓已丝，飘零回首壮心悲。罗浮山下雪来未，扬子江心月照谁[1]？只谓虎头非贵相，不图羝乳有归期[2]。乘潮一到中川寺，暗读中兴第二碑[3]。

——《四部丛刊》景明刻本《文山先生全集》卷十三

[1]"罗浮"句：杜甫《归雁》："见花辞涨海，避雪到罗浮。是物关兵气，何时免客愁？"罗浮山下，苏轼《再用前韵》："罗浮山下梅花村，玉雪为骨冰为魂。"罗浮山，在增城、博罗二县境。"扬子"句：德祐二年闰三月，文天祥沿扬子江入海。扬子江心，文天祥《过扬子江心》诗序："大海中一条，自扬子江直上，淡者是。此乃长江尽处，横约百二十里。吾舟乘风过之，一时即咸水。"月照谁，张若虚《春江花月夜》："江畔何人初见月，江月何年初照人。"

[2]虎头：古时以为贵相。《后汉书·班超传》："其后行诣相者，曰：'祭酒，布衣诸生耳，而当封侯万里之外。'超问其状。相者指曰：'生燕颔虎

颈,飞而食肉,此万里侯相也。'"羝乳:苏武使匈奴,"使牧羝,羝乳乃得归"。见《汉书·苏武传》。德祐二年正月,文天祥骤拜相,出使元营,被拘,乘间脱走。

[3] 中川寺:即江心寺,在永清门外江中。建炎三年,金兵南下,高宗航海至温州,驻跸于此。明年,金兵北还。高宗至临安,改元绍兴。中兴第二碑:嘉靖《温州府志》卷五:"建炎四年,高宗驻跸,御书'清辉''浴光'大字,刻于石。"中兴第二碑,盖指高宗御书刻石。高宗"中兴",士人撰为《中兴颂》,如《皇宋中兴圣德颂》等,刻摩崖石壁。又,安史之乱平,元结作《大唐中兴颂》,颜真卿书碑,刻摩崖石壁,后世称"浯溪中兴碑"或"鲁公中兴碑"。李曾伯《庚戌过浯溪,读中兴碑》:"上有唐朝碑,苍崖与天矗。清庙仿遗音,灵武号实录。"文天祥所指中兴第一碑,即"鲁公中兴碑"。

自　叹

文天祥

〔解题〕此诗德祐二年（1276）五月作于福州。是年五月一日，陈宜中、张世杰在福州拥立赵昰即位，改元景炎。文天祥应召自温州赴行在，五月二十六日抵福州。手编是年正月使元营至五月到福州之诗为《指南录》四卷，并作《后序》。此诗为《指南录》卷四末一首，末二句"身谋百年事，宇宙浩无穷"，具见心志之苦。文天祥"自叹"为题之作，明刊《文山先生全集》收九题十一首，或慷慨沉吟，或椎心泣血，感人至深。

草宿披宵露，松餐立晚风[1]。乱离嗟我在，艰苦有谁同。祖逖关河志，程婴社稷功[2]。身谋百年事，宇宙浩无穷[3]。

——《四部丛刊》景明刻本《文山先生全集》卷十三

[1] 草宿：草行露宿。文天祥《指南录后序》："不得已，变姓名，诡踪迹，草行露宿，日与北骑相出没于长淮间。穷饿无聊，追购又急，天高地迥，号呼靡及。"松餐：餐松啖柏。

[2]"祖逖"句：东晋祖逖志在恢复，击楫中流，誓曰："祖逖不能清中原而复济者，有如大江！"辞色壮烈。见《晋书·祖逖传》。程婴，赵朔友，与赵朔门客公孙杵臼皆春秋时晋国义士。赵盾死，子赵朔嗣。屠岸贾杀赵朔，灭其族。公孙杵臼与程婴合谋，藏匿赵氏孤儿赵武。后三家分晋，赵武后人

自立为君。见《史记·赵世家》。

〔3〕百年事:百年事业,指宋室中兴。浩无穷:陆游《月下小酌》:"世变浩无穷,成败翻覆手。"

上丞相留忠斋书

谢枋得

〔解题〕德祐二年(1276),谢枋得抗元兵败,变姓名入闽,卖卜建阳市中。天下既定,遂居闽。元廷访求遗逸,程文海、留梦炎交章荐之,谢枋得力辞。《上丞相留忠斋书》作于至元二十五年(1288)七月,表白甘为大元"游惰民",甘为"宋顽民",余生所欠,惟有一死。《四库提要》:"枋得忠孝大节,炳著史册,却聘一书,流传不朽,虽乡塾童孺,皆能诵而习之。"留忠斋名梦炎,字汉辅,衢州人。淳祐四年举进士第一。德祐元年拜相。明年降元,官至礼部尚书、翰林承旨。性懦弱,有文采,不足称道。《宋史》不为立传。《宋史·谢太后传》则云:"丞相王爚老病,陈宜中、留梦炎庸懦无所长,日坐朝堂相争戾。"留梦炎降元,为士林不齿。其力荐枋得出,亦可责备。谢枋得《与参政魏容斋书》:"某兹蒙大参相公缧绁而到大都,以缣经见留忠斋诸公,且问诸公:容一谢某,听其为大元闲民,于大元治道何损?杀一谢某,成其为大宋死节,于大元治道何益?只恐前误大宋,后误大元。"谢枋得字君直,号叠山,信州弋阳人。宝祐四年(1256)进士,除抚州司户参军,即弃去。景定五年(1264),除江东提刑,累迁江东制置使。元军攻饶州,拒战安仁,兵败。德祐元年十一月,任江西招谕使,知信州。兵溃,弃家入闽。明年,元兵执枋得妻李氏及二子一女,系建康宣慰司狱,母以老病得免。李氏与女及二婢不受辱,自缢死。二子熙之、定之生还。忽必烈诏访江南人才,程文海荐二十三人,以枋得为首。自至元二十年至二十五年,先后五次征召。至元二十五年(1288),被强执北上。明年四月至大都,绝食死。著有《叠山集》。

七月吉日,门生衰绖谢枋得谨斋沐裁书百拜[1],托友人吴直夫献于内相尚书大丞相国公忠斋先生钧座:

惟天下之仁人,能知天下之仁人[2];惟天下之义士,能知天下之义士。贤者不相知多矣,能灼见三俊之心者[3],必圣人也。某自壬戌以后,小夫竿牍不至门墙者二十七年[4],孰不以为简?先生曰:"斯人也,非简我也,必爱我也。"今天下能知某之心者,孰有过于先生乎?事有当言而不言,则非所以酬知己,某敢不避诛斥而僭言之[5]。

君子之所为,必非众人之所识。汤可就,桀亦可就,必道义如伊尹者能之,伯夷、柳下惠不能也[6]。佛肸召可往,公山弗扰召可往,必圣神如孔子者能之,曾、颜、闵不能也[7]。《传》曰:"人各有能有不能。"[8]先生之所能,某自知某必不能矣。

皇帝本无灭宋之心,郝奉使将命来南[9],欲使南北百万亿苍生同享太平之乐,至仁也。只此一念,自足以对越上帝[10]。贾似道执国命十六年,欺君罔上,误国残民,其恶不可一二数。拘行人,负岁币,满朝无一人敢言其非;兵连祸结,亡在旦夕,满朝无一人敢声其罪[11]。善类亦可自反矣!天怒于上,人怨于下,国灭主辱,理固宜然。天实为之,人岂能救之哉?皇帝之礼三宫,亦可谓厚矣[12];皇帝保全亡国之臣,亦可谓有恩矣。江南无人才,未有如今日之可耻。春秋以下之人物,本不足道,今可求一人如瑕吕饴甥、程婴、杵臼、厮养卒[13]，亦不可得矣。先生少年为伦魁[14]，晚年作宰相，功名富贵，亦可以酬素志矣。奔驰四千里，如大都拜见皇帝，岂为一身计哉？将以问三宫起居，使天下后世知君臣之义不可废也。先生此心，某知之，天地鬼神知之，十五庙祖宗之灵亦知之[15]，众人岂能尽知之乎？师友之相知，古今宁几人哉！事有可效忠于清朝者，某不可不言，先生亦不可不察。

近睹路、县及道录司备奉尚书省指挥、江淮行省参知管公，将旨来南，根寻好人，根寻不亏面皮正当底人[16]。此令一下，人皆笑之。何也？江南无好人，无正当人久矣。谓江南有好人，有正当人者，皆欺皇帝也。何以言之？纣之亡也，以八百国之精兵，不敢抗二子之正论，武王、太公凛凛无所容急，以继灭兴绝谢天下，殷之后遂与周并立[17]。使三监、淮夷不叛，则武庚必不死，殷命必不黜，殷之位号必不夺，微子亦未必以宋代殷而降为上公也[18]。多士多方，依依然不忘旧君者三十年，成王、周公以忠厚之心，消其不平之气，曰商王士，曰有殷多士，曰殷迪播臣[19]，未敢以我周臣民例视之。太平君相待亡国臣民，何如此其厚也？岂非殷之旧国故都，犹有好人，犹有正当人乎！唐人哀六国之灭者也，"妃嫔媵嫱，王子皇孙，辞楼下殿，辇来于秦，朝歌夜弦，为秦宫人"[20]。至今读者犹恻楚，六国臣子无一痛心刻骨，亦可谓无人矣。楚怀王不过一至愚极闇之主耳，播弃忠直，信任奸邪，送死咸阳，无足哀者[21]。楚人乃怜之，如悲其亲戚[22]，岂不曰楚本无罪，不过弱而不能自立耳！楚灭矣，义陵一邑，惓惓于旧君者惟一心，扶老携幼，肥遁桃源，后六百年，儿孙尚不与外人相接[23]。以秦皇帝之威灵，蒙恬、蒙毅之智勇[24]，岂不能尽执楚人而拘之？天常民彝[25]，不可泯灭，姑留此辈，以劝吾忠臣义士可也。岂非楚之旧国故都，犹有好人，犹有正当人

213

乎！女真之破汴京也，劫二帝[26]，据中原，土地人民皆其有矣。粘罕多智人也，知地广人稠，未易心服，一读马伸、秦桧议状，为之动心变色，亟思一策处之[27]。尔后南北战者六七年，女真之待二帝亦惨矣。宋之臣子，不敢置两宫于度外也。今年遣使祈请，明年又遣使祈请；今年遣使问安，明年又遣使问安。一使死于前，一使继于后。王伦，一市井无赖、狎邪小人耳[28]，谓梓宫可还，太后可归，诸君子切齿怒骂，终则二事皆符其言。行人洪忠宣拘留燕山，开门授徒，室㷟敬其忠信诚悫[29]，一日问之曰："天下何时可太平？"忠宣曰："息兵养民则太平。"又曰："何如则可以息兵养民？"忠宣读《孟子》"齐宣王问诸侯救燕"一章以对，和声琅诵曰："天下固畏齐之强也，今又倍地而不行仁政，是动天下之兵也。"[30]又读《孟子》"乐天畏天"一章，曰："小国能畏天，大国能顺天。"[31]室㷟曰："善哉！善哉！吾计决矣。"曾几何时，密授秦桧以江南称藩国、纳岁币之说[32]，而息兵养民矣。女真自丁未以后[33]，安处中原，享国百有八年；而宋自戊午至甲午[34]，偷安江南者九十七年，非秦桧之功，皆洪忠宣读《孟子》，劝室㷟之力也。岂非江左臣子，犹有好人，犹有正当人乎！以某观之，江南无好人，无正当人久矣，求好人、正当人于今日尤难。

某江南一愚儒耳，自景定甲子以虚言贾实祸，天下号为风汉[35]，先生之所知也。昔岁程御史将旨招贤，亦在物色中，既披肝沥胆以谢之矣[36]。朋友自大都来，乃谓先生以贱姓名荐皇帝过听，遂烦旌招[37]。某乃丙辰礼闱一老门生也[38]，先生误以"忠实"二字褒之。入仕二十一年，居官不满八月，断不敢枉道随人[39]，以辱大君子知人之明。今年六十三矣，学辟谷养气已二十载[40]，所欠惟一死耳，岂复有他志？自先生过举之后，求得道高人者物色之，求好秀才者物色之，求艺术人者物色之,奔走逃遁,不胜其苦。中书行省魏参政之言,勒令福建有官不仕人呈文,凭根脚者[41],又从而困辱之。此非先生之赐而何?然先生岂有心于害某哉?

大抵皇帝一番求贤,不过为南人贪酷吏开一番骗局,趁几锭银钞[42],欺君误国莫大焉。今则道录司备、参政管公将隆旨根寻好人,不亏面皮正当人,又物色及某矣。某断不可应聘者,其说有三:

一曰老母年九十三而终,殡在浅土,贫不能备礼,则不可大葬;妻子爨婢,以某连累死于狱者四人,寄殡丛冢十一年矣[43]。旅魂飘飘,岂不怀归?弟侄死国者五人,体魄不可寻,游魂亦不可不招也。凡此数事,日夜关心,某有何面目见先生乎?此不可应聘者,一也。

二曰有天下英主,必能容天下之介臣[44]。微介臣,不能彰英主之仁;微英主,不能成介臣之义。某在德祐时,为监司,为帅臣,掌握重兵,当一面矣[45]。蒯通对高祖曰:"彼时臣但知有齐王韩信,不知有陛下也。"[46]滕公说高祖曰:"臣各为其主,季布为项羽将而尽力,乃其职耳。项氏臣可得而尽诛耶?"[47]某自丙子以后,一解兵权,弃官远遁,即不曾降附[48]。先生出入中书省,问之故府,宋朝文臣降附表即无某姓名,宋朝帅臣、监司寄居官员降附状即无某姓名,诸道、路、县所申归附人户即无某姓名。如有一字降附,天地神祇必殛之[49],十五庙祖宗神灵必殛之。甲申岁,皇帝降诏,赦过宥罪,如有忠于所事者八年罪犯,悉置不问[50]。某亦在恩赦放罪一人之数。夷齐虽不仕周,食西山之薇,亦当知武王之恩[51];四皓虽不仕汉,茹商山之芝,亦当知高帝之恩[52],况羹黎含粝于皇帝之土地乎[53]?皇帝之赦某屡矣,某受皇帝之恩亦厚矣,若效鲁仲连蹈东海而死[54],则不可。今既为皇帝之游民也,庄子曰:"呼我为马者,应之以为马;呼我为牛,应之以为牛。"[55]世之人有呼我为宋逋播臣者亦可,呼我为大元游惰民者亦可,呼我为宋顽民者亦可,呼我为皇帝逸民者亦可[56]。为轮为弹,与化往来,虫臂鼠肝[57],随天付予。若贪恋官爵,昧于一行,纵皇帝仁恕,天涵地容,哀怜孤臣,不忍加戮,某有何面目见皇帝乎?此不可应聘者二也。

某受太母之恩亦厚矣,谏不行,言不听而不去,犹愿勉竭驽钝以报上也[58]。太母轻信二三执政之谋,挈祖宗三百年土地人民,尽献之皇帝,无一字与封疆之臣议可否,君臣之义,亦大削矣。三宫北迁,乃自大都寄帛书曰:"吾已代监司、帅臣,具姓名归附,宗庙尚可保全,生灵尚可救护。"[59]三尺童子知其必无是事矣,不过绐群臣以罢兵耳[60]。以宗社为可存,以生灵为可救,阳绐臣民以归附,此太母之为人君,自尽为君之仁也。知宗社不可存,生灵不可救,不从太母以归附,此某为人臣,自尽为臣之义也。语曰:"君行令,臣行志。"[61]又曰:"制命在君,制行在臣。"[62]"大臣者以道事君,不可则止。"[63]孔子尝告我矣,君臣以义合者也,合则就,不合则去。某前后累奉太母诏书,并不回奏。惟有缴申二王,乞解兵权,尽纳出身以来文字,生前致仕,削籍为民,遁逃山林,如殷之逋播臣耳。闻太母上仙久矣,北向长号,恨不即死。然不能寄一功德疏,如任元受故事,今日有何面目,捧麦饭洒太母之陵乎[64]!此不可应聘者三也。

今朝廷欲根寻好人,不亏面皮正当底人,某决不可当此选。先生若以三十年老门生不背负师门为念,特赐仁言,为某陈情于江淮行省参知管公,愿移关诸道、路、县及道录司,不得纵容南人贪酷吏多开骗局,胁取银钞[65],重伤国体,大失人心。俾某与太平草木同沾圣朝之雨露,生称善士,死表于道曰

"宋处士谢某之墓",虽死之日,犹生之年[66],感恩报恩,天实临之。司马子长有言:"人莫不有一死,死或重于太山,或轻于鸿毛。"[67]先民广其说曰:"慷慨赴死易,从容就义难。"[68]先生亦可以察某之心矣!干冒钧严[69],不胜恐惧战栗之至。

——《四部丛刊》景明嘉靖间黄齐贤刻本《叠山集》卷四

[1]门生:宝祐四年丙辰科,谢枋得中进士,留梦炎尝任考官。衰绖(cuī dié):丧服。谢枋得母卒,三年丧未毕。古人丧服胸前当心缀长六寸、广四寸麻布,名衰。围在头上的散麻绳为首绖,缠在腰间者为腰绖。

[2]"惟天下之仁人"二句:化用《论语·里仁篇》:"子曰:'唯仁者能好人,能恶人。'"仁人,有德行者。《尚书·泰誓中》:"虽有周亲,不如仁人。"

[3]三俊:古谓具刚克、柔克、正直三德者。《尚书·立政》:"严惟丕式,克用三宅三俊。"孔颖达曰:"三俊即是《洪范》所言刚克、柔克、正直三德之俊也。"《尚书·洪范》:"三德,一曰正直,二曰刚克,三曰柔克。"

[4]壬戌:南宋景定三年,谢枋得年三十七。小夫竿牍:谓书札问遗。《庄子·列御寇》:"小夫之知,不离苞苴竿牍。"成玄英曰:"小夫,犹匹夫也。苞苴,香草也。竿牍,竹简也。夫褰芳草以相赠,折简牍以相问者,斯盖俗中细务,固非丈夫之所忍为。"陆游《与建宁苏给事启》:"小夫之竿牍自见,姑少述于万分。"

[5]诛斥:责斥。僭(jiàn)言:越分妄言。

[6]汤:成汤,商开国之君。桀:夏桀,夏亡国之君。"必道义"句:《孟子·万章上》:"万章问曰:'人有言伊尹以割烹要汤,有诸?'孟子曰:'否,不然。伊尹耕于有莘之野,而乐尧、舜之道焉。非其义也,非其道也,禄之以天下,弗顾也,系马千驷,弗视也。非其义也,非其道也,一介不以与人,一介不以取诸人。'"伊尹,名挚,佐成汤立国。见《史记·殷本纪》。伯夷:与叔齐为孤竹君二子。伯夷以父欲立叔齐,逃去,叔齐亦逃。武王伐纣,二人叩马谏曰:"父死不葬,爰及干戈,可谓孝乎?以臣弑君,可谓仁乎?"天下宗周,伯

夷、叔齐耻之,义不食周粟,隐首阳山,采薇而食,饿死。见《史记·伯夷列传》。柳下惠:展氏,名获,字子禽,春秋时鲁人,为士师。孔子赞其贤,《论语·卫灵公篇》:"臧文仲其窃位者与?知柳下惠之贤而不与立也。"又誉其"逸民",《论语·微子篇》:"逸民:伯夷、叔齐、虞仲、夷逸、朱张、柳下惠、少连。子曰:'不降其志,不辱其身,伯夷、叔齐与!'谓:'柳下惠、少连,降志辱身矣。言中伦,行中虑,其斯而已矣。'"

[7]"佛肸"句:《论语·阳货篇》:"佛肸召,子欲往。子路曰:'昔者由也闻诸夫子曰:'亲于其身为不善者,君子不入也。'佛肸以中牟畔,子之往也,如之何?'子曰:'然。有是言也。不曰坚乎,磨而不磷;不曰白乎,涅而不缁。吾岂匏瓜也哉?焉能系而不食?'"佛肸(bì xī),春秋末中牟宰。《史记·孔子世家》:"赵简子攻范、中行,伐中牟。佛肸畔,使人召孔子。""公山弗扰"句:《论语·阳货篇》:"公山弗扰以费畔,召,子欲往。子路不说,曰:'末之也已,何必公山氏之之也。'子曰:'夫召我者而岂徒哉?如有用我者,吾其为东周乎?'"公山弗扰,复姓公山,名不狃,字子泄,与阳虎同时,鲁季桓子家臣,为费邑宰。《史记·孔子世家》:"定公八年,公山不狃不得意于季氏,因阳虎为乱","遂执季桓子。桓子诈之,得脱。定公九年,阳虎不胜,奔于齐。是时孔子年五十,公山不狃以费畔季氏,使人召孔子。孔子循道弥久,温温无所试,莫能己用,曰:'盖周文、武起丰、镐而王,今费虽小,傥庶几乎!'欲往,子路不说,止孔子。孔子曰:'夫召我者,岂徒哉?如用我,其为东周乎!'然亦卒不行。"曾、颜、闵:曾参、颜回、闵损,孔子弟子,以德行称。

[8]"人各"句:语出《左传·定公五年》:"王使由于城麇,复命,子西问高厚焉,弗知。子西曰:'不能,如辞。城不知高厚,小大何知?'对曰:'固辞不能,子使余也,人各有能有不能。王遇盗于云中,余受其戈,其所犹在。'袒而示之背,曰:'此余所能也。脾泄之事,余亦弗能也。'"

[9]皇帝:谓元世祖忽必烈。明刊本均作缺字符"○○",此据清嘉庆刊本改。郝奉使:郝经。元中统元年,以翰林侍读学士充国信大使,使南宋,告登宝位,布通好弭兵之意。见阎复《郝公墓志铭》。郝经字伯常,其先潞州人,移陵川。潜心伊洛。忽必烈召用,器重之。忽必烈征鄂,郝经谓不当南下,主于通和。奉使南宋,贾似道方以却敌为功,恐谋泄,拘而馆于真州。郝经屡上书于宋,愿效鲁仲连排难解纷,请入见及归国,皆不报。伯颜率兵南

下,郝经放归。明年病殁,年五十三。著有《陵川集》。《元史》有传。

［10］对越:对扬。上帝:古之帝王。

［11］"贾似道"十句:忽必烈遣郝经使宋,申好息兵,且征岁币。贾似道密令淮东制置司拘郝经等于真州忠勇军营。贾似道字师宪,台州人。以姊贾氏封贵妃,累迁两淮宣抚大使等职。专擅朝政,丧师辱国。郝经放归,似道谋泄,寻放窜,为郑虎臣所杀。见《宋史·贾似道传》。

［12］三宫:谓天子、太后、皇后。德祐二年,元兵下杭州。宋恭帝、太后全氏及太皇太后谢氏先后俘于北,在大都略遭礼遇,较徽、钦二帝及宫妃备受金人凌辱为幸,故云。

［13］瑕吕饴甥:字子金,春秋时晋大夫。《左传》作吕甥,《史记》作吕省。因封地在吕、瑕、阴,故又称瑕吕饴甥、吕饴甥、阴饴甥、瑕甥。与郤芮迎立晋惠公。秦、晋之战,惠公被俘。饴甥会秦穆公,盟于王城,惠公放还。惠公卒,怀公即位。公子重耳归,饴甥、郤芮恐被诛,将图谋之,事泄,引兵欲奔秦,为秦穆公诱杀。见《史记·晋世家》。程婴、杵臼:见《自叹》注。厮养卒:厮役扈养,身份低贱者。此指救赵王武臣之厮养卒。《史记·张耳陈余列传》:赵王与张耳、陈余北略地燕界。赵王为燕军所获,燕将索求赵地。有厮养卒自请往见燕将,告以张耳、陈余"亦欲分赵而王","此两人名为求赵王,实欲燕杀之。此两人分赵自立,夫以一赵尚易燕,况以两贤王左提右挈,而责杀王之罪,灭燕易矣"。燕将放赵王归。

［14］伦魁:科举夺魁。

［15］十五庙:上起宋太祖,下至宋度宗,共十五帝。未计宋末三帝,即恭帝赵㬎、端宗赵昰、末帝赵昺。

［16］路县、道录司、尚书省、行省:忽必烈即位,设中书省总理政务,地方设行中书省。行省下设路、府、州、县,又设宣慰司等。至元二十八年,罢尚书省,右丞相以下改入中书省,行尚书省改行中书省。管公:管如德,黄陂人。宋末官江州都统制,至元十二年以城降。随元兵南下,迁浙西宣慰使。二十六年,升江西行尚书省左丞。年四十卒。封平昌郡公,谥武襄。见《元史·管如德传》。不亏面皮:明刊《叠山集》及《昭忠录》作"不觑面皮"。清嘉庆刊本及《续宋宰辅编年录》作"不亏面皮"。不亏面皮,犹言德行兼备。当以"不亏"为是,此据嘉庆刊本改。

[17]"纣之亡也"六句:八百国:八百诸侯。《史记·殷本纪》:"西伯既卒,周武王之东伐至盟津,诸侯叛殷,会者八百。诸侯皆曰:'纣可伐矣。'武王曰:'尔未知天命。'乃复归。"二子:谓伯夷、叔齐。武王、太公:周武王、太公望。太公望佐武王伐纣兴周,见《史记·周本纪》《史记·齐太公世家》。继灭兴绝:犹继绝存亡。语出《论语·尧曰篇》:"兴灭国,继绝世,举逸民,天下之民归心焉。"

[18]"使三监"五句:周武王死,成王年少,周公摄政。三监及淮夷叛,周公东征,诛武庚,杀管叔,放蔡叔,以微子启代殷后,国于宋。《尚书·周书·大诰序》:"武王崩,三监及淮夷叛。周公相成王,将黜殷,作《大诰》。"《史记·周本纪》:"管叔、蔡叔群弟疑周公,与武庚作乱畔周。周公奉成王命,伐诛武庚、管叔,放蔡叔,以微子启代殷后,国于宋","召公为保,周公为师,东伐淮夷、残奄,迁其君薄姑。"三监,其说不一。一曰武王封纣王子武庚治殷旧民,使其弟管叔鲜、蔡叔度相之,以监殷民。分其畿内为邶、鄘、卫,邶以封武庚,管叔监鄘,蔡叔监卫。一曰管叔监卫,蔡叔监鄘,霍叔监邶。

[19]多士多方:《尚书·周书·多士序》:"成周既成,迁殷顽民。周公以王命诰,作《多士》。"《史记·周本纪》:"成王既迁殷遗民,周公以王命告,作《多士》《无佚》","成王自奄归,在宗周,作《多方》。"多士,众士。多方,众方。《多士》乃周公向殷顽民宣布成王之命,《多方》乃告众方天下诸侯。商王士、有殷多士、殷逋播臣:《尚书·周书·多士》有"商王士""殷遗多士"之词。《尚书正义》:"经云商王士、殷遗多士,皆非在官,谓之顽民,知是殷之大夫、士也。"《尚书·周书·大诰》有"殷逋播臣"之词,谓殷逋亡播荡之臣。

[20]"唐人哀六国"七句:杜牧《阿房宫赋》:"六王毕,四海一;蜀山兀,阿房出","妃嫔媵嫱,王子皇孙,辞楼下殿,辇来于秦,朝歌夜弦,为秦宫人"。

[21]楚怀王:芈姓,熊氏,名槐,楚威王子。《史记·屈原贾生列传》:"怀王以不知忠臣之分,故内惑于郑袖,外欺于张仪,疏屈平,而信上官大夫、令尹子兰,兵挫地削,亡其六郡,身客死于秦,为天下笑。"

[22]"楚人乃怜之"二句:《史记·楚世家》:"顷襄王三年,怀王卒于秦,秦归其丧于楚。楚人皆怜之,如悲亲戚。诸侯由是不直秦。"

[23]"义陵一邑"六句:用陶渊明《桃花源记》故事:"自云先世避秦时乱,率妻子邑人来此绝境,不复出焉,遂与外人间隔。问今是何世,乃不知有汉,无论魏、晋。"义陵:项羽杀楚义帝,即楚怀王孙,武陵人缟素哭之。刘邦闻而义之,名其地义陵。旋改义陵郡为武陵郡。桃源,本东汉临沅县地,隋省入武陵县。宋乾德中,析置桃源县。其地有桃花源,故名。

[24]蒙恬:其先齐人。善战,为秦始皇所重,与弟蒙毅并号忠信。秦一统后,率军三十万北击匈奴。胡亥即位,蒙氏兄弟赐死。《史记·蒙恬列传》:"二十四年,蒙武攻楚,虏楚王","恬任外事,而毅常为内谋,名为忠信。故虽诸将相,莫敢与之争焉。"

[25]天常民彝:纲常人伦。

[26]二帝:宋徽宗赵佶、钦宗赵桓。

[27]"粘罕"六句:《宋史·马伸传》:金人立张邦昌为帝,马伸不忍坐视,与御史吴给约秦桧共为议状,乞存赵氏。首具书请张邦昌速迎奉康王,邦昌得书,气沮谋丧,乃遣冯澥、李回等迎康王。粘罕,完颜宗翰,本名粘没喝,汉人呼作粘罕。为金太祖完颜阿骨打信用,建策灭辽。金太宗完颜晟即位,又建策伐宋。《金史·宗翰传》赞云:"宗翰内能谋国,外能谋敌,决策制胜,有古名将之风。"马伸字时中,东平人。绍圣四年进士。靖康初,擢监察御史。高宗即位,擢殿中侍御史。后贬濮州监酒税,殁于道。见《宋史·马伸传》。

[28]王伦:见《虞允文传》注。

[29]洪忠宣:洪皓字光弼,乐平人。政和五年进士。建炎三年,以礼部尚书使金,滞北十五年,时人比作苏武。绍兴十一年南归,主恢复,忤秦桧,遭贬,病死南雄。谥忠宣。见《宋史·洪皓传》。室撚:又作"室撚"。《宋史·秦桧传》:"洪皓归自金国,名节独著,以致金酋室撚语,直翰苑不一月,逐去。室撚者,粘罕之左右也。初,粘罕行军至淮上,桧尝为之草檄,为室撚所见,故因皓归寄声。"参见洪适《先君述》。诚悫:真诚。

[30]"齐宣王问"一章:见《孟子·梁惠王下》。

[31]"乐天畏天"一章:见《孟子·梁惠王下》:"齐宣王问曰:'交邻国,有道乎?'孟子对曰:'有。惟仁者为能以大事小,是故汤事葛,文王事混夷。惟智者为能以小事大,故大王事獯鬻,勾践事吴。以大事小者,乐天者也;以

小事大者,畏天者也。乐天者保天下,畏天者保其国。'"

[32]"密授秦桧"句:《宋史·秦桧传》:"上皇闻康王即位,作书贻粘罕,与约和议,俾桧润色之。桧以厚赂达粘罕","始朝廷虽数遣使,但且守且和,而专与金人解仇议和,实自桧始。"洪适《先君述》:"时秦留粘罕所,虏使之草檄谕降。有室撚者,在军知状。先君与秦语及虏事,因曰:'忆室撚否?别时托寄声。'秦色变而罢。"

[33]丁未:宋高宗建炎元年,即金太宗天会五年,为宋、金南北分治之始。

[34]戊午:宋高宗绍兴八年,与金议和,受金国书。甲午:宋理宗端平元年。去岁,蒙古军下开封,金哀宗逃蔡州。宋兵与蒙古军合攻蔡州。今年,金哀宗自缢死。

[35]景定甲子:景定五年。以虚言贾实祸:是年谢枋得试士建康,命题指摘贾似道专权误国,坐以他故,安置兴国军。咸淳三年,始赦归。见《宋史·谢枋得传》。风汉:言行癫狂之人。唐佚名《玉泉子》:"刘蕡,杨嗣复门生也。对策以直言忤时,中官尤所嫉忌。中尉仇士良谓嗣复曰:'奈何以国家科第,放此风汉耶?'"

[36]"昔岁程御史"三句:至元二十三年,侍御史程钜夫举荐遗逸,谢枋得在荐中,以丁母忧辞。见所作《上程雪楼御史书》。程钜夫,初名文海,字钜夫,避元武宗讳,以字行,号雪楼,建昌人。少与吴澄同学,工文章。仕元,累官翰林学士承旨。谥文宪。见《元史·程钜夫传》。

[37]过听:误听。旌招:征召贤士。语本《孟子·万章下》:"曰:'敢问招虞人何以?'曰:'以皮冠。庶人以旃,士以旂,大夫以旌。'"

[38]丙辰礼闱:宋宝祐四年丙辰科。

[39]枉道随人:犹枉道事人。枉道,《论语·微子篇》:"柳下惠为士师,三黜。人曰:'子未可以去乎?'曰:'直道而事人,焉往而不三黜?枉道而事人,何必去父母之邦?'"

[40]辟谷养气:不食五谷,炼气养生。借指退隐山林。自信州失守,谢枋得入闽而隐。

[41]魏参政:福建行省参政魏天祐。根脚:出身来历。

[42]南人:金时称汉人为南人,元时称南宋人为南人。趁:赚取。

[43] "妻子爨婢"三句:见本篇解题。爨婢,执炊婢女。寄殡:谓临时埋葬。

[44] 介臣:语本《尚书·秦誓》:"如有一介臣,断断猗,无他技,其心休休焉,其如有容。"

[45] "某在德祐时"五句:《宋史·谢枋得传》:德祐元年,枋得以江东提刑、江西招谕使知信州。明年正月,吕师夔与武万户分定江东地,谢枋得御之。走安仁,调淮士张孝忠逆战团湖坪。兵败,奔信州。师夔攻信州,枋得不能守,乃入建宁唐石山。

[46] "蒯通对高祖曰"三句:蒯通,即蒯彻,范阳人。后世避汉武帝讳,写作蒯通。有辩才,为韩信谋士,献灭齐之策及三分天下计。韩信死,刘邦释之,为相国曹参宾客。《史记·淮阴侯列传》:"上怒曰:'亨之。'通曰:'嗟乎!冤哉亨也。'上曰:'若教韩信反,何冤?'对曰:'秦之纲绝而维弛,山东大扰,异姓并起,英俊乌集。秦失其鹿,天下共逐之,于是高材疾足者先得焉。……当是时,臣唯独知韩信,非知陛下也。'"

[47] "滕公说高祖曰"五句:《史记·季布栾布列传》:楚人季布效力项羽,数困刘邦。汉立,刘邦千金购求季布,敢有藏匿者,罪及三族。朱家往见滕公,曰:"臣各为其主用,季布为项籍用,职耳。项氏臣可尽诛耶?今上始得天下,独以己之私怨求一人,何示天下之不广也","君何不从容为上言邪?"滕公言之,乃赦季布。滕公,夏侯婴,沛人。随刘邦起兵,以功封汝阴侯。曾任滕县令,故称滕公。

[48] 丙子:德祐二年。降附:投降归附。

[49] 神祇:神灵。

[50] 甲申:至元二十一年。

[51] 夷齐:伯夷、叔齐。

[52] 四皓:秦末汉初,东园公、甪里先生、绮里季、夏黄公隐商山,称商山四皓。《史记·留侯世家》:张良曰:"顾上有不能致者,天下有四人。四人者年老矣,皆以为上慢侮人,故逃匿山中,义不为汉臣。然上高此四人。"茹商山之芝:皇甫谧《高士传》卷中"四皓"条:"皆修道洁己,非义不动。秦始皇时,见秦政虐,乃退入蓝田山,而作歌曰:'莫莫高山,深谷透迤。晔晔紫芝,可以疗饥。唐虞世远,吾将何归?驷马高盖,其忧甚大。富贵之畏人,

223

如贫贱之肆志。'乃共入商雒,隐地肺山,以待天下定。及秦败,汉高闻而征之,不至。"杜甫《喜晴》:"千载商山芝,往者东门瓜。"

[53] 羹藜含粝:即羹藜含糗,食野菜粗饭。羹藜,煮野菜。含粝,食粗食。

[54] 鲁仲连:见《戊午上高宗封事》注。

[55] "庄子曰"五句:语出《庄子·外篇·天道》:"昔者子呼我牛也,而谓之牛;呼我马也,而谓之马。苟有其实,人与之名而弗受,再受其殃。"

[56] 宋逋播臣:宋逋亡播荡之臣,化用《尚书》"殷逋播臣"语。游惰民:语出《商君书·垦令》:"禄厚而税多,食口众者,败农者也。则以其食口之数贱而重使之,则辟淫游惰之民无所于食。"吕留良《遥连堂集饮次雪客韵》其三:"头衔初试五湖新,却聘羞称游惰民。"宋顽民:化用《尚书》"殷顽民"语。顽民,愚顽不化者。皇帝逸民:避世隐居者。

[57] 轮:陶轮,喻天地造化。弹:转丸,喻自然变化。与化往来:委运任化,与"随天付予"意同。虫臂鼠肝:语本《庄子·大宗师》:子来将死,家人环泣。子犁往问之,倚户与语:"伟哉造化,又将奚以汝为?将奚以汝适?以汝为鼠肝乎?以汝为虫臂乎?"子来曰:"夫大块载我以形,劳我以生,佚我以老,息我以死。故善吾生者,乃所以善吾死也","今一以天地为大炉,以造化为大冶,恶乎往而不可哉!"白居易《老病相仍以诗自解》:"虫臂鼠肝犹不怪,鸡肤鹤发复何伤?"陆游《行年》:"吾生一虫臂,世路几羊肠。"

[58] 太母:谓谢道清,天台人。宋理宗赵昀皇后。度宗即位,尊为皇太后。恭帝即位,尊为太皇太后。以恭帝年幼,垂帘听政。贾似道弄播权柄,兵败,谢太后始贬之,国事已不可问。俘至大都,降封寿春郡夫人。至元二十年卒,年七十四。见《宋史·理宗谢皇后传》。

[59] "三宫北迁"六句:谢太后被俘,屡下诏令各地出降。

[60] 绐(dài):欺骗。

[61] "君行令"二句:语出《史记·越王勾践世家》:"勾践曰:'孤将与子分国而有之。不然,将加诛于子。'范蠡曰:'君行令,臣行意。'乃装其轻宝珠玉,自与其私徒属乘舟浮海以行,终不反。"《国语·越语下》:"范蠡对曰:'臣闻命矣。君行制,臣行意。'遂乘轻舟以浮于五湖,莫知其所终极。"

[62] "制命在君"二句:《左传·宣公十五年》:楚庄王伐宋,宋告急于

晋。晋景公未发兵,止使解扬往宋告之毋降。郑人因而献于楚。楚令说宋降,解扬借以成其使命。楚庄王将杀之,对曰:"臣闻之:君能制命为义,臣能承命为信。""受命以出,有死无陨","寡君有信臣,下臣获考,死又何求?"庄王乃赦之,归晋,为上卿。

[63] "大臣者以道事君"二句:语出《论语·先进篇》:"所谓大臣者,以道事君,不可则止。"

[64] 任元受:字尽言,秀州华亭人。举进士,居下僚,议论慷慨。钦宗卒于北,元受作《渊圣升遐疏》。累官淮东提举。著有《小丑集》。岳珂《桯史》载哀疏并启,赞其忠直。麦饭:祭祀用饭食。刘克庄《寒食清明二首》其一:"汉寝唐陵无麦饭,山蹊野径有梨花。"高启《穆陵行》:"起辇谷前马蹄散,白草无人浇麦饭。"

[65] 移关:移文,移书。胁取:强取。

[66] "虽死之日"二句:语出《华阳国志》卷十《汉中士女·文姬》:"敕之曰:'先公为汉忠臣,虽死之日,犹生之年。'"

[67] "司马子长"四句:语出司马迁《报任少卿书》。

[68] "慷慨赴死易"二句:牟巘《重修颜鲁公祠堂记》:"夫感慨杀身易,从容就义难。平居能犯颜敢谏,则临难能仗节死谊,兹其为天下鲁公也欤!"

[69] 钧严:尊上威严。

初到建宁赋诗一首[1]

谢枋得

〔解题〕死生事大,文天祥从容就义,谢枋得傲然捐躯,其死皆关涉家国。按佚名《昭忠录》,至元二十五年(1288)九月,福建行省参政魏天祐赍特旨:"宣唤不亏面皮,正当底人。谢枋得就交魏天祐上大都来的时分,就省里索气力一同将带来者。"行省遣官吏至后山堂,物色枋得,强之登舟。过崇真道院,枋得赋"雪中松柏愈青青"一首别友。绝粒七日,馆伴强进食。九月二十日又不食,绝粒九日。明年四月五日至大都,问谢太后欑所及宋恭帝所在,各向其方恸哭再拜。馆伴胁之曰:"此是文丞相斫头处。"枋得曰:"当年集英殿下赐进士第,幸同榜,今复得从吾同年游地下,岂非幸耶!"四日后迁悯忠寺,壁间见《曹娥碑》,洒泪读曰:"汝小女子且能死,吾岂不汝若哉!"是晚卒。刘儗《谢叠山先生文集序》:"始公仕宋,适丁季世,即倡大义以诋权奸,提孤军以保封疆。及事不济,妻子弟侄并死于狱,亦无顾恤。宋既替命,而犹拳拳以社稷为念,欲存赵氏之孤,守夷齐之节,故其迟回,盖有待焉。奈何失身之臣,不谅公之心,欲假以自拚,百计诱公仕元,力拒不起,至有执公就道,遂不食弥旬,直抵京而绝。呜呼!公之死,可谓从容就义矣!"

雪中松柏愈青青,扶植纲常在此行[2]。天下久无龚胜洁,人间何独伯夷清[3]？义高便觉生堪舍,礼重方知死甚轻[4]。南八男儿终不屈,皇天上帝眼分明[5]。

——《四部丛刊》景明嘉靖间黄齐贤刻本《叠山集》卷二

[1]《四库》本题作《魏参政执拘投北,行有期,死有日,诗别妻子及良友》,嘉庆刊本题中"妻"作"二",《皇元风雅》题作《北行》,《宋诗纪事》题作《北行别人》。先是信州陷,谢枋得妻李氏、二子一女拘建康。李氏与女自缢,二子熙之、定之生还。枋得是否续娶,未详。其《与参政魏容斋书》:"某自九月十一日离嘉禾,即不食烟火。"佚名《昭忠录》:二十五年九月"路过崇真道院,赋诗别友","十月十二日赋诗云","长子熙之自信来省,枋得曰:'大丈夫无儿女情。'拒弗见。门人惠寒衣,弗受。十八日启行"。良友,良朋。按谢枋得《崇真院绝粒,偶书付儿熙之、定之,并呈张苍峰、刘洞斋、华甫》《辞洞斋华父二刘兄惠寒衣》,当指张苍峰、刘洞斋、华甫等人。嘉靖刊本《叠山集》于此诗后附门人魏天应、蔡正孙和韵诗,及陈达翁门人王济渊、张子惠所作《送叠山先生北行》诗。

[2]"扶植"句:枋得北上,即存必死之志。扶植:扶助培植。纲常:三纲五常。三纲,君为臣纲,父为子纲,夫为妻纲。五常,仁、义、礼、智、信。具指国家大义、华夏正统。

[3]"天下"二句:言欲效龚胜、伯夷、叔齐绝食死,不事贰姓。《辞洞斋华父二刘兄惠寒衣》:"平生爱读龚胜传,进退存亡断得明。"《和毛靖可韵》:"此生何恨不龚胜,来世谁能知仲连。"龚胜,字君宾,好学明经,著名节。汉哀帝征为谏大夫,累迁光禄大夫。王莽篡政,以讲学祭酒征,称疾不受。玺书再召,谢绝曰:"吾受汉家厚恩,亡以报,今年老矣,旦暮入地,谊岂以一身事二姓,下见故主哉?"绝食死。见《汉书·龚胜传》。伯夷清:伯夷、叔齐不食周粟,饿死首阳山。

[4]生堪舍:舍生取义。语本《孟子·告子上》:"生,亦我所欲也;义,亦我所欲也。二者不可得兼,舍生而取义者也。"死甚轻:轻死重义。司马迁《报任少卿书》:"人固有一死,或重于太山,或轻于鸿毛。"

[5]南八:谓南霁云。见《议纠合两淮复兴》注。皇天上帝:即上天。

辞洞斋华父二刘兄惠寒衣

谢枋得

[**解题**] 作于至元二十五年(1288)九月强执北上之际。刘洞斋、华父,即所别良友良朋。天气已寒,友人惠赠寒衣。枋得决意以死"扶植纲常","辞寒衣",即诀别。

离罗内阱,何损麒麟[1];反君事仇,忍为狗彘[2]。凡劝吾入燕,吐胸中不平而后死者,皆非忠于谋人者也[3]。"南八,男儿死尔,不可为不义屈",岂敢曰"将以有为乎"[4]? 平生学问,到此时要见分明。辱惠寒衣,义不当受。大颠果聪明,识道理,胸中无滞碍,何必受昌黎先生衣服为别耶[5]? 小诗写心,谩发一笑。

平生爱读龚胜传,进退存亡断得明[6]。范叔绨袍虽见意,大颠衣服莫留行[7]。此时要看英雄样,好汉应无儿女情[8]。只愿诸贤扶世教,饿夫含笑死犹生[9]。

——《四部丛刊》景明嘉靖间黄齐贤刻本《叠山集》卷二

[1] 离罗内阱:喻强执北上。离罗,《诗经·王风·兔爰》:"有兔爰爰,雉离于罗。我生之初,尚无为;我生之后,逢此百罹。"朱熹《诗集传》:"言张罗本以取兔,今兔狡得脱,而雉以耿介反离于罗。"内阱,陷于阱。何损麒麟:《左传·哀公十四年》:"西狩于大野,叔孙氏之车子钼商获麟,以为不

祥,以赐虞人。仲尼观之,曰:'麟也。'"《公羊传》:"西狩获麟,孔子曰:'吾道穷矣!'"麒麟,古以为瑞兽。《宋书·符瑞志》:"麒麟者,仁兽也。牡曰麒,牝曰麟。不刳胎剖卵则至,麋身而牛尾,狼项而一角,黄色而马足。含仁而戴义,音中钟吕,步中规矩。不践生虫,不折生草,不食不义,不饮洿池,不入坑窜,不行罗网,明王动静,有仪则见。"

[2]"反君事仇"二句:《荀子·荣辱篇》:"忘忘其身,内忘其亲,上忘其君,则是人也,而曾狗彘之不若也。"贾谊《陈政事疏》:"反君事仇,行若狗彘。"

[3] 忠于谋人:语本《论语·学而篇》:"曾子曰:'吾日三省吾身:为人谋而不忠乎?与朋友交而不信乎?传不习乎?'"

[4]"南八"二句:语本韩愈《张中丞传后叙》。南八,南霁云。见《议纠合两淮复兴》注。

[5]"大颠"四句:唐时僧大颠精佛典,有名于时。韩愈谏迎佛骨,贬潮州刺史,与往还。《与孟尚书书》:"远地无可与语者,故自山召至州郭,留十数日","与之语,虽不尽解,要自胸中无滞碍,以为难得,因与往来。及祭神至海上,遂造其庐。及来袁州,留衣服为别。"昌黎先生,韩愈为河阳人,郡望昌黎,学者称昌黎先生。

[6] 龚胜传:谓《汉书·龚胜传》。见《初到建宁赋诗一首》注。进退存亡:《周易·乾·文言》:"亢之为言也,知进而不知退,知存而不知亡,知得而不知丧。其唯圣人乎?知进退存亡而不失其正者,其唯圣人乎!"进退,出处。存亡,生死。辛弃疾《踏莎行·赋稼轩,集经句》:"进退存亡,行藏用舍。小人请学樊须稼。"

[7] 范叔绨袍:用范雎绨袍恋恋故事。战国魏人范雎事魏大夫须贾,从之使齐。齐襄王闻范雎名,使人赐金及牛酒。须贾疑其以魏国阴事告齐,归语魏相魏齐。魏齐怒,范雎幸不死,逃亡,更名张禄,相秦。魏闻秦将东伐韩、魏,使须贾至秦。范雎敝衣微行来见,须贾哀之,留坐饮食,取绨袍以赐。既而知为秦相,肉袒膝行谢罪。范雎数其三罪,曰:"然公之所以得无死者,以绨袍恋恋,有故人之意,故释公。"见《史记·范雎蔡泽列传》。绨袍,厚缯所制袍。高适《咏史》:"尚有绨袍赠,应怜范叔寒。"大颠衣服:用韩愈赠僧大颠衣服故事,见本篇诗序注。

[8]儿女情:佚名《昭忠录》:"长子熙之自信来省,枋得曰:'大丈夫无儿女情。'拒弗见。门人惠寒衣,弗受。"

[9]扶世教:扶持名教。世教,纲常名教,重正统、人伦、礼仪。饿夫:伯夷、叔齐,后世称"西山饿夫"。扬雄《法言·渊骞篇》:"无仲尼,则西山之饿夫与东国之绌臣恶乎闻?"李轨注:"饿夫,夷齐。绌臣,柳下惠也。"死犹生:虽死犹生。《华阳国志》:"先公为汉忠臣,虽死之日,犹生之年。"

下 吏[1]

李梦阳

〔解题〕李梦阳字献吉,号空同子,庆阳人,徙开封。弘治五年(1492)举陕西乡试第一,明年成进士。十一年,授户部主事。才敏气雄,榷关用法严,为人构陷下狱,获释。十八年,进员外郎。应诏上书,陈"二病""三害""六渐",极论时政得失,末言寿宁侯张鹤龄怙宠骄纵,罔利害民。张鹤龄摘疏中"陛下厚张氏"语,诬李梦阳讪张皇后。梦阳系锦衣卫狱,宥释夺俸。李梦阳途遇张鹤龄,痛殴之。正德改元,东宫旧竖刘瑾、马永成、谷大用、魏彬、张永、丘聚、高凤、罗祥等"八虎"用事。李梦阳为尚书韩文草章劾之。正德二年(1507),韩文被逐,李梦阳降山西布政司经历,勒令致仕。明年,逮锦衣卫狱,赖康海等救助,不死。正德五年,刘瑾伏诛。翌年,梦阳起故官,迁江西提学副使。复以耿直,羁广信狱。诸生万人为讼冤,罢归。嘉靖八年(1529),卒于家,年五十八。著有《空同集》。李梦阳与何景明、徐祯卿、边贡、康海、王九思、王廷相号七才子。《明史·李梦阳传》称其"才思雄骜,卓然以复古自命"。梦阳关心国事,先后四次下狱。袁袠《李空同先生传》:"以是得奇祸,坎壈终其身,世咸疾之如仇。嗟乎!斯人也,岂世俗所能容哉?"《下吏》一首,正德三年第三次下狱作。刘瑾坚欲杀之,时势甚危。志在高古、崇尚节概、济世为用、敢为士先。

弘治辛酉年坐榆河驿仓粮,乙丑年坐劾寿宁侯,正德戊辰年坐劾刘瑾等封事[2]。

十年三下吏,此度更沾衣[3]。梁狱书难上,秦庭哭未归[4]。围墙花自发,锁馆燕还飞[5]。况属炎蒸积,忧来不可挥[6]。

——明刻本《空同集》卷二十四

[1] 下吏:即下狱。《史记·老子韩非列传》:"秦王以为然,下吏治非。"

[2] 弘治辛酉:弘治十四年,梦阳时官户部主事。坐榆河驿仓粮:崔铣《空同李君墓志铭》:"尝监三关,招商用法,严格势人之求,被构下狱,寻得释。"榆河驿,在昌平州。乙丑年:弘治十八年。坐劾寿宁侯:劾寿宁侯张鹤龄不法事,见本篇解题。正德戊辰:正德三年。坐劾刘瑾等封事:代韩文草疏劾刘瑾等"八虎"事,见本篇解题。刘瑾:陕西兴平人,本姓谈,依中官刘某以进,改刘姓。正德改元,专擅朝政,为"八虎"之首。正德五年,凌迟死。见《明史·宦官传》。

[3] 沾衣:犹沾襟。杜甫《九日诸人集于林》:"漫看年少乐,忍泪已沾衣。"

[4] "梁狱"句:用邹阳故事。齐人邹阳为梁孝王门客,有智略,慷慨不苟合,被诬下狱。梁王将杀之,邹阳上书自明。梁王释之,尊为上客。见《汉书·贾邹枚路传》。邹阳《狱中上书自明》:"臣闻比干剖心,子胥鸱夷。臣始不信,乃今知之。""秦庭"句:用申包胥痛哭秦庭故事。见《申包胥如秦乞师》注。

[5] 花自发、燕还飞:杜甫《忆弟二首》其二:"故园花自发,春日鸟还飞。断绝人烟久,东西消息稀。"

[6] 炎蒸:暑热熏蒸。杜甫《夏夜叹》:"永日不可暮,炎蒸毒我肠。安得万里风,飘飖吹我裳。"

明故兵部武选员外郎赠
太常少卿谥忠愍杨公墓志铭(节选)

徐　阶

〔**解题**〕　杨继盛字仲芳,号椒山,容城人。嘉靖二十六年(1547)进士,授南京吏部主事。从韩邦奇学,通天文、地理、兵法。三十年,迁兵部员外郎。大将军仇鸾请与俺答开马市,继盛疏斥有"十不可""五谬"。仇鸾诋毁其挠边计、惑众心,逮锦衣卫狱,贬狄道典史。逾年,迁诸城知县,七月到任,八月迁南京户部主事。十月到任,即迁刑部员外郎。未至京,调兵部员外郎。三十二年正月上《请诛贼臣疏》,劾严嵩"十罪""五奸",下狱。三十四年十月弃市,年仅四十。隆庆改元,赠太常少卿,谥忠愍。著有《杨忠愍公集》。《明史》有传。有明一代奇节直臣,杨继盛与方孝孺、于谦并著,后世称"三异人"。张岱《石匮书·杨继盛沈炼列传》称继盛《谏马市》《请诛贼臣疏》几踞秦汉而上,虽贾谊《治安策》不能过。嘉靖间,严嵩、严世蕃父子号大小宰相,结党营私,朝政紊乱。谢瑜、叶经、王宗茂、何维柏、沈炼、徐学诗、杨继盛、吴时来、张翀等劾之,叶经、沈炼、杨继盛身死,余皆被谴。继盛死时,子应尾、应箕尚幼,同年友王世贞携吴国伦、徐中行、宗臣为经纪后事。诸子相继获罪,世贞家祸尤酷。其后十二年,应尾改葬继盛,持世贞所撰《行状》乞铭于徐阶。嘉靖二十三年,继盛入国子监,徐阶为祭酒,二人有师生之谊。徐阶作《杨椒山墓铭》,凡一千四百余字,中云:"昔岁甲辰,公领乡荐,卒业国学。予时为祭酒,奇公文,因日进公,为讲说经义与所以立身事君者,公亦不鄙而听之。故予与公相知深。公死,予悲之倍于众。"徐阶字子升,号少湖,华亭人。嘉靖二年(1523)进士,授翰林院编修,累迁礼部尚书。仇鸾被诛,严嵩之败,徐阶皆有力焉。嘉靖四十一年,继任首辅大学士。万历十一年(1583)卒,年八十一。著有《世经堂集》二十六卷。

尝独居深念,至夜分,配张安人问其故,公曰:"吾受上恩,思有以报耳。"安人曰:"严相国方用事,此岂君直言时耶?"公不应,而心自计:"欲报恩,其道莫如去奸人,使不得乱政[1]。"遂以癸丑正月,疏论少师严嵩十罪、五奸,请召二王问状。公意以嵩在位久,其党与布满中外,上即问,必不肯言。而今皇帝以明圣在东府,冀一召问,可尽得其实。嵩更借以为逭,诏逮公,讯所以引二王者。公具对侃侃,至断指折胫不易词。诏杖公百,送刑部狱。郎史君朝宾议从轻比,而其长贰皆嵩党,竟当公诈传亲王令旨,绞[2]。

公之将受杖也,或遗之蚺蛇胆,却不受,曰:"椒山自有胆。"或谓公勿怕,公笑曰:"岂有怕打杨椒山者?"[3]及系刑部,创甚,吏畏祸,莫敢睨公。公乃自破甆碗,刺右股,出血数升。已,复手小刃,割小股,去其腐肉。旁观者咸为战悚,公顾自如[4]。在狱三年,以乙卯十月晦死西市[5]。临刑赋诗云:"浩气还太虚,丹心照千古","平生未报恩,留作忠魂补"[6]。天下相与涕泣传诵之。

呜呼!士方平居,语及节义,往往扼腕张眉目[7],自谓能之。一旦临患害,仅如毛发,辄心悸色变,不敢出一词,或走匿以规苟免[8]。有能自奋如其言者寡矣,未有蹈必死而不慑者也。偶出不意,蹈一死,及既脱,率深自惩创,毁方以为圆[9],

又或自满足，不复肯为。危言正色者有矣[10]，未有慷慨激烈赴再死而不顾者也。

——明万历间徐氏刻本《世经堂集》卷十八

［1］"尝独居深念"十四句：杨继盛《自撰年谱》：嘉靖三十一年，得调兵部报，念朝廷恩厚，思所以报国，"舟中秉烛静坐，至四鼓。妻问其故，予曰：'荷国厚恩，欲思舍身图报，无下手得力处。'妻曰：'奸臣严阁老在位，岂容直言报国耶？当此之时，只不做官可也。'予闻其言，乃知所以报国之本"。配张安人，杨继盛年十九娶张杲次女。张氏甚贤。继盛下狱，张氏上表乞代夫死。继盛惧其殉亡，作《愚夫谕贤妻张贞》。安人，命妇封号。明时，官员正、从六品，母、妻封赠安人。严相国，严嵩字惟中，分宜人。弘治十八年进士。嘉靖间，以趋迎帝意贵，累迁吏部尚书，为首辅大学士。子世蕃亦贵，累迁工部左侍郎。事败，世蕃斩于市，严嵩斥为民。见《明史·奸臣传》。

［2］"遂以癸丑正月"二十二句：癸丑，嘉靖三十二年。是年元旦，杨继盛誊奏本，翌日将进，不果。正月十八日，奏上。二十日，拿送镇抚司。严刑问主使者，又问何以言及二王。答曰："奸臣之误国，虽能欺皇上，必不能欺二王"，"皇上若问二王，必肯言彼之过也。"二十二日晚，奉旨锦衣卫打一百棍，送刑部，从重议罪，比依诈传亲王令比律，绞监候。见《自撰年谱》。十罪、五奸，杨继盛劾严嵩专权误国十罪及奸滑五状，见《请诛贼臣疏》。二王，嘉靖帝八子。第一子载基生二月殇。嘉靖十八年，立次子载壡为太子，同日封三子载垕裕王，四子载圳景王。二十八年，太子死，裕王以次当立，嘉靖帝以前太子不永，故迟之。二王，即裕王、景王。见《明史·诸王传》。载垕后立为太子，登位，即隆庆帝，故云"今皇帝明圣在东府"。郎史朝宾，郎中史朝宾，字应之，晋江人。嘉靖二十六年进士，授刑部主事，迁员外郎。奏称杨继盛心实无他，当悯其狂愚，谪发远戍。坐罪，降三级外调，后累迁鸿胪寺卿。见万历《泉州府志》卷二十《人物志》。轻比，从轻按治。长贰，正副官员。

［3］"公之将受杖"八句：湖广人王西石名之诰，送蚺蛇胆一块，教杨继盛受打之先和酒服之。继盛曰："椒山自有胆，何必蚺蛇哉！"止饮酒一茶杯。王西石又云："莫怕。"继盛曰："岂有怕打杨椒山者？"遂谈笑赴堂受打。见《自撰年谱》。

235

［4］"及系刑部"十三句:杨继盛下狱遭酷刑,几死。见《自撰年谱》。

［5］乙卯:嘉靖三十四年。

［6］"临刑赋诗云"五句:明刊本《杨忠愍公集》卷三收《临刑诗二首》,其一云:"浩气还太虚,丹心照万古。生前未了事,留与后人补。"其二云:"天王自圣明,制度高千古。平生未报恩,留作忠魂补。"

［7］平居:平素。扼腕张眉目:搤腕瞋目,形容激愤状。

［8］走匿:逃遁。以规苟免:规免祸害。

［9］惩创:警戒。毁方以为圆:《楚辞·九章·怀沙》:"刓方以为圜兮,常度未替。"喻变忠直之性,随俗俯仰。

［10］危言:谓直言。陈子昂《谏灵驾入京书》:"然后危言正色,抗议直辞,赴汤镬而不回,至诛夷而无悔。"

朝审途中口吟(二首)

杨继盛

〔**解题**〕嘉靖三十二年(1553),杨继盛疏劾严嵩"专政叛君十大罪",下狱。三十四年九月,朝审复议(《自撰年谱》)。十月,死西市。其蹈死如归,堪为世表。所作《介轩说》《朝审途中口吟》《雪晴》《临刑诗》,尽见激浊扬清之志。匹夫一怒,其死虽微,然于国事非日无补。《朝审途中口吟》为时传诵。郭子章《豫章诗话》卷六:"杨椒山继盛三木诣朝审,诸内臣士庶遮道聚观,叹曰:'此天下义士也!'指三木曰:'何不以囊世蕃?'继盛口吟云:'风吹枷锁满城香……''圣明厚德如天地……'是年杨竟不免,则分宜父子之罪也。"查继佐《罪惟录·杨继盛传》引此诗云:"玩末句,椒山诚闻道澈生死者欤!"傅仲臣《上谷谒杨忠愍公祠》云:"何必蚺蛇胆自完,至今想像发冲冠。步虚声里孤臣戮,吹锁香中两泪看。一笏霜严真铁汉,三迁恩重只郎官。空庭上下分忠佞,桧柏萧森碧草寒。"

风吹枷锁满城香,簇簇争看员外郎[1]。岂愿同声称义士,可怜长板见亲王[2]。(其一)

圣明厚德如天地,廷尉称平过汉唐[3]。性癖从来归视

死,此身元自不随杨[4]。(其二)

——明刻本《杨忠愍公集》卷三

[1] 员外郎:嘉靖三十一年十一月,杨继盛调兵部员外郎。以一岁四迁,感激之余,上疏报国。

[2] 长板:枷板,与扭镣俱为狱具。古时刑犯颈、手、足各戴刑具,称三木。

[3] "圣明"二句:上句赞帝王圣明厚德,下句赞朝廷法律公平。二句非仅出于温柔敦厚,于朝廷公论亦有冀望。厚德如天地,《周易·坤卦》:"君子有攸往,先迷,后得主,利。"又,《象》:"地势坤,君子以厚德载物。"廷尉称平:廷尉平狱,应经合义,公正平允。廷尉,掌司法刑狱,秦置,汉景帝时改称大理,明时称大理寺。

[4] 归视死:视死如归。《韩非子·外储说左下》:"三军既成阵,使士视死如归,臣不如公子成父。""此身"句:"杨"字一语双关,既谐其姓,复指杨花。意谓舍生赴义,不顾己身,自非杨花,随世浮沉。

狱中同杨大洪魏廓园顾尘客周衡台袁熙宇夜话[1]

左光斗

[解题] 左光斗字遗直,号沧屿,桐城人。万历三十五年(1607)进士,授中书舍人。天启间,累迁左佥都御史。杨涟疏列魏忠贤二十四大罪,光斗继疏未及上,同日被逐。天启五年(1625),下诏狱。诬受熊廷弼赃银,严刑追比,七月二十四日毕命于狱。崇祯改元,赠少保,赐祭葬。后谥忠毅。著有《左忠毅公文集》五卷。事具吴应箕《赠都察院左都御史左光斗传》、戴名世《左忠毅公传》。《明史》有传。生平服膺杨继盛,名其堂曰"啖椒",与杨涟并称"杨左"。方苞《左忠毅公逸事》盛传于今,然世多未读光斗诗文。此选七言古一首。按马其昶《左忠毅年谱》,天启五年七月十五日,杨涟生日,诸君子裹巾揖贺,光斗即赋此诗。

噫嘻哀哉! 当今之事不可问,谁信慷慨回气运。长安猛虎昼食人,雾盖燕云十六郡[2]。我欲呼天天高不可呼,我欲告人人心毒如荼[3]。皋陶平生正直神,瓣香可能悉其辜[4]。夜来床头生芝干如铁,不在李膺之前,则在范滂之侧[5]。英雄对此益增奇,天地愁之失颜色。噫嘻吁嗟乎! 明月蚀于天,高山崩入渊。如何长夜如长年,安得魂去飞翩翩。上与二祖列宗欣其缘,肯教鸾凤独死枭獍乘权[6]。

——清康熙间刻本《左忠毅公集》卷三

[1] 杨大洪:杨涟号大洪,见《劾魏忠贤二十四大罪疏》解题。魏廓园:魏大中号廓园,见《周忠介公遗事》注。顾尘客:顾大章字伯钦,号尘客,常熟人。万历三十五年进士,授泉州推官,累迁陕西副使。袁熙宇:袁化中字民谐,号熙宇,武定州人。与大章同年进士,授内黄令,累迁河南道御史。诸子与左光斗是年七月并死魏珰难,号"天启六君子"。

[2] 长安猛虎:喻魏忠贤阉党。燕云十六郡:燕云十六州,即幽、蓟、瀛、莫、涿、檀、顺、新、云、儒、妫、武、应、蔚、寰、朔诸州,借指北地。

[3] "我欲"句:《史记·屈原贾生列传》:"离骚者,犹离忧也。夫天者,人之始也;父母者,人之本也。人穷则反本,故劳苦倦极,未尝不呼天也;疾痛惨怛,未尝不呼父母也。屈平正道直行,竭忠尽智,以事其君,谗人间之,可谓穷矣。信而见疑,忠而被谤,能无怨乎?"天高不可呼,喻冤情难达上听。

[4] 皋陶:佐尧舜,明于五刑,为大理平。瓣香:一瓣香,谓瓣香拜奠。悉其辜:明其无辜。

[5] 生芝干如铁:顾大章《狱中笔记五条》:"诏狱土地庙前树于六月间生一黄芝,日夜渐长。至六人毕至时,则烨然光彩远映矣。环而视之,适六瓣。狱卒皆诧。或曰:'此吉兆也。'余叹曰:'芝瑞物也,而困于狱,其不祥乎?'月余,狱卒堕之。"李膺:字元礼,颍川襄城人。东汉名士,累迁司隶校尉。党锢祸起,下狱。以大赦天下,获免。建宁二年,大捕党人。或劝之逃,对曰:"事不辞难,罪不逃刑,臣之节也。吾年已六十,死生有命,去将安之?"下狱,拷掠死。见《后汉书·李膺传》。范滂:字孟博,汝南征羌人。东汉名士,与郭林宗、宗慈等并称"八顾"。累迁光禄勋主事。建宁二年,大诛党人,范滂不肯逃亡,死时年三十三。见《后汉书·范滂传》。缪昌期《入槛》:"尝读膺滂传,清然涕不禁。"《与高景逸》:"与李膺、范滂同游地下,亦复何憾!"

[6] 二祖列宗:即二祖十宗,见《周忠介公遗事》注。戴名世《左忠毅公传》:"先是光斗在狱,出片纸寄其家曰:'辱极!污极!痛极!死矣死矣,如二亲何?愿以此报天子,报二祖列宗。'""肯教"句:贾谊《吊屈原文》:"遭

世罔极兮,乃殒厥身。呜呼哀哉!逢时不祥。鸾凤伏窜兮,鸱枭翱翔。"枭獍,庾信《哀江南赋》:"彼奸逆之炽盛,久游魂而放命。大则有鲸有鲵,小则为枭为獍。"枭为恶鸟,獍为恶兽,喻狠毒小人。乘权,《汉书·刘向传》:"夫乘权藉势之人,子弟鳞集于朝。"

入　槛[1]

缪昌期

[解题] 天启六年（1626），阉党再兴大狱，高攀龙、周顺昌、周起元、周宗建、缪昌期、李应升、黄尊素等"七君子"罹难。高攀龙投水死，余六人死于狱。缪昌期字当时，号西溪，江阴人。万历四十一年（1613）进士，授检讨。天启二年（1622），升左春坊左赞善。四年，迁左谕德。与"杨左"同气相求。杨涟劾魏珰疏，京城传言昌期具草，实虽不然，而昌期亦为阉党衔恨次骨，勒令致仕。六年三月，里中就逮，毕命诏狱，年六十五。崇祯改元，赠詹事。弘光时，谥文贞。著有《从野堂存稿》八卷、《周易九鼎》十六卷、《四书九鼎》十四卷。事具钱谦益《缪公行状》。《明史》有传。朱彝尊《静志居诗话》："六君子之狱，多以攻客魏取祸。文贞无言责，而党奄人者尤恶之，盖以善谋见嫉也。"昌期就逮，道中赋《入槛》《痛亲》《痛弟妹》《慰内》《示儿》《慰女》《寄友》诸诗。此选《入槛》一首。东林一堂师友，"冷风热血，洗涤乾坤"，诗具见真儒精神。

尝读膺滂传[2]，潸然涕不禁。而今车槛里，始悟夙根深[3]。一死无余事，三朝未报心[4]。南枝应北指，视我实园阴[5]。

——明崇祯十年刻本《从野堂存稿》卷七

[1] 入槛:明崇祯刊本《颂天胪笔》、《知不足斋丛书》本《碧血录》录之,题作《槛车》。《明诗纪事》庚签卷六选缪昌期诗一首,即此诗,题作《入槛车》。

　　[2] 膺滂传:谓《后汉书》李膺、范滂传。见《狱中同杨大洪魏廓园顾尘客周衡台袁熙宇夜话》注。

　　[3] 夙根深:言效李膺、范滂等清流君子,不惧党锢之祸,皆前生所定。《缪西溪先生自录》:"当是时,吾固知其祸不止也。何也？有代草之说而安得免,宜其有今日也","疏上,而逆知有今日也,皆天也","祸至于此,岂非往因？"

　　[4] "三朝"句:缪昌期历仕万历、泰昌、天启三朝。《自录》:"闻报之后,了无怖恋,但义不屑以三朝作养之躯,辱之狗奴狞贼之手,忍自引决,浩然往矣。"未报心,犹言负心。报心,报恩。

　　[5] 南枝:《古诗十九首·行行重行生》:"胡马依北风,越鸟巢南枝","浮云蔽白日,游子不顾返。"李善注"胡马"二句:"皆不忘本之谓也。"李周瀚注:"胡马出于北,越鸟来于南,依望北风,巢宿南枝,皆思旧国。"实园:在江阴县祝塘东兴里,缪昌期读书处。见光绪《江阴县志》卷二十二《园墅》。

述　行

李应升

〔解题〕江阴李应升罹"七君子"之难，《述行》即天启六年（1626）三月被逮北上所作。李应升字仲达，号次见，志大寡营，好道德文章。万历四十四年（1616）成进士，授南康推官。天启二年（1622），擢福建道监察御史，与邹元标、高攀龙为友，颇有风裁，中涓侧目。四年，草疏魏忠贤十六事将上，继杨涟疏劾魏珰。明年三月，曹钦程劾其护法东林，夺职归。六年，被逮，闰六月三日毕命于狱，年三十四。崇祯改元，赠太仆寺卿。弘光时，谥忠毅。著有《落落斋遗集》十卷。按李应升子逊之所记，应升于天启六年三月十七日闻逮信，从容辞别祖父母。道中泰然，惟以不得终养为憾，盖已知生还无望。四月二十日抵京，遭酷刑，惨不忍言。六月下旬，作《绝笔》四首。遇害，值炎暑，领埋时肌肤毁烂，几不可识。崇祯刊本《落落斋遗集》卷三收《绝笔》二首："十年未敢负朝廷，一片丹心许独惺。只有亲恩无可报，生生愿诵法华经。""丝丝循省业因微，假息余魂有梦归。灯火满堂明月夜，佛前合掌着缁衣。"被逮北上所赋《怀行》《景州道中感旧》《呈大兄》，感人至深。郑仲夔《耳新》卷三录《述行》诸作，评云："读之字字酸楚，何必减屈平《离骚》也！"

便成囚伍向长安，满目尘埃道路难[1]。父老惊心呼曰月,儿童洗眼认衣冠[2]。文章十载虚名误,封事千言罪业殚[3]。寄语高堂休苦忆,朝来清泪饱供餐[4]。

——明崇祯间刻本《落落斋遗集》卷三

[1] 囚伍:囚徒。满目尘埃:喻奄氛甚炽。

[2] "父老"二句:阉竖跋扈,日月遮蔽不明,衣冠之士沦为囚伍。呼日月,犹言呼天。日月合为一"明"字。《古诗十九首·行行重行行》:"浮云蔽白日,游子不顾返。"李善注:"浮云之蔽白日,以喻邪佞之毁忠良。"刘良注:"白日,喻君也。浮云,谓谗佞之臣也。言佞臣蔽君之明,使忠臣去而不返也。"洗眼,拭目,仔细看。认衣冠,用南冠而囚故事。《左传·成公九年》:楚人锺仪沦为晋俘。晋侯见而问曰:"南冠而絷者,谁也?"范文子曰:"楚囚,君子也。言称先职,不背本也。乐操王风,不忘旧也。"李应升《归舟漫述》八首其七:"谁操南史笔,空湿楚囚衣。"《赴逮至郡》二首其二:"凄凄杨柳色,谁为问南冠?"

[3] "文章"二句:东林不尚空谈,重于经世。应升能文章,不自矜,故云"虚名误"。屡上疏直言,故云"罪业殚"。虚名误,谓文章虚名误我。黄庭坚《次韵孙子实题少章寄寂斋》:"虚名误壮夫,今古可笑悯。"封事,奏事。罪业殚,罪业消尽,谓文章虽罪业,直谏终补过。应升《赴逮至郡》其二:"圣德方虚己,愚忠敢沥丹。惭无一字补,空复数行弹。"

[4] "寄语"二句:应升自知生还渺茫,恐伤祖父母心,途次、狱中三次贻书,犹作解慰语。见《落落斋遗集》卷九《别大兄》附李逊之记。高堂,父母。饱供餐,犹言加餐饭。《古诗十九首·行行重行行》:"道路阻且长,会面安可知","弃捐勿复道,努力加餐饭。"

贻赵总督书[1]

张煌言

〔解题〕 弘光立国、鲁王监国、隆武建元、绍武建元、永历称制,共称南明。自福王南京立,至康熙元年(1662)永历帝朱由榔死云南,凡十八年,朱明爝火不灭,有赖史可法、张煌言、郑成功、张名振、瞿式耜、张同敞诸子。张煌言字元著,号苍水,鄞县人。崇祯十五年举人。顺治二年(1645),起兵奉鲁王监国。江上师溃,入舟山,从鲁王至闽。顺治十四年,鲁王去监国号。明年,永历帝加张煌言兵部左侍郎。十六年,与郑成功率水师攻南京,沿江而上。兵败,退归海上。十八年,遣客罗子木至台湾,责郑成功出师,不听。康熙三年,遣散士卒,解兵而隐。议者谓张煌言不死,恐将复起,清廷急捕之,解至杭州,九月七日就刑,年四十五。著有《奇零草》《冰槎集》《采薇吟》《北征录》。事具黄宗羲《兵部左侍郎苍水张公墓志铭》。乾隆间,谥忠烈。张煌言节钺督兵,志在复国,无意专为诗文,然不愧名家。《贻赵总督书》《奇零草序》渐为今人所知。《奇零草序》俨然又一篇《指南录后序》。《贻赵总督书》作于康熙三年秋羁于杭州之际,与谢枋得《上丞相留忠斋书》血脉贯通,数百载后,犹精光耀天。

大明遗臣某,谨拜书于清朝开府赵老先生台前[2]。昔宋臣谢枋得有云:"大元制世,民物维新;宋室孤臣,只欠一死。"

窃以叠山业经市隐卖卜，宜可以远害全身，而元参政魏天祐必欲招致之，乃叠山有死无陨，招之不来，馈之不受，却聘书尚在，可考而知也。卒触天祐之怒，执之北去，叠山遂不食而死[3]。盖未尝不叹古人守义之坚，殉节之笃也。

况某今日南冠而絷[4]，视叠山所处，已自不同。而台下尚欲贷其余生，屡遣贵属，存注有加，劝之加餐[5]。嗟乎！此固台下襃忠录节之盛心[6]，较之天祐，真不啻霄壤。顾某自律，断不可因此而苟延旦夕。所以每思慷慨引决，而为馆伴者防闲严切[7]，不克自裁。绝餐三日，迫于贵属劝勉，稍稍复食。他人闻之，宁不以某寡廉鲜耻，晚节可嗤哉？揣台下之意，不过欲生膏斧锧[8]，始足为忠义者戒。然大丈夫冰视鼎镬[9]，慷慨从容，原无二义，故郁郁居此耳。犹记去岁华函见及，某之报书，有"宁为文山"之语，非但前谶，盖斋心居念时已早办此，至今日敢有食言[10]？

夫自古废兴亦屡矣。废兴之际，何代无忠臣义士？何代无逋臣处士[11]？义所当死，死贤于生；义所当生，生贤于死。盖有舍生以取义者焉，未闻求生以害仁者也[12]。某之忧患已过乎文山，隐遁殆几于叠山矣[13]。而被执以来，视死如归，非好死而恶生也，亦谓得从文山、叠山，异代同游，于事毕矣[14]。独惜台下之经纶仁厚，可称一代名贤，后世不察，猥云与张弘范、魏天祐比伦[15]，不重可叹息乎哉！

谓某散兵在先，归隐恐后，可以觊觎赊死[16]。殊不知散兵者，悯斯民之涂炭；归隐者，念先世之暴荒。谬思黄冠故里，负土成坟，然后一死以明初志[17]。原非隐忍偷生，自留赊死，何期拥兵则岁月犹存，解甲则旦夕莫保。箕山不有安瓢，而颍水弗能高枕[18]。身为累囚，贻笑天下。是某之忠孝两亏，死难塞责者矣！临难苟免，非我本怀；偷存视息，更何所待？今羁留旅邸，被累宾从，并膺锁链[19]，以日为年，生不如死。伏冀台下立赐处决，俾某乘风驭气，翱翔碧落[20]，或为明神，或为厉鬼，是诚台下大有造于某也。不则，某当追随首阳之后尘，必不俟炎午之生祭[21]。毋以馆伴者不善调制而谴及之，幸甚！

——清傅氏抄本《张忠烈公集》卷二《冰槎集》

[1] 赵总督：浙江总督赵廷臣，字君邻，汉军镶黄旗人。顺治二年，由贡生授山阳令，迁江宁江防同知，以催征逾限罢。顺治十年，洪承畴经略湖广军务，廷臣请为参军。以功累迁云贵总督。康熙改元，迁浙江总督。计擒张煌言。康熙八年，卒于官。见《八旗通志》卷一百八十九《人物志》。廷臣作书劝降，张煌言作《复浙江总督赵廷臣书》《贻赵总督书》。

[2] 开府：受命开设府署，处理军政事务。

[3]"昔宋臣谢"十二句：宋遗民谢枋得号叠山，抗元失败，卖卜建阳，屡辞征聘。为福建行省参政魏天祐强执北上，至则绝食死。"大元制世"以下四句，见枋得《上程雪楼御史书》。业经，已经。市隐，隐于市。《晋书·邓粲传》："夫隐之为道，朝亦可隐，市亦可隐。隐初在我，不在于物。"卖卜，占卜为生。有死无陨，犹宁死不屈。语本《左传·宣公十五年》："受命以出，有死无陨。"服虔曰："陨，坠也。"见《上丞相留忠斋书》注。却聘书，谓枋得《与参政魏容斋书》。

[4] 南冠而絷（zhí）：即南冠而囚，语本《左传·成公九年》。见《述行》注。杜预曰："南冠，楚冠。"絷，逮系监禁。

[5] 贷其余生：犹贷死，免于死罪。存注：关怀。

[6] 褒忠录节：褒奖忠良，表彰节概。

[7] 引决：自裁。馆伴：见《虞允文传》注。文天祥《指南录自序》："二月八日，诸使登舟，忽北虏遣馆伴逼予同往。"张煌言《复浙江总督赵廷臣书》："台下清朝佐命，仆则明室孤臣。"其用"馆伴"，非寻常语。防闲：防备约束。

[8] 生膏斧锧：谓从容就刑。斧锧，斩人刑具。陆游《病告中遇风雪，

作长歌排闷》:"伐敌疏奏端许前,腰领敢辞膏斧锧。"

[9] 冰视鼎镬:谓慷慨就死。鼎镬,古时酷刑,用以烹人。文天祥《正气歌》:"鼎镬甘如饴,求之不可得。"

[10] "犹记去岁"六句:赵廷臣作书煌言:"仆闻识时务者,谓之俊杰。足下沦溺海滨,业已多年,何不作回头是岸之想? 或显而仕,可以霖雨苍生。即不仕而隐,家居教授,明道立言,何不可为?"张煌言《复浙江总督赵廷臣书》:"功名富贵,早等之浮云;成败利钝,且听之天命。宁为文文山,不为许平仲。若为刘处士,何不为陆丞相乎?"赵之谦《张忠烈公年谱》载康熙元年,赵廷臣帛书招降,煌言答书一千七百七十余字,终不屈。文天祥号文山。斋心居念,平日静心思虑。斋心,祛除杂念。

[11] 逋臣:逃亡之臣。谢枋得《与参政魏容斋书》:"宋室逋臣,只欠一死。"处士:隐居不仕者。谢枋得《上丞相留忠斋书》:"死表于道曰:'宋处士谢某之墓。'"

[12] 舍生以取义:语本《孟子·告子上》。求生以害仁:语本《论语·卫灵公篇》:"志士仁人,无求生以害仁,有杀身以成仁。"

[13] "某之忧患"二句:言被执不死,类于文天祥,贻士友忧患,解兵隐遁,则迹类谢枋得。

[14] 好死而恶生:刘向《说苑》卷四《立节》:"以为夫义之不立,名之不著,是士之耻也,故杀身以遂其行","然则非好死而恶生也"。同游:同游于地下。

[15] 经纶:整理丝缕,喻经世才能,与"仁厚"皆书中套语。张弘范:字仲畴,易州定兴人。随伯颜攻取襄阳、建康,累迁江东道宣慰使。后为蒙古汉军元帅,进兵厓山。见虞集《元帅张献武王庙碑》、苏天爵《元名臣事略·元帅张献武王》。《宋史·文天祥传》:天厓山破,张弘范曰:"国亡,丞相忠孝尽矣,能改心以事宋者事皇上,将不失为宰相也。"天祥曰:"国亡不能救,为人臣者,死有余罪,况敢逃其死而贰其心乎?"张弘范遣使送天祥至京师。

[16] 赊死:缓死。

[17] "殊不知散兵者"七句:按黄宗羲《苍水张公墓志铭》,煌言父圭璋字两如,天启四年举人,官刑部员外郎。煌言被执,至宁波,提督张杰曰:"迟公久矣。"煌言曰:"父死不能葬,国亡不能救,死有余罪。今日之事,速死而

249

已。"暴荒,尸骨暴露荒野,犹言未葬。黄冠,黄冠野服。明抗清义士事败,多黄冠野服归里者。

[18]"箕山不有"二句:颖水在行唐县西北三十里,南行三十里,经箕山之东。相传高士许由耻唐尧之让,逃隐箕山,洗耳颍水。人见其常以手捧水而饮,赠之一瓢。许由以瓢挂树,风吹有声,以为烦扰,遂弃之。见蔡邕《琴操》卷下《箕山操》。

[19]被累:连累。宾从:宾客仆从。煌言解兵,隐于悬岙,结茅岩间,从者为参军罗子木、侍者杨冠玉及舟子、役人而已。子木、冠玉同时被逮,后并从死。子木名纶,以字行,溧阳人。冠玉,鄞县人。见黄宗羲《苍水张公墓志铭》、徐鼒《小腆纪传·张煌言传》。

[20]碧落:天上。

[21]首阳:指伯夷、叔齐。炎午:王炎午。文天祥被俘,炎午作《生祭文丞相》促之死。

一　纪[1]

张煌言

[**解题**]　黄宗羲《苍水张公墓志铭》称宋、明之亡为中国"古今一大厄会"。张煌言扶危定倾,艰阻万状,百折不回。黄宗羲叹说:"百挫千折,有进而无退者,则文文山、张苍水两公为最烈。"张煌言无意以诗"求知于后世",然念及杜甫遭遇丧乱,不废风骚,后世称"诗史",陶渊明文章年月,"义熙"以前则书晋氏年号,郑思肖铁函藏"心史",志皆可哀,情皆可念,故行伍间不废诗咏,以代年谱。《奇零草自序》:"其间忧国思家,悲穷悯乱,无时无事不足以响动心脾。或提师北伐,慷慨长歌;或避虏南征,寂寥低唱。即当风雨飘摇,波涛震荡,愈能令孤臣恋主,游子怀亲。岂曰亡国之音,庶几哀世之意。"张煌言诗既是"诗史",亦是"心史"。《一纪》作于顺治十二年(1655)。先是舟山城破,张煌言从鲁监国入闽。郑成功水师独强,遥奉永历年号。惟张煌言与张名振力辅鲁监国。煌言约名振师入长江,遥祭孝陵,江南震动。后再入江,兵迫燕子矶。未几张名振卒,以部下归煌言。本年,郑成功来书约大举兵。

一纪戎衣有寸尘,到来江汉只孤臣[2]。龙编未达刘琨表,蛟岛空存豫让身[3]。甑堕妻孥宁复惜,剑悬朋友更谁亲[4]。频年惭负苍生望,敢向桃源别问津[5]?

——清傅氏抄本《张忠烈公集》卷八《奇零草》

［1］一纪：十二年，岁星一周为一纪。此所谓一纪，自崇祯十七年南都立计起。

［2］"一纪"二句：言恢复之艰。戎衣，战衣。《尚书·武成》："一戎衣，天下大定。"孔安国曰："一著戎服而灭纣，言与众同心，动有成功。"杜甫《重经昭陵》："风尘三尺剑，社稷一戎衣。"江汉，长江、汉水。《诗经·大雅·江汉》："江汉汤汤，武夫洸洸。经营四方，告成于王。四方既平，王国庶定。时靡有争，王心载宁。"只孤臣，煌言与张名振尊奉鲁监国，去岁名振死，煌言故有此感。孤臣，见《病起书怀》注。

［3］"龙编"二句：自愧功绩甚小。龙编，谓兵书。太公望有兵书《六韬》，第三曰《龙韬》。刘琨表，晋愍帝为刘曜所杀，建兴五年，刘琨等联名上《劝进表》，劝司马睿登帝位。鲁王朱以海仅称监国，未称帝，故煌言曰"未达"。刘琨字越石，中山魏昌人。西晋末，官并州刺史。建兴三年，都督并、冀、幽诸军事。建武元年，任大都督，率军北伐。太兴元年，为段匹䃅矫旨所杀，年四十八。见《晋书·刘琨传》。蛟岛，海岛。豫让身，豫让为智伯门客，赵襄子杀智伯，豫让矢志复仇，以至漆身自刑，吞炭变音，事败而死。见《战国策·赵策一》。

［4］"甑堕"句：言抛弃家室。甑堕，用孟敏故事。《后汉书·郭太传》："孟敏字叔达，钜鹿杨氏人也。客居太原，荷甑堕地，不顾而去。林宗见而问其意，对曰：'甑以破矣，视之何益？'"妻孥，妻子儿女。"剑悬"句，伤同志凋零。名振殁，以军属煌言。剑悬，用季札挂剑故事。《史记·吴太伯世家》："季札之初使北，过徐君，徐君好季札剑，口弗敢言。季札心知之，为使上国，未献。还至徐，徐君已死，于是乃解其宝剑，系之徐君冢树而去。"

［5］苍生望：《晋书·谢安传》："征西大将军桓温请为司马，将发新亭，朝士咸送。中丞高崧戏之曰：'卿累违朝旨，高卧东山，诸人每相与言：安石不肯出，将如苍生何？苍生今亦将如卿何？'安甚有愧色。"刘禹锡《奉和裴令公夜宴》："天下苍生望不休，东山虽有但时游。"桃源：桃花源，借指世外。别问津：谓永与尘世隔绝。陶渊明《桃花源记》：武陵人自桃花源出，至郡诣太守告之，太守即遣人随其往，不复得路。"南阳刘子骥，高尚士也，闻之，欣然规往，未果，寻病终。后遂无问津者"。

即事有感

张煌言

〔解题〕 张煌言举兵,欲上匡扶宗社,下保捍桑梓,历经百挫千折。顺治三年(1646)浮海;四年春,舟覆于江;八年,舟山陷;十三年,舟山再陷;十五年,舟覆羊山;十六年,入江兵溃。虽"有进而无退",亦知时势已异,故《奇零草自序》云:"年来叹天步之未夷,虑河清之难俟。"《即事有感》作于顺治十三年(1656)。去岁,郑成功约举兵北上。本年,驻师天台、秦川(今温岭)。明年,张煌言还舟山,鲁王去监国号,乃通表滇中,奉永历年号。此诗吐写壮心悲苦,未改孤臣之心。

久已浮萍寄此身[1],倦游何意转风尘。即看蓬鬓难逢世,况到灰心懒应人[2]。一旅尚堪扶共主,百年谁肯鉴孤臣[3]?也拚海岸投簪去,自有桐江足钓缗[4]。

——清傅氏抄本《张忠烈公集》卷八《奇零草》

[1] 浮萍:《楚辞·九怀·尊嘉》:"顾念兮旧都,怀恨兮艰难。窃哀兮浮萍,泛淫兮无根。"

[2] 灰心:杜甫《曲江三章,章五句》其二:"吾人甘作心似灰,弟侄何伤泪如雨。"陆游《衰病有感》:"灰心成寂寂,霜鬓失青青。"

[3] 共主:诸侯共奉宗主,此指鲁监国。鉴孤臣:化用陆游《书愤》:"白发萧萧卧泽中,只凭天地鉴孤忠。"孤臣,见《病起书怀》注。

［4］"也拚"句：用疏广投簪故事。孔稚珪《北山移文》："昔闻投簪逸海岸，今见解兰缚尘缨。"李善注："投簪，疏广也，东海人，故曰海岸也。挚虞《征士胡昭赞》曰：'投簪卷带，韬声匿迹。'"《汉书·疏广传》：疏广字仲翁，东海兰陵人。汉宣帝地节三年，立太子，选为少傅。数月，迁太傅。侄受拜少傅。太子年十二通《论语》《孝经》。疏广谓侄疏受曰："今仕官至二千石，宦成名立，如此不去，惧有后悔。"上疏乞归。拚（pàn），舍弃。投簪，弃冠簪，指辞官归隐。"自有"句，用严陵故事。《后汉书·严光传》：严光字子陵，余姚人。少有高名，与刘秀同游学。刘秀即位，严光变名姓而隐。征至，除谏议大夫，不受，隐富春山，后人名其钓处为严陵濑。桐江，桐庐江。钓缗，垂钓。

八月辞故里拟绝命词自鄞解省[1]

张煌言

[**解题**] 张煌言抗清，见大势已去，以国事靡宁，民生愈蹙，决意保民息兵。康熙三年（1664）六月，遣散士卒，隐台州南田悬岙。七月十七日被逮，即欣慰可从文天祥、谢枋得同游地下。黄宗羲《苍水张公墓志铭》详载。自台州解至宁波，煌言作《八月辞故里拟绝命词》二首。宋、明同遭"古今一大厄会"，士人尚气节，绝命辞遂为宋、明诗史一大宗。刘宗周《绝命诗》、麻三衡《绝命辞》、戴重《绝命辞》十五首、杨廷枢《绝命词》二十首、黄周星《解脱吟》十二首、夏允彝《绝命辞》、陆培《绝命诗》、黄端伯《绝命诗》、吴应箕《绝命诗》、傅作霖《决绝词》，或传于世，或存片羽，与张煌言《绝命词》俱弥足珍贵。

义帜纵横二十年，岂知闰位在于阗[2]。桐江空系严光钓，震泽难回范蠡船[3]。生比鸿毛犹负国，死留碧血欲支天[4]。忠贞自是孤臣事，敢望千秋青史传[5]？（其一）

国亡家破欲何之，西子湖头有我师[6]。日月双悬于氏墓，乾坤半壁岳家祠[7]。惭将赤手分三席，敢为丹心借一枝[8]。他日素车东浙路，怒涛岂必属鸱夷[9]。（其二）

——清傅氏抄本《张忠烈公集》卷十一《采薇吟》

［1］诗题:张煌言手迹题作《将入武陵二首》,无题下注。清抄本《明季南略·张煌言临难赋绝命词》引第一首,文字颇异:"……岂知闽统属于阗。湘江只系严光鼎……忠贞自是人臣事,何必千秋青史传?"

［2］"义帜"句:煌言自顺治二年闰六月起兵,至康熙三年六月散兵,前后正二十年。闰位,《汉书·王莽传》赞曰:"紫色蛙声,余分闰位,圣王之驱除云尔。"服虔曰:"言莽不得正王之命,如岁月之余,分为闰也。"后以闰位指非正统。于阗,古西域王国,见《史记·大宛传》。"闰位在于阗",谓满人窃有中国,实非正位。

［3］"桐江"二句:感慨解兵欲隐不成。"桐江"句,用严陵桐江垂钓故事,见《即事用感》注。"震泽"句,用范蠡放舟五湖故事。范蠡字少伯,助勾践灭吴后,乘舟浮海。后致富,自称陶朱公。见《史记·越王勾践世家》。《国语·越语下》:"遂乘轻舟以浮于五湖,莫知其所终。"五湖,指太湖。震泽,即太湖,又名具区、笠泽。

［4］"生比"二句:上句自愧死比鸿毛轻,下句言如苌弘化碧,存天地正气。鸿毛,语本司马迁《报任少卿书》。死留碧血,《庄子·杂篇·外物》:"苌弘死于蜀,藏其血,三年而化为碧。"成玄英曰:"苌弘遭谮,被放归蜀,自恨忠而遭谮,遂刳肠而死。蜀人感之,以匮盛其血,三年而化为碧玉,乃精诚之至也。"

［5］"忠贞"二句:化用文天祥《过零丁洋》:"人生自古谁无死,留取丹心照汗青。"青史,清抄本《张忠烈公集》作"信史",此据煌言手迹改。古以竹简记事,后称史书为青史。

［6］西子湖头:西子湖畔有岳王庙、于谦祠墓。有我师:谓效岳飞、于谦肝胆报国。

［7］日月双悬:谓忠胆义烈,与日月争光。于氏墓:在西湖三台山麓。明弘治间建旌功祠于墓所。乾坤半壁:半壁河山。宋与金分治南北,即半壁江山,亦多赖岳飞等南渡诸将之力。岳家祠:岳王庙,在西湖北山。始建于宋嘉定十四年。元为智果观音院,拨充岳飞功德院,以褒忠衍福禅寺为额。明天顺初重修,赐额忠烈庙。见民国《杭州府志》卷十一。

［8］"惭将"二句:言愿葬岳王庙、于谦墓侧,功绩难比,仅敢借一枝而

栖。是年八月,煌言《忆西湖》:"高坟武穆连忠肃,添得新坟一座无?"就义后,张文嘉、万斯大与僧超直葬之西湖南屏山荔子峰下。见黄宗羲《苍水张公墓志铭》、赵之谦《张忠烈公年谱》。赤手,空手。清抄本《张忠烈公集》作"素手",此据煌言手迹改。敢为,清抄本作"拟为",此亦据煌言手迹改。丹心,赤心,用文天祥"留取丹心照汗青"语。借一枝,杜甫《偶题》:"经济惭长策,飞栖假一枝。"

[9]"他日"二句:意谓越乃复仇之国,死后魂返故里,亦如伍子胥乘怒涛,以观清之败。吴王夫差信太宰嚭,赐子胥死,盛以鸱夷革,投江中。见《史记·伍子胥列传》。《太平广记》卷二百九十一"伍子胥"条:"临终戒其子曰:'悬吾首于南门,以观越兵来。以鲩鱼皮裹吾尸,投于江中。吾当朝暮乘潮,以观吴之败。'""朝暮再来,其声震怒,雷奔电走百余里。时有见子胥乘素车白马,在潮头之中。"素车,丧车。《周礼·春官宗伯下》:"素车,棼蔽。"郑玄注:"素车,以白土垩车也。"东浙路,谓魂归故里。属鸱夷,属,清抄本作"尽",此据煌言手迹改。鸱夷,革囊。《史记·伍子胥列传》"吴王闻之大怒,乃取子胥尸,盛以鸱夷革。"应劭曰:"取马革为鸱夷。鸱夷,榼形。"

精　卫[1]

夏完淳

〔**解题**〕明亡之际，少年才情殊众，揭竿报国，最烈莫过于华亭夏完淳。南都陷，夏完淳父夏允彝与陈子龙、徐孚远举义帜，松江失守，自沉松塘。夏完淳字存古，号玉樊，生有异禀，早能诗文，喜谈兵事。迨父殉国，与妻父钱栴、师陈子龙屡谋起事。上书鲁王，授中书舍人。吴易太湖义军兵溃，夏完淳谱《大哀赋》，俯思国亡，铿锵悲怆。顺治四年(1647)，与吴胜兆连谋反清。事败，逮至南京。洪承畴欲宽释之，完淳奋骂不已，九月就义，年才十七。事具《东山国语·夏完淳传》《皇明四朝成仁录·夏完淳传》。著有《续幸存录》《玉樊堂集》《内史集》《南冠草》。夏完淳集国恨、家仇于一身，参加义军之初，激扬文字。《鱼服》云："一身湖海茫茫恨，缟素秦庭誓报仇。"复国日遥，抱定必死之志，赋《精卫》自喻，其诗与顾炎武《精卫》篇并传。庄师洛《辑夏节愍集成题后》赞云："天荒地老出奇人，报国能捐幼稚身。黄口文章惊老宿，绿衣韬略走谋臣。湖中倡义悲猿鹤，海上输忠睦凤麟。至竟雨花埋骨地，方家弱弟可同伦。"

北风荡天地，有鸟鸣空林[2]。志长羽翼短，衔石随浮沉[3]。崇山日以高，沧海日以深。愧非补天匹，延颈振哀音[4]。辛苦徒自力，慷慨谁为心？惜哉志不申，道远固难任[5]。滔滔东逝波,劳劳成古今[6]。

——清艺海珠尘本《夏内史集》卷三

[1] 诗题:陈济生《天启崇祯两朝遗诗》列此诗与"月出西南楼"一首于《仿古》题下。参见白坚《夏完淳集笺校》卷三。精卫:鸟名。《山海经·北山经》:"曰发鸠之山。其上多柘木,有鸟焉,其状如乌,文首、白喙、赤足,名曰精卫。其鸣自詨,是炎帝之少女,名曰女娃。女娃游于东海,溺而不返,故为精卫,常衔西山之木石,以堙于东海。"抗清志士多以精卫填海、愚公移山、夸父逐日喻写心志。

[2] 北风:《天启崇祯两朝遗诗》《明诗综》作"惠风"。喻满人寇侵。荡天地:《天启崇祯两朝遗诗》《明诗综》作"荡芳树"。孟郊《杀气不在边》:"凉风荡天地,日夕声飕飗。"鸣空林:《天启崇祯两朝遗诗》《明诗综》作"鸣中林"。

[3] 志长:《天启崇祯两朝遗诗》《明诗综》作"尾长"。"衔石"句:《山海经·北山经》:"常衔西山之木石,以堙于东海。"

[4] "愧非"句:《天启崇祯两朝遗诗》《明诗综》作"既无凌风姿"。补天匹:补天,喻挽回大局。典出《淮南子·览冥训》:"往古之时,四极废,九州裂,天下兼覆,地不周载","于是女娲炼五色石以补苍天,断鳌足以立四极。"振哀音:哀音,悲痛之音。《礼记·乐记》:"亡国之音哀以思。"

[5] "惜哉"二句:《夏内史集》《明诗别裁集》原无,此据《天启崇祯两朝遗诗》《明诗综》补。志不申:《楚辞·九思·悯上》:"独处兮志不申。""道远"句:《论语·泰伯篇》:"曾子曰:'士不可以不弘毅,任重而道远。仁以为己任,不亦重乎?死而后已,不亦远乎?'"

[6] 东逝波:《论语·子罕篇》:"子在川上曰:'逝者如斯夫!不舍昼夜。'"劳劳:辛劳。

细 林 野 哭[1]

夏完淳

〔**解题**〕 此诗收入《南冠草》,乃顺治四年(1647)七月夏完淳松江就逮,过细林山哭其师陈子龙所作,亦捐躯自誓。陈子龙字人中,改字卧子,华亭人。与夏允彝主盟几社。崇祯十年成进士。顺治二年,起兵松江。松江陷,夏允彝沉水死,陈子龙以祖母无养,缁衣托迹方外,更名信衷,字瓢粟,又号颍川明逸。顺治三年,与钱栴、夏完淳联络吴昜太湖义军。明年四月,松江提督吴胜兆反清,陈子龙预其事,事败,至嘉定告急于侯岐曾,继避难昆山顾大鸿家。五月二十四日被逮,乘间投水死,年四十。见宋征舆《於陵孟公传》、王沄续撰《陈子龙年谱》。侯方域《九哀诗·青浦陈子龙》:"后死欲有为,成败事皆偶。断颈何足惜,固其含笑受。"此参酌赵伯陶《新译明诗三百首》、白坚《夏完淳集笺校》选注《细林野哭》一首。汪端《明三十家诗选二集》评此诗与《吴江野哭》云:"二诗羽声慷慨,读之生气凛然。"

细林山上夜乌啼,细林山下秋草齐[2]。有客扁舟不系缆,乘风直下松江西[3]。却忆当年细林客,孟公四海文章伯[4]。昔日曾来访白云,落叶满山寻不得[5]。始知孟公湖海人[6],荒台古月水粼粼。相逢相哭天下事,酒酣睥睨意气亲[7]。去岁平陵鼓声死,与公同渡吴江水[8]。今年梦断九峰云,旌旗犹映暮山紫[9]。潇洒秦庭泪已挥,仿佛聊城矢已飞[10]。黄鹄欲举六翮折,茫茫四海将安归[11]？天地踡蹐日月促,气如长虹葬鱼腹[12]。肠断当年国士恩,剪纸招魂为公哭[13]。烈皇乘云御六龙,攀髯控驭先文忠[14]。君臣地下会相见,泪洒闾阖生悲风[15]。我欲归来振羽翼,谁知一举入罗弋[16]。家世堪怜赵氏孤,到今竟作田横客[17]。呜呼！抚膺一声江云开,身在罗网且莫哀。公乎,公乎！为我筑室傍夜台,霜寒月苦行当来[18]。

——清艺海珠尘本《夏内史集》卷四

[1] 细林:细林山,在华亭西北二十余里,松江九峰之一。旧名神山,又名秀林山。唐天宝六载,易名细林山。陈子龙尝游憩至此,夏完淳从游赋诗。

[2] 夜乌啼:用曹操《短歌行》"乌鹊南飞"意。杜甫《出郭》:"故国犹兵马,他乡正鼓鼙。江城今夜客,还与旧乌啼。"

[3] "有客"二句:完淳舟行解往南京。不系缆,用"不系舟"意,喻无牵挂。《庄子·列御寇》:"饱食而遨游,泛若不系之舟,虚而遨游者也。"松江西,松江,在松江府北七十四里上海县界,旧名吴淞江,亦曰松陵江,源出太湖,东注于海。细林山等松江九峰,在城西北。

[4] 细林客:谓陈子龙。孟公:子龙晚号於陵孟公。孟公之号,得于《孟子·滕文公下》:"匡章曰:'陈仲子岂不诚廉士哉？居於陵,三日不食,耳无闻,目无见也。'"又,西汉名士陈遵字孟公,杜陵人。见《汉书·游侠列传》。文章伯:文坛大家。子龙与夏允彝共主几社,文名播于宇内。杜甫《戏赠阆乡秦少府短歌》:"同心不减骨肉亲,每语见许文章伯。"

[5] "昔日"二句:顺治二年,子龙起兵守松江,兵败,隐于泖湖。祖母丧,葬广富林,郁郁不得志,幅巾布袍,往来神山、佘山之间。见《夏节愍全集》引徐世祯《陈卧子年谱》。夏完淳《从陈轶符年丈游细林山馆》:"登高湖海尽,愁绝倚松杉。"访白云:白云,喻幽隐。用"白云乡"意。《庄子·天地》:"乘彼白云,游于帝乡。"洪武间,汝阳道士彭素云隐细林山,构崇真道

院,中有仙椅、屯云、锦涛诸峰,后羽化去。寻不得:刘得仁《忆鹤》:"白云寻不得,紫府去无因。"

[6] 湖海人:湖海士,谓豪侠慷慨之士。《三国志·魏书·陈登传》:"陈元龙湖海之士,豪气不除。"陈贞慧《山阳录·陈给谏子龙》:"卧子湖海人豪,云间名秀。当其红烛结华亭之社,紫衣衔纯鲙之杯,走马横塘,弹筝茂苑,翩翩北海之宾,奕奕南皮之客,亦一世之风华也。及其故园花尽,江左莺飞,同张嵊之捐躯,等王琳之遇难,又何其歔欷慷慨者乎!"

[7] 睥睨:傲视一世。

[8] "去岁"二句:顺治三年五月,吴易再起太湖义旅,事败死。子龙、完淳往助之,同渡吴江归。完淳《大哀赋》:"从长兴而再起。""去岁"句,用西汉末翟义故事。翟义字文仲,汝南上蔡人。任东郡太守,以王莽篡汉,举义兵讨伐,兵败被杀。见《汉书·翟方进传》。完淳《大哀赋》序:"葬平陵之翟义,未有其人","轨亡秦之陈胜,效安刘之翟义"。平陵,《乐府诗集》卷二十八《相和歌辞三·平陵东》引崔豹《古今注》:"《平陵东》,汉翟义门人所作也。"吴江,吴淞江。

[9] "今年"六句:按《南疆逸史·陈子龙传》,吴胜兆提督松江,长洲诸生戴之隽教之反清,遣人约舟山黄斌卿,期顺治四年四月十五、十六两日水师至松江。事泄,胜兆下令入海,而水师已于十四日夜没于飓风。詹世勋、高永义变志,劫胜兆,送总督究治。狱词连子龙,子龙遁走,清兵循迹捕之。《东山国语·夏完淳传》:胜兆将起兵,知陈子龙与钱栴交密,通于完淳,完淳合子龙约舟山黄斌卿水师。"今年"二句:隐指吴胜兆反清事。梦断,梦醒。陆游《诉衷情·当年万里觅封侯》:"关河梦断何处?"九峰云,松江九峰,即昆山、横云山、机山、干山、佘山、细林山、薛山、凤凰山、库公山(按:原第二峰陆宝山,明时已夷为平陆,后人以库公山代之),皆在城西北。旌旗,辛弃疾《鹧鸪天》:"壮岁旌旗拥万夫。"暮山紫,王勃《滕王阁序》:"烟光凝而暮山紫。"李贺《雁门太守行》:"塞上燕脂凝夜紫。"王琦解:"当作暮色解,乃是犹王勃所谓'烟光凝而暮山紫'也。"

[10] "潇洒"二句:用申包胥痛哭秦庭、鲁仲连劝喻燕将故事,借指策反吴胜兆、联络舟山水师。申包胥故事,见《申包胥如秦乞师》注。鲁仲连故事,见《史记·鲁仲连邹阳列传》:齐田单攻聊城,久不下。仲连射书入城,燕

将乃自杀,"聊城乱,田单遂屠聊城"。

[11] 黄鹄欲举:喻吴胜兆反清垂成而败。黄鹄,鸿鹄。《商君书·画策》:"黄鹄之飞,一举千里。"六翮折:喻事败。六翮,鸟双翅中正羽。《战国策·楚策四》:"奋其六翮而凌清风,飘摇乎高翔。""茫茫"句:王沄续《陈子龙年谱》卷下载顺治三年:子龙在武塘大胜寺语王沄:"茫茫天地,将安之乎?惟有营葬大母,归死先垄耳。"

[12] 天地跼蹐:谓难以容身。夏完淳《别云间》:"无限山河泪,谁言天地宽?"跼蹐,语出《诗经·小雅·正月》:"谓天盖高,不敢不局。谓地盖厚,不敢不蹐。"言天高而有雷霆,地厚而有陷沦,上下皆可畏怖。日月促:白居易《春暮寄元九》:"但觉日月促,不嗟年岁徂。"气如长虹:语本《礼记·聘义》:"气如白虹,天也。"葬鱼腹:用屈原投江故事,喻子龙投水死。《楚辞·渔父》:"宁赴湘流,葬于江鱼之腹中。安能以皓皓之白,而蒙世俗之尘埃乎!"

[13] "肠断"句:伤感陈子龙当年知遇之恩。肠断,鲍照《代东门行》:"野风吹秋木,行子心肠断。"国士恩,用豫让故事。《战国策·赵策一》:"智伯以国士遇臣,臣故国士报之。"国士,一国中秀杰之士。剪纸招魂,古人剪纸为旎以招魂。杜甫《彭衙行》:"暖汤濯我足,剪纸招我魂。"《楚辞》有《招魂》篇,乱曰:"魂兮归来,哀江南。"

[14] 烈皇:崇祯帝朱由检,弘光时谥烈皇帝。御六龙:喻帝崩。《周易·乾卦》:"大明终始,六位时成,时乘六龙以御天。"古时天子驾六,马八尺称龙。攀髯:《史记·封禅书》:黄帝铸鼎于荆山下,鼎成,"有龙垂胡髯下迎黄帝。黄帝上骑,群臣后宫从上者七千余人,龙乃上去。余小臣不得上,乃悉持龙髯"。先文忠:夏允彝,顺治二年九月十七日自沉松塘,鲁监国赠左庶子,谥文忠。见《石匮书后集·夏允彝传》《明四朝成仁录·夏允彝传》。

[15] 地下:谓黄泉。阊阖:天门。生悲风:悲风,即阊阖风,谓西风,秋风。《国语·周语下》"以遂八风",韦昭注:"正西曰兑,为金,为阊阖风。"《史记·律书》:"阊阖风居西方。阊者,倡也;阖者,藏也。言阳气道万物,阖黄泉也。"

[16] "我欲"二句:清兵得吴胜兆义册,按册搜捕。完淳与钱栴栖乡野僻处,曰:"窃恐不免,若死得其正,某素志也。"钱栴谋入海,将行而清兵至,

执二人。见《东山国语·夏完淳传》。振羽翼,喻重振义帜。入罗弋,喻被逮。罗弋,罗网。

［17］"家世"句:完淳为夏允彝独子,故云如赵氏孤儿。赵氏孤:赵武,见《自叹》注。"到今"句:谓将从陈子龙而死。田横客:田横,故齐王田氏族人,立侄田广为齐王,而自相之。汉兵来攻,齐王死,田横乃自立。刘邦称帝,田横率徒属五百余人入海。刘邦遣使再召,始与其客二人来。耻臣事刘邦,自刭死,二客亦自刭。其宾客在海岛中者闻讯,皆自裁。见《史记·田儋列传》。完淳《大哀赋》序:"泣海岛之田横,尚无其地。"

［18］筑室:筑墓室。《诗经·唐风·葛生》:"百岁之后,归于其室。"郑玄曰:"室,犹冢圹。"夜台:长夜台,指坟墓。阮瑀《七哀诗》:"冥冥九泉室,漫漫长夜台。"霜寒月苦:白居易《早朝思退居》:"霜严月苦欲明天,忽忆闲居思浩然。"

自 叹

夏完淳

[解题] 夏完淳亲睹义兵屡溃,复国茫茫,赋《自叹》以明志。"谁不誓捐躯,杀身良不易"乃惊人句,亦自有本。《二程遗书》卷十一《师训》:"感慨杀身者易,从容就义者为难。"《朱子语类》卷九十六:"厚之问:'感慨杀身者易,从容就义者难。如何是从容就义?'曰:'从容,谓徐徐。但义理不精,思之再三,或汩于利害,却悔了,此所以为难。'"牟巘《重修颜鲁公祠堂记》:"夫感慨杀身易,从容就义难。"谢枋得《上丞相留忠斋书》:"先民广其说曰:'慷慨赴死易,从容就义难。'"黄宗羲《苍水张公墓志铭》:"语曰:'慷慨赴死易,从容就义难。'所谓慷慨、从容者,非以一身较迟速也。扶危定倾之心,吾身一日可以未死,吾力一丝有所未尽,不容但已。""从容就义"非易事。夏完淳《狱中上母书》:"痛哉,痛哉!人生孰无死,贵得死所耳。"《遗夫人书》:"不幸到今,吾不得不死。"捐胆不悔,感人泣下。

功名不可成,忠义敢自废?烈士贵殉名,达人任遗世[1]。自愧湖海人,卓荦青云志[2]。虽无英雄姿[3],自与俦伍异。美人来何迟,景光日云逝[4]。谁不誓捐躯,杀身良不易[5]。百年在一旦,神仙安可冀[6]。荣名复何为[7],寂寞千古事。

——清艺海珠尘本《夏内史集》卷三

[1]"烈士"句:贾谊《鹏鸟赋》:"贪夫殉财兮,烈士殉名。"烈士,节操君子。殉名,舍身求名。达人,通达之士。遗世,超脱尘俗。陶渊明《饮酒二十首》其七:"泛此忘忧物,远我遗世情。"

[2] 湖海人:见《细林野哭》注。青云志:远大之志。嵇康《答难养生论》:"涤垢泽秽,志凌青云。"颜延年《五君咏·阮始平》:"仲容青云器,实禀生民秀。"李善注:"青云,言高远也。《史记》太史公曰:'夫闾巷之人,欲砥行立名者,非附青云之士,恶能施于后代哉!'"

[3] 英雄姿:杜甫《徒步归行》:"明公壮年值时危,经济实藉英雄姿。"英雄,《华阳国志·刘先主志》:"公从容谓先主曰:'天下英雄,惟使君与操。本初之徒,不足数也。'"俦伍:同辈。

[4]"美人"二句:伤复国日遥。化用《楚辞·离骚》:"惟草木之零落兮,恐美人之迟暮。"《楚辞·九章·思美人》:"命则处幽吾将罢兮,愿及白日之未暮。"王逸《离骚经序》:"《离骚》之文,依《诗》取兴,引类譬喻","灵修美人,以媲于君"。景光,即光景。《楚辞·九章·悲回风》:"借光景以往来兮,施黄棘之枉策。"

[5]"谁不"二句:见本篇解题。崇祯十七年,完淳《野哭》:"其时死者曾几人,匍匐但称归顺臣。旌旐谁是田横客,冠盖无非项伯伦。惟有先朝一杜宇,啼入东华门上树。望帝望帝何不归,千古君臣仅如许。"

[6]"百年"二句:《古诗十九首·生年不满百》:"生年不满百,常怀千岁忧","仙人王子乔,难可与等期。"陶渊明《感士不遇赋》:"寓形百年,而瞬息已尽。"

[7]"荣名"句:荣名,谓美名。陶渊明《影答形》:"身没名亦尽,念之五情热。"

拨　闷[1]

张家玉

〔解题〕 张家玉字玄子,号芝园,东莞人。崇祯十六年(1643)进士,选庶吉士,为倪元璐所重。翌年,李自成陷北京,张家玉被执。乘清兵入京,得脱归。顺治二年(1645),与同里苏观生扈唐王即位于闽,擢翰林侍讲。旋监郑彩军。十月,出杉关,谋复江西。十一月,解抚州围。明年正月,郑彩闻清兵至,奔入关。张家玉走新城,招募乡兵。鏖战被创,乃入关。十二月,清兵入广州。薙发令下,张家玉通书南海陈子壮,约共举义兵。顺治四年三月,起兵。奉永历年号,进兵部尚书。先后取东莞、龙门、博罗、连平、长宁等地,据增城。十月,清兵来攻,大战十日,被围数重,自投野塘死,年三十三。著有《大易纂义》《词林馆课》《燕山吟》《南游草》《西征集》《军中遗稿》。永历帝赠增城侯,谥文烈。事具屈大均《文烈张公行状》。《明史》有传。张家玉恂恂儒雅,若弱不胜衣,而好击剑任侠,中怀刚毅。奋纾国难,厥功甚伟。罗应垣《军中遗稿序》:"率皆贯虹喷碧之语。读之,令人悲其志,惜其遇,悯其忠,而复壮其气魄。"张家玉为明之张睢阳、文文山,此选《拨闷》《夜走博罗》诗,以见其孤身支颓、补天浴血志行。此诗作于顺治四年东莞起兵后。

欲拨牢骚强笑歌,此身其奈此生何[2]？人怜岁月优游少,我抱山河感慨多[3]。报国无才成坎壈,思亲有泪但滂沱[4]。年来枯尽英雄血,独有吞胡志不磨[5]。

——杨宝霖点校《张家玉集》,广东高等教育出版社1992年版

[1] 拨闷:破闷。拨闷之作,吟咏以破愁。

[2] "此身"句:意谓以身许国,奈遭际不偶。

[3] 悠游:悠闲自在。山河:山川景胜,借指故国。

[4] "思亲"句:按屈大均《文烈张公行状》,家玉顺治四年起兵,与清兵数战,退师到滘。李成栋陷到滘,家玉祖母陈氏、母黎氏、姑石宝赴水死,妻彭氏被执大骂,断肢死。后清兵掘家玉祖墓,张氏族人死者前后达千人。家玉父兆龙字体乾,家玉与仲弟家珍皆黎氏出。家玉身后,父续娶钱氏,生三子家琳、四子家璲。

[5] 吞胡:张元幹《贺新郎·寄李伯纪丞相》:"倚高寒、愁生故国,气吞骄虏。"岳飞《满江红·怒发冲冠》:"壮志饥餐胡虏肉,笑谈渴饮匈奴血。待从头、收拾旧山河,朝天阙。"

夜走博罗(二首)[1]

张家玉

[解题] 顺治三年(1646)十二月,清兵下广州。明年三月,张家玉首建义旗,奋孤军,连下州县,旋得旋失。屈大均《文烈张公行状》详载攻守博罗之事。《夜走博罗》二首作于博罗兵败走脱之际,收入《军中遗稿》。王夫之《永历实录·二张列传》:"张家玉诗才亢爽,于军中作悲愤百余首,其弟梓行之。有云:'真同丧狗生无赖,纵比流萤死有光。'其志操可睹也。"

举目烽烟黯自伤,胡笳吹处似边方[2]。真同丧狗生无愧,纵比流萤死有光[3]。力尽张良虚博浪,时穷许远失睢阳[4]。当存百炼坚金志,卷土重来未可量[5]。

匹马孤军共一行,旌麾凌乱势苍黄[6]。云崩日落豺狼啸,地黑天昏傀儡强[7]。报国谁同坚铁石,捐躯吾任笑愚狂[8]。《春秋》勿谓千年绝,身有遗编尚未亡[9]。

——杨宝霖点校《张家玉集》,广东高等教育出版社1992年版

[1] 博罗:明清惠州府属县,在府城西北三十里。
[2] 胡笳:胡人卷芦叶,吹以作乐,曰胡笳,后为胡人乐器。《晋书·刘琨传》:"在晋阳,尝为胡骑所围数重,城中窘迫无计。琨乃乘月登楼清啸,贼

闻之,皆凄然长叹。中夜奏胡笳,贼又流涕歔欷,有怀土之切。向晓复吹之,贼并弃围而走。"边方:边地。

[3] 丧狗:丧家之狗。《史记·孔子世家》:"孔子适郑,与弟子相失。孔子独立郭东门,郑人或谓子贡曰:'东门有人……累累若丧家之狗。'"苏轼《次韵周开祖长官见寄》:"罔罔可怜真丧狗,时时相触是虚舟。"生无愧:王夫之《永历实录》、光绪铅印本《张文烈公遗诗》作"生无赖",清抄本《军中遗稿》作"生无愧"。流萤:王夫之《闻极丸翁凶问,不禁狂哭,痛定辄吟二首》其一:"长夜悠悠二十年,流萤死焰烛高天。"丘逢甲《题张生所编东莞英雄遗集》:"苍黄百战野塘死,一死何止流萤光(注云:用张文烈诗语)。"

[4] "力尽"句:用张良博浪椎故事。《史记·留侯世家》:"悉以家财求客刺秦王,为韩报仇,以大父、父五世相韩故。良尝学礼淮阳,东见仓海君,得力士,为铁椎,重百二十斤。秦皇帝东游,良与客狙击秦皇帝博浪沙中,误中副车。"张家玉《自吊》:"报国谁堪追定远,传家我已愧留侯。""时穷"句:用许远守睢阳故事。至德二载,睢阳太守许远与张巡共守睢阳。城陷,张巡死,许远被执,后亦遭杀害。见《新唐书·许远传》。韩愈《张中丞传后叙》:"两家子弟材智下,不能通知二父志,以为巡死而远就虏,疑畏死而辞服于贼","远之不畏死亦明矣!"博罗失陷,家玉走脱,故以许远自喻。

[5] "当存"二句:意谓将欲有为,乃后死者之责。百炼坚金志,即百炼刚之志。刘琨《重赠卢谌》:"何意百炼刚,化为绕指柔。"冯梦龙《新列国志》第二十七回:"百炼坚金任磨砺。"

[6] "匹马"二句:写自博罗脱走状。势苍黄,苍黄,同"仓皇"。姚茂《巴陵女子行》:"乱兵驱出势苍黄,夫婿翁姑在何处?"

[7] "云崩"二句:言敌势猖獗。豺狼啸、傀儡强,喻清兵之势。

[8] "报国"二句:用文天祥"臣心一片磁针石"意。张家玉《述志》:"臣心一块孤忠铁,誓与清夷不共天。"坚铁石,苏轼《冬至日赠安节》:"今来能慷慨,志气坚铁石。"

[9] "春秋"二句:谓一身尚在,卷土重来。用文天祥"留取丹心照汗青"意。家玉《读文文山先生集,不觉饮泣,集先生句成六绝》其六:"素王不

作《春秋》废,独抱《春秋》莫我知。"《军中夜感》:"裹尸马革英雄事,纵死终令汗竹香。"《自吊》:"姓名他日昭人目,幸不遗污史册羞。"《春秋》,《春秋》经,借指史书。

梦 马

张家珍

〔**解题**〕报国捐躯,存道不变,兄不能必其弟偕,父不能必其子俱。故王夫之《读通鉴论》卷十四《安帝》云:"嵇叔夜不能取必于子,文信国不能喻志于弟。"文天祥殉宋,弟文璧仕元。明遗民告诫子辈不可为虏官,或不能信守家训。当然,国家亡危之际,父子同仇、兄弟争死者亦多。少年壮烈许国,夏完淳不愧乃父允彝,张家珍不愧其兄家玉。家珍字璩子,年十六随兄起兵东莞,披紫铠,率所部千人,出为奇兵,转战数胜,号"小飞将"。增城之役,张家玉投水死,家珍得脱,荫拜锦衣卫指挥使。连平、长宁之复,皆与有力。广州再破,家居奉养,年三十郁郁终。著有《寒木楼遗诗》。陈恭尹作《张金吾家珍传》。《广东新语》卷十二《诗语》"张璩子诗"条:"东莞张璩子家珍,年十六从其兄文烈公起兵。常得良马,绝爱之,摧锋陷坚阵,数有奇功。马死,璩子哭之恸,葬于龙门山中。既十年所,忽夜梦驰驱如昔,悲鸣恋恋,觉而为诗吊之。"家玉诗才亢爽,家珍诗亦奇崛,悲愤激烈,此选其《梦马》一首。

久失飞黄马[1],空余血战衣。可怜横草后,不得裹尸归[2]。力尽犹追敌,功高几溃围[3]。年来生髀肉[4],梦尔泪频挥。

——清康熙间刻本《广东文选》卷三十三

〔1〕飞黄马:传说中神马,又名乘黄。《淮南子·览冥训》:"青龙进驾,飞黄伏皂。"许慎注:"飞黄,乘黄也。出西方,状如狐,背上有角,寿千岁。"张九龄《和姚令公从幸温汤喜雪》:"万乘飞黄马。"

〔2〕横草后:横草,谓行车草野之中,喻轻功微劳。李白《书情赠蔡舍人雄》:"愧无横草功,虚负雨露恩。"裹尸归:用马援故事。马援字文渊,扶风茂陵人。少有大志,拜陇西太守,振旅还京。孟冀迎劳之,马援曰:"方今匈奴、乌桓尚扰北边,欲自请击之。男儿要当死于边野,以马革裹尸还葬耳,何能卧床上,在儿女子手中邪?"孟冀曰:"谅为烈士,当如此矣。"见《后汉书·马援传》。李贺《平城下》:"唯愁裹尸归,不惜倒戈死。"

〔3〕"力尽"二句:家珍数为奇兵,见本篇解题。溃围,突围。

〔4〕生髀肉:谓安逸太久,无所作为。《三国志·蜀书·先主传》裴松之注引《九州春秋》:"备住荆州数年,尝于表坐起至厕,见髀里肉生,慨然流涕。还坐,表怪问备,备曰:'吾常身不离鞍,髀肉皆削。今不复骑,髀里肉生。日月若驰,老将至矣,而功业不建,是以悲耳。'"

爝火不灭，道存国存

生祭文丞相

王炎午

〔**解题**〕 文天祥光复宋室，数濒于死。潮阳兵溃，服毒不死，俘解大都。安福王炎午字鼎翁，号梅边，咸淳间诸生，闻天祥被执，作《生祭文丞相》以速其死。天祥不即死，殆"要与人间留好样"。炎午为文速其死，亦尽"国家养育臣庶"之义。正所谓国家兴亡，士庶各尽其责。及天祥"事毕"，炎午作《望祭文丞相》。《生祭文丞相》见于明抄本《吾汶稿》卷四。明刊本《文山先生全集》卷二十附收，题作《生祭文丞相文》，文字多异，且不如明抄本。《宋遗民录》《文章辨体汇选》《甘露园短书》《高奇往事》《续宋宰辅编年录》《灯窗丛录》亦收录此文。

丞相再执，就义未闻，豪杰之见，固难测识，因与刘尧举对床感怆，共赋嗟惜之[1]。尧举先赋曰："天留中子坟孤竹，谁向西山饭伯夷。"[2]予闻其下句，义则谓伯夷久不死，必有饭之者矣。予谓："'向'字尚有忧其饥而愿人饷之之意，请改作'在'字如何？"尧举然之。予以寂寥短章，不足以用吾情，遂不复赋[3]。盖丞相初起兵，仆尝赴公召，进狂言，有曰："愿名公复毁家产，供给军饷，以倡士民助义之心；请购淮卒，参错戎行，以训江广乌合之众。"他所议论，狂斐尤多，慷慨戆愚[4]。丞相嘉纳，委帅机何见山进之幕府[5]，授职从戎。仆以身在太学,父没未葬,母病危殆,属以时艰,恐进难尽忠,退复亏孝,倥偬感泣控辞[6],丞相怜而从之。奖拔之公,许养之私,丞相两尽之矣。仆于国恩为已负,于丞相之德则未报,遂作《生祭丞相文》,以速丞相之死。尧举读之流涕,遂相与誊录数十本,自赣至洪,于驿途水步、山墙店壁贴之,冀丞相经从一见[7]。虽不自揣量,亦求不负此心耳。尧举名应凤,黄甲科第,授建康军判签,与其兄尧咨,文章超卓,为安成名士[8]。

维年月日,里学生旧太学观化斋生王鼎翁,谨采西山之薇,酌汨罗之水,哭祭于丞相文山先生未死之灵而言曰[9]:

呜呼,大丞相可死矣!文章邹鲁,科第郊祁[10],斯文不朽,可死。丧父受公卿俎奠之荣,奉母极东南迎养之乐[11],为子孝,可死。二十而巍科,四十而将相[12],功名事业,可死。仗义勤王,使命不辱[13],不负所学,可死。华元跟蹻,子胥脱走,丞相自叙,几死者数矣[14],诚有不幸,则国事未定,臣节未明。今鞠躬尽瘁,则诸葛矣;保捍闽广,则田单即墨矣;倡义勇出,则颜平原、申包胥矣;虽举事率无所成,而大节已无愧,所欠一死耳[15]。奈何再执涉月逾时,就义寂寥,论者惊惜。岂丞相尚欲脱去耶?尚欲有为耶?或以不屈为心,而以不死为事耶?抑旧主尚在,未忍弃捐耶[16]?

果欲脱去耶?夫伏桥于厕舍之后,投筑于目矐之余,于是希再,纵求再生,则二子为不知矣[17]。尚欲有所为耶?识时务者在俊杰,昔以东南全势,不能解襄樊之围[18],今以亡国一夫,而欲抗天下?况赵孤蹈海,楚怀入关,商非前日之顽,周无未献之地,南北之势既合,天人之际可知[19]。彼齐废齐兴,楚亡楚复[20],皆两国相当之势,而国君大臣固无恙耳。今事势无可为,而国君大臣皆为执矣。臣子之于君父,临大节,决大难,事可为则屈意忍死以就义,必不幸则仗义以明分。

故身执而勇于就义,当以杲卿、张巡诸子为正[21]。李陵降矣,而曰欲有为,且思刎颈以见志。其言诚伪,既不可知,况形拘势禁,不及为者十常八九,惟不刎,刎岂足以见志?向使陵降后死他故,则颈且不及刎,志何能自明哉!丞相之不为陵,不待知者而信,奈何慷慨迟回,日久月积,志消气馁,不陵亦陵,岂不惜哉[22]!

欲不屈而不死耶?惟苏子卿可[23]。汉室方隆,子卿使耳,非有兴复事也,非有抗师雠也。丞相何俟?降与死当有分矣。李光弼讨史思明,方战,纳刃于靴,曰:"夫战,危事也。吾位三公,不可辱于贼,万一不利,当自刎。"[24]李存勖伐梁,梁帝朱友贞谓近臣皇甫麟曰:"晋,吾世仇也。不可俟彼刀锯,卿可尽我命。"麟于是哀泣,进刃于帝,而亦自刎[25]。今丞相以三公之位,兼睚眦之仇[26],投机明辨,岂堪在李光弼、朱友贞之下乎?屈且不保,况不屈乎?丞相不死,当有死丞相者矣。自死者,义也。死于势,死于人,以怒骂为烈,死于怒骂,则肝脑肾肠,有不忍言者矣。虽镬汤刀锯[27],烈士不辞,苟可就义以归全,岂不因忠而成孝!事在目睫,丞相何所俟乎?

以旧主尚在,未忍弃捐耶?李昇篡杨行密之业,迁其子孙于海陵,严兵守之,至男女自为匹耦,然犹得不死。周世宗征淮南,下诏抚安杨氏子孙,李昇惊疑,尽杀其族。夫抚安本以为德,而反速祸。几微一失,可不惧哉[28]!王衍既归唐,庄宗发三辰之誓,全其宗族。未几,信伶人景进之计,衍族尽诛。几微之倚伏,可不畏哉[29]!夫以赵祖之遇降主,天固巧于报德,然建共暂处,皓坐苟安。旧主正坐于危疑,羁臣犹事于肮脏,而声气所逼,猜嫌必生,岂无李昇之疑,或有景进之计[30]?则丞相于旧主不足为情,而反为害矣。

炎午，丞相乡之晚进士也，前成均之弟子员也[31]。进而父没，退而国亡，生虽愧陈东报汴之忠，死不效陆机入洛之耻[32]。丞相起兵，次乡国时，有少年狂子，持斐牍叫军门[33]。丞相察其忧愤而进之，怜其亲老而退之，非仆也耶！痛惟千载之事，既负于前，一得之愚，敢默于后？启手启足，非曾参乎？得正而毙，乃取童子之一言；血指慷慨，非南八乎？抗义迟回，终待张巡之一呼[34]。进薄昭之素服，先元亮之挽歌，愿与丞相商之[35]。

庐陵非丞相父母邦乎？赵太祖语孟昶母曰："勿戚戚，行遣汝归蜀。"昶母曰："妾太原人，愿归太原，不愿归蜀。"[36]契丹迁晋出帝及李太后、安太妃于建州。太后疾亟，谓帝曰："我死，焚其骨，送范阳佛寺，毋使我为虏地鬼也。"安太妃临卒，亦谓帝曰："当焚我为灰，向南飏之，庶遗魂得反中国也。"彼妇人，彼国后，一死一生，尚眷眷故乡，不忍飘弃，仇雠外国，况忠臣义士乎[37]？人七日不谷则毙，自梅岭以出，纵不得留汉厩而从田横，亦当吐周粟而友孤竹，至父母邦而首丘焉[38]。庐陵盛矣，科目尊矣，宰相、忠烈，合为一传矣。旧主得老死于降邸，宋亡而赵不绝矣[39]。

不然，或拘囚不死，或秋暑冬寒，五日不汗，瓜蒂喷鼻死，溺死，畏死，排墙死，盗贼死，毒蛇死，猛虎死，轻一死于鸿毛，亏一篑于太山[40]。而或遗旧主忧，纵不断赵盾之弑君，亦将悔伯仁之由我，则铸错已无铁，噬脐宁有口乎[41]？呜呼！一节四忠[42]，待公而六，为位其间，闻讣则哭。

——《四部丛刊三编》景明抄本《吾汶稿》卷四

[１]"丞相再执"六句：德祐二年正月十八日，伯颜率元兵至皋亭山。翌日早，天祥除枢密使，午除右丞相。二十日，至元营见伯颜，被拘，乘间脱

身。祥兴元年十二月二十日,潮阳兵溃被执。明年,解送大都,道中绝粒未亡。见《文山先生纪年录》。士人见天祥不死,未知其思将欲有为,或欲效伯夷、叔齐,故云"固难测识"。刘尧举,刘应凤字尧举,安成人。咸淳十年进士,授签判。元兵逼江南,尝署建昌郡事。入元不仕。见万历《吉安府志》卷二十七。豪杰,明刊《文山先生全集》作"慷慨"。对床,夜间对床共语。嗟惜,嗟叹惋惜。

［2］"天留"句:《史记·伯夷列传》:伯夷、叔齐为孤竹君二子,父欲立叔齐,及父卒,叔齐让伯夷,伯夷逃,叔齐亦逃,"国人立其中子"。"谁向"句:《史记·伯夷列传》:伯夷、叔齐逃位,闻西伯侯姬昌善养老,归焉。见武王东伐纣,叩马而谏。追天下宗周,隐首阳山。

［3］寂寥短章:韩愈《送权秀才序》:"寂寥乎短章,春容乎大篇。"寂寥,犹空寂。短章,诗文篇幅短者,以对大篇。用吾情:《礼记·檀弓下》:"乐正子春之母死,五日而不食,曰:'吾悔之,自吾母而不得吾情,吾恶乎用吾情?'"

［4］"盖丞相"十三句:陆心源《宋史翼·王炎午传》:"天祥募兵勤王,炎午谒军门,劝天祥毁家产,供给军饷,以倡士民助义之心。又请购淮卒,参错戎行,以训江广乌合之众。天祥嘉纳,目为小范老子,欲授职从戎,以母病不果。"德祐元年,诏诸路勤王,天祥得众万人。名公,即明公,客对主尊称。毁家产,《宋史·文天祥传》:"天祥性豪华,平生自奉甚厚,声伎满前。至是痛自贬损,尽以家赀为军费。"参错,交错。戎行,行伍。狂斐,犹狂简。《论语·公冶长篇》:"子在陈,曰:'归与!归与!吾党之小子狂简,斐然成章,不知所以裁之也。'"

［5］帅机:掌兵事机务。何见山:何时字了翁,号见山,乐安人。宝祐四年进士,知兴国县。德祐元年,从天祥募兵江右,任安抚司主管机宜文字。天祥入卫,何时留后供输,知吉州、抚州。天祥开府南剑,何时趋兴国为援,复崇仁。兵败,窜迹岭南。闻天祥死,叹曰:"文山死矣,吾何生为?"削发,号坚白道人。见同治《乐安县志》卷八《人物·忠义》。

［6］侄傺:困苦窘迫。控辞:请求辞免。

［7］"自赣至洪"四句:按《文山先生纪年录》,祥兴元年四月二十二日,张弘范命都镇抚石嵩自广州解天祥北上。五月二十五日至南安军,二十

281

八日至赣州。六月一日至吉州。赣,赣州。洪,洪州,即南昌。水步,水埠,泊船埠头。

[8] 黄甲:谓进士及第,榜单用黄纸书写,故名。尧咨:刘应登字尧咨,景定间漕贡进士。隐居不仕,能文章。见嘉靖《江西通志》卷三十七《吉安府》。

[9] 维年月日:古时祭文起句体式。太学观化斋生:南宋太学实行斋舍管理,取观化、贯道等名,各设斋长,由太学生充任。采西山之薇:《史记·伯夷列传》:伯夷、叔齐隐首阳山,采薇而食,及饿且死,作歌曰:"登彼西山兮,采其薇矣。以暴易暴兮,不知其非矣。神农、虞夏忽焉没兮,我安适归矣?"酹汨罗之水:《史记·屈原贾生列传》:屈原"于是怀石遂自投汨罗以死"。应劭曰:"汨水在罗,故曰汨罗。"酹:酹奠。

[10] 文章邹鲁:赞天祥能文章,不堕先贤遗风。孔子,鲁人,孟子,邹人,后世文章家追踪孔孟,称邹鲁文章。科第郊祁:天祥举进士第一,可比"二宋"。郊祁,宋郊、宋祁兄弟,同时举进士。礼部置宋祁第一,宋郊第三,章献太后不欲以弟先兄,擢宋郊第一,置宋祁第十。时称"二宋"或"大小宋",传为美谈。见《宋史·宋祁传》。

[11] "丧父"二句:天祥父文仪,字士表,号革斋,有才德。宝祐四年五月,殁于京师。以子中巍科,朝廷命官吏治丧。后以子贵,赠太师、惠国公。见天祥《先君子革斋先生事实》《文山先生纪年录》。天祥母曾氏,封齐魏国夫人,景炎三年九月殁。俎奠,俎豆祭祀。《文山先生全集》作"祖奠",祖奠谓于神主前祭奠。迎养:接尊亲共居,以便孝养。

[12] "二十而巍科"二句:宝祐四年,天祥举进士第一,年二十一。德祐二年拜相,年四十一。

[13] "仗义勤王"二句:德祐元年,天祥起兵勤王,明年奉使元营,慷慨陈辞。

[14] 华元:春秋时宋大夫。郑国奉楚命伐宋,华元战败被俘,逃归。《左传·宣公二年》:"宋人以兵车百乘、文马百驷,以赎华元于郑。半入,华元逃归","城者讴曰:'睅其目,皤其腹,弃甲而复。于思于思,弃甲复来。'使其骖乘,谓之曰:'牛则有皮,犀兕尚多,弃甲则那?'"子胥脱走:伍子胥遭楚平王迫害,奔吴,过昭关,几不得脱。后夜行昼伏,鼓腹吹篪,乞食于吴市。

丞相自叙:谓《指南录后序》,备述"及于死者,不知其几矣"。

[15]"今鞠躬尽瘁"十句:与以上数段文字,历述天祥文章、科第、孝养、功名、事业皆不憾,所欠惟一死酬国。"今鞠躬尽瘁"二句,言天祥忧劳国事,可比诸葛亮。诸葛亮《后出师表》:"臣鞠躬尽瘁,死而后已。""保捍闽广"二句,言天祥辅宋端宗、怀宗抗元,可比田单。《史记·田单列传》:乐毅率燕师长驱平齐,田单守即墨,破燕军,乘胜收复七十余城,封安平君。《史记·太史公自序》:"湣王既失临淄而奔莒,唯田单用即墨破走骑劫,遂存齐社稷。""倡义勇出"二句,言天祥起兵救亡,可比颜真卿、申包胥。颜真卿,字清臣,京兆万年人。开元二十二年进士,累迁殿中侍御史,忤杨国忠,谪平原太守。安史之乱,起义旅。李希烈叛,真卿奉使招谕,被杀。见《新唐书·颜真卿传》。申包胥,见《申包胥如秦乞师》注。刘向《说苑》卷八《尊贤》:"楚有申包胥,而昭王反位;齐有田单,襄王得国。由此观之,国无贤佐俊士,而能以成功立名,安危继绝者,未尝有也。"

[16]"岂丞相"六句:忖度天祥不即死之由数种:将欲有为;不屈其心,甘为不死之伯夷、叔齐;以旧主尚在,忍辱偷生。先是天祥奉使元营被执,乘间脱逃,故云"尚欲脱去"。尚欲有为,用南霁云故事,见《议纠合两淮复兴》注。以不屈为心,谓伯夷、叔齐义不食周粟而隐。旧主,谓谢太后、全皇后、宋恭宗,后先俘至大都。谢太后卒于至元二十年,全皇后为尼于正智寺而终,宋恭宗殁于元至治间。

[17]"果欲脱"六句:以上忖度天祥不即死诸由,并一一析之,以为皆不可恃,恃之则辱身、不智。伏桥于厕舍,用豫让为智伯复仇故事。《战国策·赵策一》:"乃变姓名,为刑人,入宫涂厕,欲以刺襄子。襄子如厕,心动,执问涂者,则豫让也。"投筑于目矐(huò),用高渐离故事。燕人高渐离善击筑,与荆轲为友。燕亡,变姓名,矢志复仇。"秦皇帝惜其善击筑,重赦之。乃矐其目,使击筑,未尝不称善,稍益近之。高渐离乃以铅置筑中,复进得近,举筑扑秦皇帝,不中,于是遂诛高渐离,终身不复近诸侯之人"。见《史记·刺客列传》。不知,即不智,"知"通"智"。

[18]襄樊之围:咸淳三年,蒙古军攻襄阳。宋将吕文焕、张世杰等拒之,苦战六载,咸淳九年,襄阳陷,文焕降,南宋门户洞开。见《宋史·度宗本纪》。

［19］赵孤蹈海：赵孤，谓宋怀宗赵昺。祥兴二年二月，元兵陷厓山，陆秀夫负幼帝赵昺投海死。见《宋史·瀛国公本纪》。楚怀入关：楚怀王为秦所欺，卒客死于秦。借指宋恭帝俘至大都。商非前日之顽：谓武王灭商，殷犹多顽民，宋亡不然，今非昔比。周无未献之地：谓天下归周，商无复国之机，元统一南北，形势类之。《诗经·小雅·北山》："溥天之下，莫非王土；率土之滨，莫非王臣。"

［20］"彼齐废齐兴"二句：谓田单存齐、申包胥复楚。

［21］"当以"句：谓当效颜杲卿、张巡骂贼而死，不存他念。颜杲卿字昕，颜真卿从兄。安史乱中，与子季明守常山郡。天宝十五载，城破被俘，骂贼不屈，断舌而死，年六十五。见《旧唐书·颜杲卿传》。

［22］"李陵降矣"十九句：以汉人李陵降匈奴为例，再言后死无益。李陵字少卿，陇西成纪人，李广孙。天汉二年，征匈奴，孤军无援，兵败降，老死匈奴。见《汉书·李广苏建传》。李陵既降，汉武帝怒，太史令司马迁言李陵"彼之不死，宜欲得当以报汉也"。

［23］苏子卿：苏武字子卿。见《病起书怀》注。

［24］"李光弼"九句：复举李光弼、朱友贞之例，言屈且不保。李光弼，营州柳城人。天宝十五载，郭子仪荐为河东节度副使，讨伐安史乱军。乾元二年，任天下兵马副元帅，战功推"中兴第一"。见《新唐书·李光弼传》。"夫战"六句，语出《新唐书·李光弼传》："始，光弼将战，内刃于靴，曰：'战，危事。吾位三公，不可辱于贼。万有一不捷，当自刎以谢天子。'"

［25］李存勖：晋王李克用子，后唐开国之君。朱温篡唐，克用以兴唐自任。存勖袭晋王，天祐二十年称帝，改元同光，十二月灭后梁。见《新五代史·梁家人传》、《唐家人传》。"晋，吾世仇也"四句：语出《新五代史·梁家人传》："初，庄宗之入汴也，末帝登建国楼，谓控鹤指挥使皇甫麟曰：'晋，吾世仇也。不可俟彼刀锯，卿可尽我命，无使我落仇人之手。'麟与帝相持恸哭。是夕，进刃于帝，麟亦自刭。"

［26］睚眦之仇：睚眦之隙。《三国志·魏书·董卓传》："卓性残忍不仁，遂以严刑胁众，睚眦之隙必报，人不自保。"

［27］镬汤：鼎镬、热水，古时用作烹人刑具。刀锯：古时用作刑具。《国语·鲁语上》："中刑用刀锯。"韦昭曰："割劓用刀，断截用锯。"

[28]"李昇篡"十三句:以南吴杨行密子孙之死为例,言"以旧主尚在"不可恃。行密原名行愍,字化源,庐州人。唐末据江淮,唐昭宗封吴王,史称杨吴。子杨溥顺义七年称帝。天祚三年,逊位徐知诰,改国号齐。明年,又以唐宗室后,知诰易名李昇,改国号唐,史称南唐。李昇尊杨溥为让皇帝,徙之丹阳宫。后迁杨氏子孙至泰州居之,号永宁宫,命褚仁规严兵防护,不与外通。周世宗征淮南,下诏安抚杨氏子孙,南唐嗣主李璟闻之惧,遣尹廷范迎置京口,时道路已乱,廷范虑有变,杀数十人。见吴任臣《十国春秋·太祖世家》、《睿帝本纪》。匹耦,夫妻。李昇惊疑,李昇,当作"李璟"。《文山先生全集》《宋遗民录》作"景升",亦未确。几微一失,隐微之失。几微,隐微。柳宗元《寄许京兆孟容书》:"年少气锐,不识几微。"

[29]"王衍既归唐"八句:以前蜀王衍族灭为例,再辨"以旧主尚在"不可恃。王衍初名宗衍,字化源,许州人,前蜀末帝。同光三年,唐庄宗李存勖发兵伐蜀,王衍降。明年春,解送王衍及宗族东行。伶人景进曰:"王氏族党不少,闻车驾东征,恐骤为变,盍除之?"庄宗遗人杀王衍及其宗族于秦川驿。见《十国春秋·后主本纪》。三辰之誓,指三辰为誓。《十国春秋·后主本纪》:"又下诏慰帝曰:'固当裂土而王,必不薄人于险。三辰在上,一言不欺。'帝捧诏欣然,曰:'不失为安乐公。'"三辰,日、月、星。《左传·桓公二年》:"三辰旂旗,昭其明也。"几微之倚伏,即倚伏之机。倚伏,谓福祸相倚,语出《老子》:"祸兮福之所倚,福兮祸之所伏。"

[30]"夫以赵祖"十句:谓赵太祖待降主,亦不过令之苟安而已,且旧主处危疑之中,羁臣举止或致猜嫌,将有害于旧主。危疑,怀疑,不信任。肮脏,谓苟且之事。李昇,当作"李璟"。

[31]成均:古之大学。弟子员:汉代太学生之称,后世沿之。

[32]陈东报汴之忠:北宋末,太学生陈东屡率太学生上书论事,请诛蔡京等"六贼",任用李纲。陆机入洛之耻:陆机字士衡,吴郡人。祖陆逊为孙吴丞相,父陆抗为大司马。陆机少有异才,太康末与弟陆云入洛阳,文才倾动一时,时有"二陆入洛,三张减价"之说。仕晋,累迁著作郎。见《晋书·陆机传》。

[33]斐牍:斐什文牍。

[34]"启手启足"八句:《文山先生全集》《宋遗民录》《甘露园短书》

《文章辨体汇选》无此数句。"启手启足"二句,典出《论语·泰伯篇》:"曾子有疾,召门弟子曰:'启予足!启予手!《诗》云:"战战兢兢,如临深渊,如履薄冰。"而今而后,吾知免夫!小子!'""得正而毙"二句,典出《礼记·檀弓上》:"曾子寝疾,病","(童子)曰:'华而睆,大夫之箦与?'曾子曰:'然。斯季孙之赐也,我未之能易也。元,起易箦。'曾元曰:'夫子之病革矣,不可以变。幸而至于旦,请敬易之。'曾子曰:'尔之爱我也,不如彼。君子之爱人也以德,细人之爱人也以姑息。君何求哉?吾得正而毙焉,斯已矣。'举扶而易之,反席未安而没。""血指慷慨"四句,用南霁云故事,见《议纠合两淮复兴》注。

[35] 薄昭之素服:用薄昭之诛故事。薄昭为薄太后弟,汉文帝舅,官车骑将军,封轵侯。"将军薄昭杀汉使者,帝不忍加诛,使公卿从之饮酒,欲令自引分,昭不肯。使群臣丧服往哭之,乃自杀"。见《资治通鉴·汉纪六》。元亮之挽歌:陶渊明作《拟挽歌辞三首》,其一云:"有生必有死,早终非命促。"其三云:"死去何所道,托体同山阿。"

[36] "庐陵"八句:以古之妇人、国后为例,速天祥魂归故里。"赵太祖语孟昶母曰"七句,孟昶字保元,后蜀末帝。父知祥尚唐庄宗妹琼华公主,封蜀王。唐明宗卒,知祥称帝,国号蜀。孟昶嗣位。宋太祖发兵伐蜀,孟昶降,俘至京,封秦国公。生母李氏,本琼华公主之媵。见《五代史记注·后蜀世家》。

[37] "契丹迁晋"十三句:晋出帝,谓后晋石重贵,石敬瑭养子。即位,遣大将杜重威、李守贞率兵攻辽。重威降辽,回攻汴京。重贵奉表降,辽帝耶律德光废之为负义侯,迁黄龙府,移辽阳,再移建州。见《新五代史·晋本纪》。李太后,石敬瑭皇后李氏,唐明宗李嗣源女。重贵降,徙黄龙府。耶律德光使人谓太后:"吾闻重贵不从母教,而至于此。可求自便,勿与俱行。"太后不肯。后汉乾祐二年,徙重贵及太后于建州。明年八月,太后疾亟,谓重贵:"我死,焚其骨,送范阳佛寺,无使我为边地鬼也。"遂卒。见《新五代史·晋家人传》。安太妃,代北人,重贵生母。老而失明,从重贵北迁,自辽阳徙建州,卒于道。临逝,谓重贵曰:"当焚我为灰,南向飐之,庶几遗魂得反中国也。"见《新五代史·晋家人传》。建州,辽太祖置,治所在永霸县,今辽宁朝阳。仇雠:仇敌,用作动词。

[38]"人七日不谷"五句:不谷,即不食。梅岭,即大庾岭,在南安。天祥自广州解送大都,经此入江西。《集杜诗·至南安军》诗序:"予四月二十二日,离五羊。五月四日,出梅岭,至南安军,钥置舟中。予不食,拟至庐陵得瞑目,庶几首丘之义云。""纵不得"句,用田横耻臣刘邦故事,见《史记·田儋列传》。"亦当"句,用伯夷、叔齐故事。"至父母邦"句:用狐死首丘故事。《礼记·檀弓上》:"古之人有言曰:狐死正丘首,仁也。"《楚辞·九章·哀郢》:"鸟飞反故乡兮,狐死必首丘。"

[39]"庐陵盛矣"六句:谓天祥过乡里时即死,则不愧庐陵前贤,不愧黄甲科目,宰相、忠烈兼善。"宰相、忠烈"二句,王炎午《望祭文丞相》:"名相烈士,合为一传。三千年间,人不两见。"

[40]"不然"十三句:谓惜生而死于他故,皆轻于鸿毛。瓜蒂喷鼻,医治热病,用瓜蒂喷鼻以通气。吴伟业《贺新郎·病中有感》:"艾炙眉头瓜喷鼻,今日须难诀绝。"畏死,死于火。"畏",通"煨"。排墙,推倒墙壁。《晋书·王衍传》:王衍以下百官多被俘,石勒"使人夜排墙填杀之"。轻一死于鸿毛,语本司马迁《报任少卿书》。亏一篑于太山:《论语·子罕篇》:"子曰:'譬如为山,未成一篑。'"

[41]赵盾之杀君:晋灵公不仁,使人刺赵盾。赵盾避难出,弟赵穿杀灵公。赵盾还,太史董狐书曰:"赵盾弑其君。"《左传·宣公二年》:"对曰:'子为正卿,亡不越竟,反不讨贼,非子而谁?'"杀,《文山先生全集》作"弑"。伯仁之由我:晋人周𫖮,字伯仁。刘隗劝帝尽除诸王,王导求助于周𫖮,周𫖮暗中申救。王导不知,心怨之。王敦为乱,周𫖮被杀,王导不肯救助,后始知情,悲不自胜,曰:"吾虽不杀伯仁,伯仁由我而死。幽冥之中,负此良友!"见《晋书·周𫖮传》。铸错已无铁:错,铸为之。《资治通鉴·唐纪》:罗绍威曰:"合六州四十三县铁,不能为此错也!"噬脐宁有口:噬脐莫及。《左传·庄公六年》:"楚文王伐申,过邓。邓祁侯曰:'吾甥也。'止而享之。骓甥、聃甥、养甥请杀楚子,邓侯弗许。三甥曰:'亡邓国者,必此人也。若不早图,后君噬齐,其及图之乎?图之,此为时矣。'""十六年,楚复伐邓,灭之。"

[42]一节四忠:一节,谓杨万里,谥文节。庐陵四忠,谓欧阳修,谥文忠;杨邦乂,谥忠襄;胡铨,谥忠简;周必大,谥文忠。嘉泰间,周必大与庐陵知县赵汝厦在县学建三忠堂,祀欧阳修、杨邦乂、胡铨。必大作《庐陵县学三

忠记》。必大卒,附诸子后,号"四忠一节"。宋末,李苃集四忠一节行状碑铭等,刻之郡斋,名《景行编》,又立忠节祠祀之。《宋史·文天祥传》:"自为童子时,见学宫所祠乡先生欧阳修、杨邦乂、胡铨像,皆谥忠,即欣然慕之,曰:'没不俎豆其间,非夫也!'"

望祭文丞相

王炎午

〔**解题**〕文天祥兵败被执,解送大都。王炎午以为此当殉国之时,作《生祭文丞相》以速其死。文天祥囚燕狱三载,慷慨就义。炎午闻讣,作《望祭文丞相》。生祭、死祭二文,浩然之气充沛。佚名《书王梅边遗像》:"予尝读先生所为《生祭》《死祭信国公》文二篇,其忠烈之气,真可与天地间风霆日星相永","先生见义明信道笃,固不足以史书为轻重,二祭文不朽也。恨生晚,无由亲炙,故再拜遗像,而识以斯语,庶百代之下,有能睹先生风神者,尚足以感发而兴起云。"(《宋遗民录》卷二)此参酌邓绍基、周绚隆《历代文选·元文》选注此篇。

相国文公再被执时,予尝为文生祭之。已而吉水张千载弘毅自燕山持丞相发与齿归[1]。呜呼!丞相既得死矣,谨痛哭望奠,再致一言:

呜呼!扶颠持危,文山诸葛。相国虽同,而公死节[2]。倡义举勇,文山张巡。杀身不异,而公秉钧[3]。名相烈士,合为一传[4]。三千年间,人不两见。事谬身执,义当勇决。祭公速公,童子易箦[5]。何知天意,佑忠怜才。留公一死,易水金台[6]。乘气轻命,壮士其或。久而不易,雪松霜柏[7]。嗟哉文山!山高水深。难回者天,不负者心。常山之舌,侍中之血[8]。日月韬光,山河改色。生为名臣,没为列星[9]。不然劲气,为风为霆[10]。干将莫耶,或寄良冶[11]。出世则神,入土不化。今夕何夕,斗转河斜[12]。中有光芒,非公也耶[13]!

——《四部丛刊三编》景明抄本《吾汶稿》卷四

[1]"已而"句:张弘道字毅夫,号千载心,庐陵人。佚名《昭忠录》:"与天祥善,随至燕,负其颅骨,归葬庐陵。"陶宗仪《南村辍耕录》卷五:"公自广还,过吉州城下,先生来见,曰:'今日丞相赴北,某当偕行。'既至燕,寓于公囚所侧近,日以美馔馈,凡三载,始终如一。且潜制一椟,公受刑日,即以藏其首。复访求公之室欧阳氏于俘虏中,俾出,焚其尸,先生收拾骸骨,袭以重囊,与先所函椟南归,付公家葬之。""吉水张千载弘毅",《宋遗民录》《灯窗丛录》作"吉水张千载心弘毅",《文山先生全集》作"庐陵张千载心弘毅"。

[2]"扶颠持危"四句:言天祥鞠躬尽瘁,与诸葛亮兴复汉室同,而死节尤壮烈。扶颠持危,扶持危亡,语本《论语·季氏篇》:"危而不持,颠而不扶,则将焉用彼相矣?"

[3]"倡义举勇"四句:言天祥举兵抗元,与张巡平乱、事败身死同,而名相事业更著。秉钧,执政。

[4]"名相烈士"二句:炎午《生祭文丞相》:"庐陵盛矣,科目尊矣,宰相、忠烈,合为一传矣。"

[5]"事谬身执"四句:言天祥再执,当时以其未决,作《生祭》文,效童子尽"易箦"一言。事谬,国事已非。童子易箦,见《生祭文丞相》注。

[6]"何知天意"四句:易水乃燕太子丹送别荆轲处,合于"忠"字;金台为天下才士汇聚处,合于"才"字。易水,源出河北易县西,东流合于拒马河。《史记·刺客列传》:荆轲西行刺秦王,太子丹率宾客送至易水之上,歌曰:"风萧萧兮易水寒,壮士一去兮不复还。"士皆瞋目,发尽上指冠。金台,黄金台,在易水东南。燕昭王置千金于台上,以延天下之士。鲍照《放歌行》:"岂伊白璧赐,将起黄金台。"

[7]乘气轻命:重义轻生。曹植《七启》:"是以雄俊之徒,交党结伦,

重气轻命,感分遗身。故田光伏剑于北燕,公叔毕命于西秦。果毅轻断,虎步谷风,威慑万乘,华夏称雄。"雪松霜柏:语本《论语·子罕篇》:"子曰:'岁寒,然后知松柏之后凋也。'"

[8] 常山之舌:安史之乱,颜杲卿为常山太守,城破被俘,骂贼断舌而死。侍中之血:嵇绍字延祖,嵇康之子,晋惠帝时官侍中。成都王司马颖等起兵叛乱,嵇绍驰往行在,挺身卫惠帝而死,血溅天子衣。事定,左右欲浣衣,惠帝曰:"此嵇侍中血,勿去!"见《晋书·嵇绍传》。天祥《正气歌》:"为严将军头,为嵇侍中血。为张睢阳齿,为颜常山舌。"

[9] 列星:即恒星。《公羊传·庄公七年》:"夏四月辛卯夜,恒星不见。夜中星霣如雨。恒星者何?列星也。"何休注:"恒,常也,常以时列见。"

[10] "不然劲气"二句:《礼记·孔子闲居》:"地载神气,神气风霆,风霆流形,庶物露生,无非教也。"

[11] 干将莫耶:干将为吴王阖闾铸剑不成,妻莫邪断发剪爪,投炉中,使童女童男三百人鼓橐装炭,金铁乃熔,遂成二剑,阳曰干将,阴曰莫邪。见《吴越春秋·阖闾内传》。良冶:精于冶炼铸造的工匠。

[12] 今夕何夕:语本《诗经·唐风·绸缪》:"绸缪束薪,三星在天。今夕何夕?见此良人。"

[13] "中有光芒"二句:《晋书·张华传》:"初,吴之未灭也,斗牛之间常有紫气",道术者皆以为吴方强盛,惟张华不然。及吴平,紫气愈明。张华闻豫章人雷焕妙达纬象,共登楼仰观。雷焕曰:"宝剑之精,上彻于天耳。""在豫章丰城。"张华即补雷焕丰城令,至则掘地得石函,中有龙泉、太阿双剑。其夕,斗牛间气不复见。

文山道人事毕壬午腊月初九日

汪元量

〔解题〕 至元十九年壬午(1282)春,文天祥作《自赞》,拟临终书于衣带,叙云:"吾位居将相,不能救社稷,正天下,军败国辱,为囚虏,其当死久矣。顷被执以来,欲引决而无间。今天与之机,谨南向百拜以死。"十二月初九日,临刑从容,曰:"吾事毕矣。"(《宋史·文天祥传》)挽悼文天祥之作,后世共推元人徐世隆《挽文丞相》、虞集《挽文文山丞相》。徐诗云:"大元不杀文丞相,君义臣忠两得之。义似汉皇封齿日,忠于蜀将斫头时。乾坤日月华夷见,海岭风霜草木知。只恐史官编不尽,老夫和泪写新诗。"虞诗云:"徒把金戈挽落晖,南冠无奈北风吹。子房本为韩仇出,诸葛宁知汉祚移。云暗鼎湖龙去远,月明华表鹤归迟。何须更上新亭望,大不如前洒泪时。"汪元量《文山道人事毕壬午腊月初九日》一首可并传。元量字大有,号水云,钱塘人。善琴,出入宫掖间。三宫俘至大都,元量携琴侍禁燕台。留蓟门,尝至天祥囚所为鼓琴,天祥倚歌和之。著有《水云集》。天祥《书汪水云诗后》:"读之,如风樯阵马,快逸奔放。"赵文《书汪水云诗后》:"读汪水云诗而不堕泪者,殆不名人矣。"

崖山擒得到燕山,此老从容就义难[1]。生愧夷齐尚周粟,死同巡远只唐官[2]。雪平绝塞魂何往,月满通衢骨未寒[3]。一剑固知公所欠,要留青史与人看[4]。

——《文渊阁四库全书》本《湖山类稿》卷三

［1］厓山擒得:厓山在广东新会南大海中,两山相对,山口如门。祥兴元年四月十七日,赵昺即位碙川。六月,迁厓山。十二月二十日,天祥潮阳被执。明年正月十三日拘至厓山,亲睹南宋覆亡。三月十三日,还至广州,解送北上,十月一日至大都。见《文山先生纪年录》。燕山:指元大都。"此老"句:牟巘《重修颜鲁公祠堂记》:"夫感慨杀身易,从容就义难。"天祥兵败,服毒不死。厓山兵溃,南宋军民从死者众,天祥未自裁。

［2］"生愧"句:用伯夷、叔齐故事,见谢枋得《上丞相留忠斋书》注。天祥《张元帅谓予国已亡矣,杀身以忠,谁复书之,予谓商非不亡,夷齐自不食周粟,人臣自尽其心,岂论书与不书,张为改容,因成一诗》:"高人名若浼,烈士死如归。智灭犹吞炭,商亡正采薇。岂因徼后福,其肯蹈危机。万古春秋义,悠悠双泪挥。""死同"句:用张巡、许远故事,见《夜走博罗》注。天祥《黄金市》:"闭蓬绝粒始南州,我过青山欲首丘。巡远应无儿女态,夷齐肯作稻粱谋?"

［3］"雪平"句:天祥就义大都柴市,时在隆冬,故国已无,魂无归所。魂何往,权德舆《祭韩祭酒文》:"精魂何往,音容莫追。"通衢,四通八达的大道。时与大都连用,此借指元大都。骨未寒,赞天祥一腔热血。

［4］"一剑"二句:言天祥早怀以死酬国之志,终得其所。一剑,用季札挂剑故事,见《一纪》注。"要留"句,用天祥"留取丹心照汗青"之句。

登西台恸哭记[1]

谢 翱

〔解题〕 谢翱（1249—1295）字皋羽，福建长溪人，徙浦城。文天祥开府延平，谢翱倾家赀，率乡兵数百人奔赴，署咨议参军。天祥被执、赵孤蹈海，谢翱悲不自胜，流离两浙，与浦江方凤、永康吴思齐为友。元贞元年（1295）病卒，年四十七。葬严陵钓台南，伐石为表曰"粤谢翱墓"（宋濂《谢翱传》）。著有《楚辞芳草图谱》《晞发集》《天地间集》等集十余种。生平慕屈原为人，托兴远游，自号晞发子，谈及故国，涕泗潸然。任士林《谢处士传》称其"善哭"如唐诗人唐衢，云："过姑苏，望夫差之台，恸哭终日。过勾越，行禹空间，北向哭。乘舟至鄞，过蛟门，登候潮山，感夫子浮桴之叹，则又哭。晚登子陵西台，以竹如意击石，歌招魂之词曰：'魂来兮何极，魂去兮江水黑。化为朱鸟兮，有咮焉食？'歌阕，竹石俱碎，失声哭，何其情之悲也！"《登西台恸哭记》一文，至元二十七年（1290）冬凭吊天祥所作，堪称千古名篇。张孟兼元末作《释登西台恸哭记》（以下简称"张《释》"），序云："若其恸西台，则恸乎丞相也；恸丞相，则恸乎宋之三百年也。"黄宗羲清初作《西台恸哭记注》（以下简称"黄《注》"），发覆微言隐意。谢翱不过一布衣，无禄位之寄，起义旅追随天祥。及国亡，秉贞尚义，登台野哭，正见匹夫不忘家国之意。谢翱文章，宋濂《谢翱传》称其"崭拔峭劲，雷电恍惚，出入风雨中"。今参酌张孟兼、黄宗羲二家注选注。

始故人唐宰相鲁公开府南服,余以布衣从戎。明年,别公章水湄[2]。后明年,公以事过张睢阳及颜杲卿所尝往来处,悲歌慷慨,卒不负其言而从之游。今其诗具在,可考也[3]。余恨死无以藉手见公[4],而独记别时语,每一动念,即于梦中寻之,或山水池榭,云岚草木,与所别之处及其时适相类,则徘徊顾盼,悲不敢泣。又后三年,过姑苏。姑苏,公初开府旧治也。望夫差之台,而始哭公焉[5]。又后四年,而哭之于越台[6]。又后五年及今,而哭之于子陵之台。

先是一日,与友人甲、乙若丙约。越宿而集,午雨未止,买榜江涘。登岸谒子陵祠,憩祠旁僧舍,毁垣枯甃,如入墟墓,还与榜人治祭具。须臾雨止,登西台,设主于荒亭隅,再拜跪伏。祝毕,号而恸者三,复再拜,起[7]。又念余弱冠时,往来必谒拜祠下。其始至也,侍先君焉。今余且老,江山人物,睠焉若失,复东望泣拜不已。有云从西南来,渰浥浡郁,气薄林木,若相助以悲者[8]。乃以竹如意击石作楚歌,招之曰:"魂朝往兮何极,暮归来兮关水黑。化为朱鸟兮,有咮焉食?"歌阕,竹石俱碎[9]。于是相向感唶,复登东台,抚苍石,还憩于榜中。榜人始惊余哭,云:"适有逻舟之过也,盍移诸?"遂移榜中流,举酒相属,各为诗以寄所思。薄暮,雪作风凛,不可留。登岸宿乙家,夜复赋诗怀古[10]。

明日,益风雪。别甲于江,余与丙独归[11]。行三十里,又越宿乃至。其后甲以书及别诗来,言是日风帆怒驶,逾久而后济。既济,疑有神阴相,以著兹游之伟。予曰:"呜呼!阮步兵死,空山无哭声且千年矣。若神之助,固不可知,然兹游亦良伟。"其为文词,因以达意,亦诚可悲已[12]!

予尝欲仿太史公著《季汉月表》,如《秦楚之际》。今人不有知予心,后之人必有知予者,于此宜得书,故纪之以附季汉事后。时先君登台后二十六年也。先君讳某,字某,登台之岁在乙丑云[13]。

——明末刻本《睎发集》卷八

[1] 西台:严陵钓台之西台,在富春山。桐庐县南有严子陵钓处,自汉至宋,荒芜不治。宋景祐中,范仲淹守睦州,建祠台下。明正统元年,知县万观建亭台上。后屡有修葺重建。东西二台,两相对峙,高百余丈,俯瞰大江,水木明瑟。记:古文体之一,记事物始末。

[2]"始故人"四句:此文辞意隐约,托于前代。唐宰相鲁公,谓颜真卿,借指文天祥。张《释》:"文公丙子七月开督于南剑,时德祐二年也。公时年二十八。明年正月,文公引兵趋漳州,谋入卫,道阻不通。三月入梅州,五月兵出梅岭,其别者是年也。按:称唐鲁公而不书姓者,犹韩愈称董晋为陇西公之类。"黄《注》:"其称唐宰相者,托言前朝;称鲁公者,周文公封鲁,故言文公为鲁公也。""徐赟民曰:'先子手抄谢皋羽诗文一编,其《恸哭记》称宰相信公,不称故人唐宰相鲁公。'"颜真卿,见《生祭文丞相》注。南服,王畿以外之地,分为五服,南方为南服。章水湄:漳江之滨。光绪《漳州府志》卷四《山川》:"漳浦县名川有四","自西林出者,为西林溪。南流,过于云霄镇城之北,又南流而东,纳梁山以南诸水入于海,为古之漳水,亦曰漳江。"

[3]"后明年"六句:张《释》:"戊寅十月,文公引兵至潮阳。十一月,兵溃被执,遂北徙留燕。至至元壬午赐死,时年四十七。谓其'悲歌慷慨,卒不负其言而从之游'者,盖指其题诗张睢阳庙也。"张睢阳,谓张巡。颜杲卿:见《生祭文丞相》注。检明刊《文山先生全集》,天祥解往大都,有《平原》《颜杲卿》《许远》三诗分咏颜真卿、杲卿、许远,未见咏张巡诗。集中《白沟河》一首咏张叔夜:"昔时张叔夜,统兵赴勤王","适过白沟河,裂眦须欲张","我生何不辰,异世忽相望","今我为公哀,后来谁我伤。"叔夜字嵇仲,开封人。北宋末官至礼部侍郎、龙图阁直学士。金人掳徽、钦二帝,叔夜从行,至白沟河自缢死。见《宋史·张叔夜传》。今疑张睢阳乃张叔夜之误。天祥推尊颜真卿、杲卿、张巡、许远。《自述二首》其一:"试把睢阳双庙看,只今事业愧蹉跎。"《正气歌》:"为严将军头,为嵇侍中血。为张睢阳齿,为颜常山舌。"

[4]藉手:凭藉。

[5]"又后三年"六句:张《释》:"乙亥,文公募兵于赣州。后守吴门,除江淛制置使,知平江府。公过姑苏而哭也,在乙酉之岁,时年三十七。"按《文山先生纪年录》,德祐元年九月,天祥除浙西江东制置使,知平江府。谢翱何时哭于姑苏,哭于越台,诸家推论不一。孟兼谓哭于姑苏在至元二十二年,即"又后三年";哭于越台在二十三年,即"又后四年";哭于钓台有两次,一在二十四年,一在二十七年,即"又后五年及今"。徐沁《谢皋羽年谱》谓至元二十二年哭于姑苏,二十三年哭于越台,二十七年冬秒哭于西台。黄《注》:"公自壬午十二月初九日有柴市之变,故每遇讳日,皋父必集同志于名台,野祭其下,越台、西台皆是也。张丁以为是岁在乙酉,不知何据?其后越台之哭,丁亦云丙戌,则是后一年矣。《记》言'后四年',丁说非也。"今按:"又后五年及今",恐不指两哭于钓台,宗羲之说更可信,"又后三年"盖在至元二十年,"又后四年"为二十三年,"又后五年及今"为二十七年。夫差之台,姑苏台,在吴县西南三十五里姑苏山上。勾践灭吴,焚之。《史记·淮南衡山列传》:"臣闻子胥谏吴王,吴王不用,乃曰:'臣今见麋鹿游姑苏之台也。'"

[6]"又后四年"二句:张《释》:"此丙戌年也。按:《行述》谓公是年过勾越,行禹窆间,北乡而泣焉。"黄《注》:"林霁山《酬皋父见寄》诗云:'行行古台上,仰天哭所思。余哀散林木,此意谁能知?夜梦绕勾越,落日冬青枝。'"越台:越王台,勾践登眺处,故址在绍兴种山。李白《送友人寻越中山水》:"东海横秦望,西陵绕越台。"

[7]"先是一日"十九句:文天祥祭日为十二月初九日,"先是一日"指十二月八日,"越宿而集"则在初九。甲、乙若丙,张《释》谓吴思齐、冯桂芳、翁衡,又云:"号恸者三,盖节之以礼也。"黄宗羲考证三人为吴思齐、严侣、冯桂芳,较孟兼之说可信。《西台恸哭记注》:"讳其名,故称甲乙。甲为吴思齐,字子善。子善流寓桐庐,故下文云'别甲于江'","乙为严侣,字君友。君友奉祖祠,家在江岸,故下文云'登岸宿乙家'","丙为冯桂芳,下文云'与丙独归'。"参见黄宗羲《谢皋羽年谱游录注序》。严侣为严子陵三十五世孙,居家教授,从学者众。至顺二年卒,年六十。见杨维桢《高节先生墓铭》。吴思齐其先丽水人,祖吴深为陈亮婿,遂家永康。思齐少以词章知名,宋末

为饶州节制司准备差遣。入元,以遗民终。见宋濂《吴思齐传》。冯桂芳为谢翱友。谢翱死,桂芳与方凤、翁衡等葬之子陵台南。买榜,雇船。江浃,江边。子陵祠,在钓台下。毁垣枯甃(zhòu),颓墙枯井。祭具,祭器。主,木主。书死者姓氏,以供祭祀,俗称牌位。

[8] "又念余弱冠时"十二句:张《释》:"江山人物,睊焉若失云者,其乃痛宗社之陨绝乎? 谓昔从先君,及有云西南来云者,其乃念家邑丧亡而思亲之不可见乎?"谢翱父谢钥,终身不仕,通《春秋》。咸淳元年,谢翱年十七随父登钓台。弱冠:古时男子二十行冠礼,因未及壮年,称弱冠。后以二十岁左右为弱冠。"江山人物"二句,隐用《世说新语·言语》:"过江诸人,每至美日,辄相邀新亭,藉卉饮宴。周侯中坐而叹曰:'风景不殊,正自有山河之异!'皆相视流泪。唯王丞相愀然变色曰:'当共戮力王室,克复神州,何至作楚囚相对?'"睊焉,怀思貌。曩时江山人物之盛,无复余蕴,故云"若失"。滃(yān)浡(bó)郁:云起润湿、聚积盛大貌。

[9] "乃以竹如意"八句:张《释》:"朱鸟,南方宿也。咮,鸟首也。《春秋传》:古之火正,或食于咮,故咮谓之鹑火。而火正配食于火星者,以其于火有功故也。盖宋以火德王,而系于南化云者,以其难化,而化必于南。文公有功于宋,犹星有功于火也,亦以朱鸟配于宋焉。其友方凤过公墓有诗'忧之朱鸟食何向',正此谓也。歌阕,竹石俱碎,盖哀之深而不自知也。"《左传·襄公九年》:"古之火正,或食于心,或食于咮,以出内火。是故咮为鹑火,心为大火。"杜预注:"谓火正之官配食于火星。"朱鸟,二十八宿中南方七宿,即井、鬼、柳、星、张、翼、轸。七宿相联呈鸟形,朱色象火,南方属火,故名。咮(zhòu),鸟嘴,又为柳宿别称。竹如意,竹制的如意。"魂朝往兮何极"二句,任士林《谢处士传》作"魂来兮何极,魂去兮江水黑"。黄《注》作"魂朝往兮何极,暮来归兮关塞黑",注云:"杜子美《梦李白》诗:'魂来枫林青,魂返关塞黑。'白生,故魂来则青,魂反则黑。文公已死,故魂来则黑,此其异也","南方为鹑首,故云从南来,化朱鸟而有咮也。方韶卿《过皋父墓》诗:'朱鸟食何向?'记此事也。谢翱《哭所知》:"雨青余化血,林黑见归魂。"

[10] "于是相向"十六句:张《释》:"相向者,与客相向而悲也。唶,叹声。其或有感而叹。东台,去西台若干步云。逻舟者,巡舟也。移榜中流,举酒相属,为诗寄所思者,盖哭始歇而悲之未忘也","至于雪作风凛,虽

不可留,又且登岸宿乙家,复赋诗怀古,其于登台之心则一而已。斯可见公不忘之意也哉!"谢翱同时作《游钓台》《西台哭所思》,前诗云:"古台临钓渚,遗像在苍烟。有客随槎到,无僧依树禅。风尘侵祭器,樵猎避兵船。应有前朝迹,看碑数汉年。"后诗云:"残年哭知己,白日下荒台。泪落吴江水,随潮到海回。故衣犹染碧,后土不怜才。未老山中客,惟应赋八哀。"感喈(jiē):感叹。

[11]"别甲于江:谢翱《江上别友》:"相看仍恸哭,欲学晋诸贤。戍近风鸣柝,江空雨送船。朔云侵别色,南雪忆归年。拟共锄青术,无为俗事牵。"

[12]"其后甲"十六句:张《释》:"叹息谓阮步兵者,此特援比其哭之一辞。若公者,又非其比矣。"阮步兵,阮籍字嗣宗,陈留人。曾任步兵校尉,世称阮步兵。与嵇康、山涛、刘伶、王戎、向秀、阮咸共为竹林之游。此用阮籍失路恸哭故事,《晋书·阮籍传》:"时率意独驾,不由径路,车迹所穷,辄恸哭而反。"

[13]"余尝欲仿"十句:张《释》:"公《行述》谓多所著书,如《季汉月表》,皆采独行,考秦楚之际。予未得而尽见也。登台后二十六年者,在庚寅之冬。其后六年,公卒于杭。"黄《注》:"太公史作《秦楚之际月表》,一时战争诸国,兴废倏忽,不可以年,故表之以月。宋亡之时,义师迭起,皆不能久,故皋父欲著《月表》,以详独行全节之事。不曰季宋而曰季汉者,亦犹唐宰相之托于前代也。方凤《谢君皋羽行状》:"尝欲仿太史法著《季汉月表》,采独行全节事为之传。"宋濂《谢翱传》:"余仿《秦楚之际月表》,作《独行传》及《左氏传续辨》《历代诗谱》,皆未完。"

散　发

谢　翱

〔解题〕宋社既屋，东南士人不忘故国及中国礼乐之统。谢翱只影吴越，徘徊山川池榭、云岚草木间，哀感流连，野老吞声。所作《冬青树引别玉潜》《散发》《梅花二首》《书文山卷后》《游钓台》《西台哭所思》诸诗，"直溯盛唐而上，不作近代语，卓卓有风人之余"（宋濂《谢翱传》）。宋濂《谢翱传》赞云："翱一布衣耳，未尝有爵位于朝，徒以被天祥之知，麻衣绳屦，章皇山泽间，若无所容其身。使其都重禄，受社稷人民之寄，其能死守封疆决矣。翱不负天祥，肯负国哉？翱盖天下士也。昔田横不降汉，拔剑自刭，客从死者五百人。若翱之志，其有类横之客者，非耶？"

乾坤一楚囚，散发向沧洲[1]。诗病多于马，身闲不似鸥[2]。因看东去水，都是夜来愁[3]。晚意落花觉，残枝香更幽[4]。

——清康熙四十一年刻本《晞发遗集》卷上

[1]"乾坤"句：用南冠楚囚故事，明忠信于故国。楚囚，见《述行》注。文天祥《己卯十月五日，予入燕狱，今三十有六旬，感兴一首》："石晋旧燕赵，锺仪新楚囚。""散发"句：意谓野处江湖。散发，不束冠。沧洲，滨水之地，用指隐士居所。李白《宣州谢朓楼饯别校书叔云》："人生在世不称意，明朝散发弄扁舟。"朱熹《水调歌头·富贵有余乐》："何似鸱夷子，散发弄扁

舟","永弃人间事,吾道付沧洲。"

[2]"诗病"句:言赋诗多而辛苦。盖无以解忧,惟寄心于诗。任士林《谢处士传》:"夫鸟兽丧其群匹,越月逾时,则必巡过其故乡,翔回焉,鸣号焉,蹢躅焉,踟蹰焉,然后乃能去之。"多于马,吴聿《观林诗话》:"昔人有言:诗有三百四病,马有三百八病。诗病多于马病,信哉!"沈德潜《又病》:"诗病多于马,我病多于诗。""身闲"句:言只影江湖,无处闲身。方凤《谢君皋羽行状》:"后避地浙水东,留永嘉、括苍四年,往来鄞、越复五年。戊子夏,至婺,遂西至睦及杭。"不似鸥,用鸥鹭忘机故事。《列子·黄帝篇》:"海上之人有好鸥鸟者,每旦之海上从鸥鸟游,鸥鸟之至者百数而不止。其父曰:'吾闻鸥鸟皆从汝游,汝取来,吾玩之。'明日之海上,鸥鸟舞而不下也。"张舜民《洒然堂》:"吏案总教如雁进,灵源我且似鸥闲。"

[3]"因看"二句:言亡国之痛,知国不可复,中夜吞声。东去水,《论语·子罕篇》:"子在川上曰:'逝者如斯夫!不舍昼夜。'"汪元量《湖州歌九十八首》其六:"北望燕云不尽头,大江东去水悠悠。夕阳一片寒鸦外,目断东西四百州。"

[4]"晚意"二句:自喻遗民孤节心志,意通郑思肖《寒菊》:"宁可枝头抱香死,何曾吹落北风中。"

梅花二首

谢 翱

〔**解题**〕 谢翱"好修抱独,刻厉愤激"(方凤《谢君皋羽行状》),赋咏见志,情悲,意孤,辞隐。杭州凭吊故宫,登吴山,步湖堤,孤山寻梅,所作《梅花二首》,以衰飒之笔写野老悲怆之意,如任士林《谢处士传》所评"所为诗歌,其称小,其指大;其辞隐,其义显,有风人之余"。《宋诗钞》《闽诗录》选录此诗。

春过江南问故家,孤根生梦半槎牙[1]。到无香气飘成雪[2],未有叶来开尽花。

吹老单于月一痕,江南知是几黄昏[3]。水仙冷落琼花死,只有南枝尚返魂[4]。

——清康熙四十一年刻本《晞发遗集》卷上

[1]"春过"句:时寓杭州,寻孤山之梅。北宋林逋字君复,钱塘人,隐孤山,种梅养鹤,人称梅妻鹤子。卒后,宋仁宗赐谥和靖。后人慕其高风,好诵其咏梅诗。南宋偏安江南,"故家"寓故国之意。谢翱《过杭州故宫二首》其一:"禾黍何人为守阍,落花台殿暗销魂。"孤根生梦:李俊民《谒金门·梦梅》:"枕上吟魂无著处,化为蝴蝶去。"半槎牙:梅干参差貌。郑亦山诗:"江梅欲雪树槎牙,雪片飘零梅片斜。"

[2]"到无"句:意谓寻梅已晚。飘成雪:潘元凯《梅所》:"梦中吹彻玉

参差,夜半寒香飘雪影。"

[3]"吹老"句:化用李益《听晓角》:"边霜昨夜堕关榆,吹角当城片月孤。无限塞鸿飞不度,秋风吹入小单于。"吹老,犹吹残。黄庚《月夜登楼》:"更残忽听荒城角,吹老梅花总是愁。"单于,唐大角曲,有《大单于》《小单于》之别。《小单于》呜咽悲凉。郭茂倩《乐府诗集》:"《梅花落》本笛中曲也。按:唐大角曲,亦有《大单于》《小单于》《大梅花》《小梅花》等曲。今其声犹有存者。"月一痕、几黄昏:林逋《山园小梅二首》其一:"疏影横斜水清浅,暗香浮动月黄昏。"侯克中《西湖晚兴》:"潇洒梅花水外村,岁寒谁与共黄昏。东风未到西湖路,雪满孤山月一痕。"

[4]"水仙"句:借水仙王庙、蕃厘观琼花故事,感慨兴废。水仙冷落,水仙有数义,其一为水神,其一为花名。西湖葛岭有水仙王庙,林和靖祠近之,苏轼以林逋清节映世,移神像配食水仙王。宋时游人如织,香火甚盛。宋亡,不复盛况,故云"冷落"。琼花死:宋时扬州蕃厘观琼花一株,世称无双,欧阳修守扬州,作无双亭。绍兴末,完颜亮南侵,花萎悴,未几复生。迨至元十三年、十四年间,枯死,其种遂绝。郑思肖《吊扬州琼花》诗序:"孰谓草木无知乎?上天福正统,厌夷狄,于兹见矣。"诗云:"南土新飞劫火灰,琼仙恋国暗惊猜。定应摄向天宫种,不忍陷于胡地开。"参见万历《扬州府志》卷二十七《遗物》"琼花"条。南枝:向阳枝,借指梅花,又喻故国。《古诗十九首·行行重行行》:"胡马依北风,越鸟巢南枝。"尚返魂:梅花抱枝而死,香似返魂,喻宋虽亡犹存。苏轼《六年正月二十日,复出东门,仍用前韵》:"长与东风约今日,暗香先返玉梅魂。"

写愤三首

郑思肖

〔**解题**〕郑思肖字忆翁,号所南,连江人。宋末太学上舍生,刚介有大志。元兵南下,叩阙上书,语切直,犯新禁。变名隐吴下。"思肖"即思赵(趙),示义不忘赵。所居一室萧然,坐必南向,岁时伏腊,望南野哭,誓不与北人交往。善画兰竹,不妄与人。所著《心史》,以铁函沉古吴督井。崇祯十一年(1638)冬,苏州府承天寺浚井,集其集,巡抚张国维刻传之。后人疑《心史》伪书,实无据。《心史》收《咸淳集》《大义集》《中兴集》《久久书》《杂文》《大义略叙》。《自跋》:"德祐八年壬午冬,手定《心史》毕,赘以五十六字,写不尽怀","尊正统,抑夷狄,褒忠臣,诛逆贼,愿教天下万事,一一皆为忠臣,又俾之知大宋之天巍巍乎,浩浩乎,发育万物,周流无穷,实非心之可测,非数之可尽也。故尝有言曰:大宋不以有疆土而存,不以无疆土而亡者。此也。"《心史》非仅如后人所说"丑元思宋"而是以此存"大宋。"此《写愤三首》,见其明大义、望中兴、存赵宋之意。诗作于至元十七年,思肖集中署时德祐六年,收入《中兴集》。其诗风如《题拙作后》所云:"我有诗一编,率皆恳切辞。但写肺腑苦,不求言语奇。矢口吐愤气,焉知诗非诗。"

偶一夕,枕上苦吟不就,忽于梦中吟得五字云:"翻海洗青天。"正属对间,为人唤觉,则天已大明矣。今足之于后。

自许志颇大,频歌慷慨辞[1]。攒眉无说处[2],仰面独行时。豪杰心犹檗,生灵命若丝[3]。当今欲平治,舍我则云谁[4]?

开眼看不得,愁来只自颠。六年万忧苦,四海一腥膻[5]。叹命巧相值,观时痛可怜。却惭深夜月,犹忍照胡天[6]。

朝廷罹祸乱,民物苦颠连。晋帝渡江谶,唐皇幸蜀年[7]。剖云行白日,翻海洗青天[8]。办得大事了[9],胸中即泰然。

——《中兴集》卷一,陈福康整理《井中奇书考·心史》,
上海文艺出版社 2001 年版

[1] 慷慨辞:曹操《短歌行》:"慨当以慷,忧思难忘。"
[2] 攒眉:愁闷状。元稹《代曲江老人百韵》:"振臂谁相应,攒眉独不伸。"
[3] 心犹檗(bò):言心苦。檗,黄柏,味苦。邵谒《春日有感》:"我心如檗苦,他见如荠甘。火未到身者,痛楚难共谙。"命若丝:命若游丝。唐人《赋得鹤送史司马赴崔相公幕》:"珍禽在罗网,微命若游丝。"
[4] "当今"二句:语本《孟子·公孙丑下》:"夫天未欲平治天下也。如欲平治天下,当今之世,舍我其谁也?"
[5] "六年"二句:《中兴集》卷一收祥兴二年夏后至至元十七年八月之作,按思肖署时之例,即德祐五年至六年。《写愤》作于德祐六年。德祐元年,元兵渡江南下。祥兴二年,宋末帝蹈海,元人一统南北。
[6] "犹忍"句:痛伤山河改易、日月换天。
[7] "晋帝"二句:用晋元帝司马睿中兴晋室、唐肃宗李亨中兴唐室故事,冀望宋室中兴。"晋帝"句,《晋书·元帝本纪》:"天意人事,又符中兴之兆。太安之际,童谣云:'五马浮渡江,一马化为龙。'及永嘉中,岁、镇、荧惑、

305

太白聚斗牛之间,识者以为吴越之地当兴王者。是岁,王室沦覆,帝与西阳、汝南、南顿、彭城五王获济,而帝竟登大位焉。"庾信《哀江南赋》:"值五马之南奔,逢三星之东聚。""唐皇"句,《旧唐书·玄宗本纪》:天宝十五载,唐玄宗幸蜀,太子李亨灵武即位,玄宗称太上皇,军国大事,先取皇帝处分。明年九月,郭子仪收复两京。唐皇,唐玄宗李隆基。

[8]"剖云"二句:典出《晋书·乐广传》:"若披云雾而睹青天也。"剖云,拨开云雾。翻海,翻天倒海。剖云、翻海,重见青天白日,喻还我天地山河、清明世界。

[9]"办得"句:思肖《心史·总后叙》:"我断断为大宋办中兴事,即所以报我父母大德,天理一本而已矣。"大事,谓宋室中兴。

一是居士传[1]

郑思肖

〔解题〕 宋亡后,郑思肖变姓名隐于吴中。号所南,示不北面事贰姓。适意缁黄,又号三外野人。憔悴残山剩水间,复号一是居士。临逝,嘱友人唐东屿题其主:"大宋不忠不孝郑思肖。"(洪武《苏州府志》卷四十)"不忠",痛宋祚不存;"不孝",伤己无后。孑然一身,念念不忘故国。《过徐子方书塾》:"不知今日月,但梦宋山川。"《题郑子封寓舍》:"此世但除君父外,不曾别受一人恩。"作《一是居士传》,自纪心史,亦以自悼,辞意恳切,不事华藻,粗头乱服,议论纵横。《一是居士传》不啻宋遗民自绘像,与陶渊明《五柳先生传》、欧阳修《六一居士传》、杨维桢《铁笛道人自传》、宋濂《白牛生传》并传。

一是居士,大宋人也。生于宋,长于宋,死于宋。今天下人悉以为非赵氏天下,愚哉!尝贯古今六合观之,肇乎无天地之始,亘乎有天地之终,普天率土,一草一木,吾见其皆大宋天下,不复知有皇帝王霸、盗贼夷狄介于其间[2]。大宋粹然一天也[3],不以有疆土而存,不以无疆土而亡。行造化,迈历数,母万物,而未始有极焉。譬如孝子于其父,前乎无前,后乎无后,满眼唯父,与天同大,宁以生为在,死为不在耶?又宁见有二父耶!此一是之所在也。未死书死[4],誓其终也,故曰死于宋。一是者何？万古不易之理也。由之行，则我为主，天地鬼神咸听其命。不然，天地鬼神反诛之。断古今，定纲常，配至道，立众事，自天子至于庶人，一皆不越于斯。苟能深造一是之域，与天理周流，明而不惑，杀之亦不变，安能以伪富伪贵刍豢之[5]！

居士生而弗灵，几沦于朽弃[6]。长而明，始感父母恩，异于他人。父母恩，非数可算。性爱竹，嗜餐梅花[7]，又喜观雪，遇之过于贫人获至宝为悦。不饮酒，嗜食菜，荐饭得菜[8]，欣然饭速尽。有招之者，拒而不从，决不妄以足迹及人门[9]。癖于诗，不肯与人唱和。懒则数岁不作，一兴动，达旦不寐作讽咏声，辞多激烈意。诗成章，数高歌，辄泪下，若不能以一朝自居。每弃忘生事，尽日遂幽闲之适，遇痴浊者[10]，则急去之。多游僧舍，兴尽即飘然，惬怀终暮坐不去。寡与人合，间数月竟无至门者，独往独来，独处独坐，独行独吟，独笑独哭，抱贫愁居，与时为仇雠。或痴如哆口不语，瞠目高视而僵立[11]，众环指笑，良不顾。常独游山水间，登绝顶，浩歌狂笑，气润霄碧[12]，举手掀舞，欲空其形而去。或告人以道，俗不耳其说，反嫌迂谬，率耻与之偕。破衣垢貌，昼行呓语，皇皇然若有求而弗获[13]。坐成废物，尚确持一是之理，欲衡古今天下事，咸归于正，愚又甚众人。宜乎举世之人不识之，有识者非真识之，识其人不识其心，非识也。能识一是之理，则真识一是居士矣，奚以识其精神肖貌，然后谓识一是居士也与[14]？故作《一是居士传》。

——《杂文》，陈福康整理《井中奇书考·心史》，
上海文艺出版社2001年版

[1]一是居士传：题下注云："'一是'二字，本程子语。庚辰九月。"一

是,语出《二程外书》第一《朱公掞录拾遗》:"天下之事,归于一是,是乃理也。循此理,乃可进学至形而上者也。"按思肖传中所言,一是乃万古不易之理。一是即一天,非贰天,以明终身事大宋,不事贰姓。庚辰:至元十七年,即赵昺蹈海第二年。

[2]"尝贯古今"八句:谓大宋与天地并存,国虽亡,犹赵宋天下。盖视王霸、夷狄如草介。六合,天地。普天率土,语出《诗经·小雅·北山》。

[3]粹然:纯正貌。

[4]书死:即前云"死于宋"。

[5]周流:周游。伪富伪贵:谓改事贰姓,虽富贵,亦可鄙。刍豢:犹畜养。

[6]生而弗灵:生而愚鲁,对生而神灵而言。《大戴礼记·五帝德》:"孔子曰:'黄帝,少典之子也,曰轩辕。生而神灵,弱而能言,幼而慧齐,长而敦敏,成而聪明。'"朽弃:《论语·公冶长篇》:"宰予昼寝。子曰:'朽木不可雕也,粪土之墙不可圬也。'"

[7]性爱竹:思肖《爱竹歌》诗序:"吴中承天寺立雪轩修竹一林,极可爱。昔承平盛时,每游其间,屡咏绝句,刻题竹上","近至西山,忽见竹林修翠,恋恋终日,实不能去,始知痼癖不可除也,遂歌之。"诗云:"此君气节极伟特,令人爱之舍不得。"嗜餐梅花:思肖好梅花,《梦游玉真峰餐梅花记》:"我心颠喜,兴趣辟易,手摘梅花食,顷空其树","花愈盛,香愈清,更欲采食,辄仰面长笑,声震空碧,遂惊寤。"

[8]不饮酒:对陶渊明嗜饮酒而言。《五柳先生传》:"性嗜酒,家贫不能常得。亲旧知其如此,或置酒而招之,造饮辄尽,期在必醉。"嗜食菜:用伯夷、叔齐采薇而食意。韩奕《食薇次韵》:"念昔高蹈者,茹之等奇珍","性苦益人脾,味淡夺天真。"荐饭:进食。

[9]"有招之者"三句:思肖不妄交接,见《写愤三首》解题。

[10]弃忘生事:不治生事。痴浊者:喻非同道之人。

[11]哆口:张口。洪迈《夷坚丁志》卷七"荆山客邸"条:"目瞪口哆,不复能言。"

[12]气润霄碧:气冲碧霄。刘禹锡《秋词二首》其一:"晴空一鹤排云上,便引诗情到碧霄。"

〔13〕 破衣垢貌:陶渊明《五柳先生传》:"短褐穿结。"皇皇然:奔走貌。

〔14〕 "能识一是之理"四句:思肖《七砺》:"天生忠义性,习俗岂能移?道在国常在,我知人不知。"

解梅嘲

舒岳祥

[解题] 舒岳祥字舜侯，宁海阆风里人，学者称阆风先生。早会朱、陆之论，宝祐四年成进士，授奉化尉。丁忧归，陈蒙总饷金陵，辟入幕府。入都订论《资治通鉴》。贾似道闻其名，有意援用。舒岳祥性简直，弃去不顾。宋亡不仕，筑篆畦，教授乡里。与胡三省、刘庄孙寓四明，有"天台三宿儒"之目。大德二年（1298）卒，年八十。事具刘庄孙《舒阆风先生行状》。著有《阆风集》。岳祥学有根柢，晚逢鼎革，遯迹著述。其诗友陶、杜，入元之作，不忘故国。

昨夜鸲鹆声婉娈[1]，斗觉春随呼唤转。今朝检历知立春，屋角梅花笑初鞔[2]。向人带笑复含瞋，瞋我今为异代民[3]。我语梅花勿瞋笑，四海已非唐日照[4]。尔花也是易姓花，憔悴荒园守空峤[5]。阆风自是可怜人，六十年来逢立春[6]。安危治乱几番见，到此三年哭断魂[7]。我是先朝前进士，贱无职守不得死[8]。难学夷齐饿首阳，聊效陶潜书甲子[9]。星回世换市朝新，头白空山与鬼邻[10]。更有横金拖紫客[11]，临危不死稳藏身。

——《四库全书》底本《阆风集》卷二

〔1〕 鸺鹠(xiū liú):角鸱,形似鸱鸮而小。郭璞《尔雅注》:"今江东呼鸺鹠为鸺鸮,亦谓之鸺。"仇兆鳌《杜诗详注》:"怪鸱,即鸺鹠,一名角鸱。鸣即雨,昼无见,夜即飞。"婉娈:美好。

〔2〕 "屋角"句:杜甫《舍弟观赴蓝田取妻子到江陵,喜寄三首》其二:"巡檐索共梅花笑,冷蕊疏枝半不禁。"辴(chǎn),笑貌。《庄子·达生》:"桓公辴然而笑。"

〔3〕 瞋笑:含笑嗔怪。异代民:即遗民。

〔4〕 "四海"句:唐王朝盛时,四海臣服,怀柔远夷。借言宋元鼎革,夷夏易位,已非昔日。唐日照,用明照四海之典。《礼记·经解》:"天子者,与天地参,故德配天地,兼利万物;与日月并明,明照四海,而不遗微小。"

〔5〕 易姓:改朝换代。空峤:空山。

〔6〕 阆风:舒岳祥自号。宁海有阆风山,在县北三十六里。宋人刘倓筑台于上,号阆风。岳祥所居近之。六十年来:按刘庄孙《舒阆风先生行状》,岳祥生于宋嘉定十二年十一月二十七日,卒于元大德二年六月十九日。由"六十年来"以推,此诗作于祥兴二年,是年十二月二十六日立春。

〔7〕 "安危"二句:德祐二年,元兵下临安,俘谢太后、宋恭帝。端宗赵昰即位,改元景炎。景炎三年,卫王赵昺即位,改元祥兴,国势危于累卵,终莫能支。哭断魂,韦庄《春愁》:"自有春愁正断魂,不堪芳草思王孙。"苏轼《正月二十日往岐亭,郡人潘、古、郭三人送余于女王城东禅庄院》:"去年今日关山路,细雨梅花正断魂。"

〔8〕 "我是"二句:宝祐四年,岳祥与文天祥、谢枋得、陆秀夫同年成进士。岳祥授奉化尉,丁忧归,不复仕,隐于林下。枋得抗元兵败,入闽而隐。天祥兵败,就义柴市。厓山之战,秀夫负幼帝赵昺投海死。

〔9〕 "难学"二句:谓难效伯夷、叔齐不食周粟,聊学陶渊明隐居栗里。夷齐饿首阳:见谢枋得《上丞相留忠斋书》注。陶潜书甲子,《宋书·陶潜传》:"自以曾祖晋世宰辅,耻复屈身后代,自高祖王业渐隆,不复肯仕。所著文章,皆题其年月,义熙以前,则书晋氏年号,自永初以来,唯云甲子而已。"

〔10〕 市朝新:谓朝代改易。杜甫《晚行口号》:"市朝今日异,丧乱几时休。"钱谦益《题丁家河房亭子》:"花边柳外市朝新,梦里华胥自好春。""头

白"句:言老死空山,意通"憔悴荒园守空峤"。

　　[11] 横金拖紫客:谓失节降元之宋官。横金拖紫,即横金拖玉,指官服盛装,地位显赫。

京 口 即 事（二首选一）[1]

顾炎武

〔**解题**〕顾炎武为一世通儒,学贯经史百家,能诗文,不为学问所掩。诗取法杜甫,沉郁刚健。弘光元年(1645),昆山知县杨永言荐顾炎武于朝,诏为兵部司务。春日由常熟赴南京,四月抵达。《京口即事》二首作于此际,壮心许国,其一有"祖生多意气,击楫正中流"之句,其二有"从军无限乐,早赋仲宣诗"之句。王冀民《顾亭林诗笺释》:"独怪今春已兆覆巢累卵之势,而二诗竟无邦国阽危之感,与去岁感事后四首颇不类。意者先生首次赴官,见危受命,故效王茂弘作新亭壮语乎!"此参酌王冀民《顾亭林诗笺释》,及清人徐嘉《顾亭林先生诗笺注》、近人王蘧常《顾亭林诗集汇注》,选录第一首。

白羽出扬州,黄旗下石头[2]。六双归雁落,千里射蛟浮[3]。河上三军合,神京一战收[4]。祖生多意气,击楫正中流[5]。

——王冀民笺释《顾亭林诗笺释》卷一,中华书局1998年版

［1］京口:在镇江东北,自东晋以来屹为重镇。弘光元年五月,清兵自京口渡江。

［2］"白羽"二句:去岁六月,江北四镇高杰、刘良佐、刘泽清、黄得功争驻扬州,高杰尤暴横。史可法令移瓜州,自镇扬州。八月,议北进。命高杰

驻徐州,自率兵进驻清江浦。白羽,犹白旗,借指分兵。语本《尉缭子·经卒令》:"左军苍旗,卒戴苍羽;右军白旗,卒戴白羽;中军黄旗,卒戴黄羽。"黄旗,军中旗帜,借指分兵。又寓王气所在。《三国志·吴志·孙皓传》注引《江表传》:"黄旗紫盖,见于东南。终有天下者,荆扬之君乎?"《宋书·符瑞志》:"汉世术士言:黄旗紫盖,见于斗牛之间,江东有天子气。"石头,石头城。故址在南京清凉山,本楚金陵城,建安间,孙权在江边险要处筑石城。后世以石头代称南京。

〔3〕"六双"二句:言奋起收复中原。"六双"句,用弱弓射雁故事。《史记·楚世家》:楚人有好用弱弓微缴射雁者,楚顷襄王召问,对曰:"昔者三王以弋道德,五霸以弋战国。故秦、魏、燕、赵者,鶀雁也;齐、鲁、韩、卫者,青首也;驺、费、郯、邳者,罗鸗也。外其余则不足射者。见鸟六双,以王何取?王何不以圣人为弓,以勇士为缴,时张而射之?此六双者,可得而囊载也。""千里"句:用汉武帝射蛟故事。《汉书·武帝纪》:"(元封)五年冬,行南巡狩,至于盛唐,望祀虞舜于九嶷。登潜天柱山,自寻阳浮江,亲射蛟江中,获之。舳舻千里,薄枞阳而出,作《盛唐枞阳之歌》。"

〔4〕"河上"二句:去岁十二月,史可法檄诸镇出兵,高杰渡泗水,薄睢阳,可法进次清江浦。河上,黄河。神京,帝都,指北京。

〔5〕"祖生"二句:用祖逖击楫中流故事。《晋书·祖逖传》:祖逖受命奋威将军、豫州刺史,"仍将本流徙部曲百余家渡江,中流击楫而誓曰:'祖逖不能清中原而复济者,有如大江!'辞色壮烈,众皆慨叹"。

精　卫

顾炎武

[解题]"生无一锥土，常有四海心。"（顾炎武《秋雨》）弘光元年（1645）五月十五日，清兵下南京。顾炎武从军苏州，六月，返常熟。是年秋，唐王遥授兵部职方司主事，以嗣母绝食殉国，未赴。明年，将赴唐王召，不果。是年清兵攻福建，唐王死。陈子龙、顾咸正、杨廷枢诸友先后死难，顾炎武顺治四年（1647）赋诗吊之。《精卫》一首亦作于是年。炎武虽知复国事遥，不肯变易其志，诗以精卫填海自喻。末云"西山衔木众鸟多"，呼应开篇"尔何空自苦"，感慨大厦已倾，同道者寡，寄寓鸿鹄不与燕雀同日语之意。王冀民《顾亭林诗笺释》："本年吴胜兆之狱，三吴义士尽受株连，或死、或遁、或隐，抗清义旗，遂不复举。于时先生亦生以庐墓自晦，《精卫》一诗，盖自喻也。陶靖节《读山海经》：'刑天舞干戚，猛志固常在。'刑天之喻，与先生同。徐嘉注竟附会唐王与曾妃事，极谬。结末燕鹊之喻，系推开一层，乃知同一衔木，所谋各异；同一遁隐，旨趣迥殊。先生咏物诗，当以此篇为第一。"

万事有不平，尔何空自苦？长将一寸身，衔木到终古[1]。我愿平东海，身沉心不改。大海无平期，我心无绝时。呜呼！君不见西山衔木众鸟多，鹊来燕去自成窠[2]。

——王冀民《顾亭林诗笺释》卷三，中华书局1998年版

〔1〕终古:永世。

〔2〕西山:即《山海经》所云精卫衔木石之西山。众鸟:与下句"鹊""燕",喻人各自营,既为伤时,亦自明志。《庄子·逍遥游》:"北冥有鱼,其名为鲲","蜩与鹦鸠笑之曰:'我决起而飞,抢榆枋,时则不至,而控于地而已矣,奚以之九万里而南为?'"《史记·陈涉世家》:"嗟乎,燕雀安知鸿鹄之志哉!"窠:巢。《说文解字》:"鸟在木上曰巢,在穴曰窠。"

感旧十四首（选二）

黄宗羲

〔解题〕黄宗羲亲历国变，厌弃雕章琢句，规模前人，持论诗道广大，必有根本，不必主奴唐、宋。生平赋咏二千余首，大都删汰散佚，《南雷诗历》所存不能多。入清之作，感慨世变，寄托心志，幽折峭拔，忳悒多思。《感旧十四首》咏陆符、刘城、沈士柱、祝渊、王毓蓍、周镳、杨廷枢、万泰、麻三衡、陆圻、林古度、韩上桂、孙嘉绩等人，伤怀故国人物，以诗为传。其人大都见于《思旧录》。此选咏同门祝渊与王毓蓍、复社友人杨廷枢二首。

刘门弟子祝王称，亦谓捐生似近名[1]。今日风波无畔岸，自惭不值一钱轻。祝渊、王毓蓍[2]。

维斗危身自丙寅，人中此日效灵均[3]。于今名士皆生色，此是吾侪复社人。维斗丙寅击缇骑，几与五人同祸[4]。

——清乾隆间郑大节刻本《南雷诗历》卷一

[1]"刘门"二句：刘门弟子，即蕺山门人。刘宗周字起东，号蕺山，山阴人。万历二十九年进士，授行人。崇祯间，累迁左都御史。弘光时，起兵部右侍郎。顺治二年六月，清兵将渡江，宗周绝食死。宗周讲学林下，举证人社，从学者众，号蕺山学派。宗羲与祝渊、王毓蓍皆其高弟子。南都亡，蕺山门人或奔走抗清，或遁隐山谷，或以死明义。祝、王即率先捐生殉国者。

祝渊字开美,海宁人。崇祯六年举人。顺治二年六月,自缢死,年三十五。宗羲《弘光实录钞》卷四:"有难之者曰:'子以草莽而死节,无乃过乎?'渊曰:'吾以上书为世指名。夫名之所在,攘臂而争之;害之所在,畏首而避之,此何异市井贩夫之智也?'"毓蓍字玄趾,会稽诸生。尚节气,重然诺。顺治二年,清兵将至杭,官吏迎降。毓蓍作《致命篇》,揭于通衢。六月,投水死,年三十九。见《南疆逸史·王毓蓍传》《石匮书后集·王毓蓍传》。宗羲《思旧录》:"及改革之际,上书请先生自裁,无为王炎午所吊,玄趾亦自沉柳桥之下。先师曰:'吾数十年来,止得此一门人。'"

[2]"今日"二句:自惭草间偷活,愧对师门,意通吴伟业《贺新郎·病中有感》:"故人慷慨多奇节。为当年、沉吟不断,草间偷活","早患苦、重来千叠","竟一钱不值何须说"。然宗羲实不愧道德完人。风波,喻遭遇不幸。无畔岸,无边无尽。畔岸,边际。不值一钱轻,不值一钱,语本《史记·魏其武安侯列传》:灌夫骂程临汝侯曰:"生平毁程不识不直一钱,今日长者为寿,乃效女儿呫嗫耳语。"

[3]"维斗"二句:杨廷枢字维斗,吴县诸生,以气自任,为复社眉目。崇祯三年,举乡试第一。南都陷,隐邓尉山。顺治四年四月,吴胜兆反清,廷枢门人戴之隽为运筹。事败,词连廷枢,被执。五月一日,会鞫于吴江泗洲寺,巡抚命薙发。廷枢曰:"砍头事小,薙头事大。"乃就刑,年五十三。见《明季南略·杨廷枢坐门人戴之隽事死》。丙寅,天启六年。魏奄矫旨逮周顺昌,激吴民之变,廷枢与诸生王节等诘责应天巡抚毛一鹭,继与颜佩韦等击锦衣卫官旗。一鹭告变,杀佩韦等五人,廷枢幸免。宗羲《思旧录》:"丙寅,捶死校尉,焚驾帖,维斗与焉,仅而得免。"效灵均,效屈原死国。屈原名平,字灵均。《离骚》:"名余曰正则兮,字余曰灵均。"

[4]吾侪:我辈。复社人:宗羲与廷枢皆列名复社。南都亡,东南死节多复社名士。

两异人传

黄宗羲

〔解题〕《孝经》云:"身体发肤,受之父母,不敢毁伤,孝之始也。"顺治二年(1645)六月,薙发令下,汉人士子不甘受辱,引颈受戮,或逃于空门,匿居土室,遁隐深谷,徙居海外。戴名世《王学箕传》:"杜子美诗曰:'丧乱多死门。'明之士民死于饥馑,死于盗贼,死于水火,后又死于恢复,几无孑遗焉。又多以不薙发死,此亦自古之所未有也。"汉人士子视薙发为刑余,如屈大均《长发乞人赞》所云"髡也不如""无发则鬼",抗行不屈。黄宗羲抗清失败后,著文表彰节烈,存续道义。《两异人传》载"避世之最善者"二人,一失其名,一为余姚诸士奇,虽得于传闻,实非无据,生动记录了清初江南士民心系民族家国的一段痛史。

  自髡发令下,士之不忍受辱者,之死而不悔[1]。乃有谢绝世事,托迹深山穷谷者;又有活埋土室,不死闻于比屋者[2]。然往往为人告变,终不得免。即不然,苟延蝣晷[3],亦与死者无异。鸿飞冥冥,弋者何慕[4]?求其避世之最善者,以四海之广,仅得二人焉。

  温州雁宕山,其顶有宕六七区,雁去来其间,由是得名[5]。元李五峰作记时,犹有两庵。山鼠如小儿,寒夜共人向火[6]。是后庵废,樵径塞断。余辛巳岁游雁山[7],欲登其顶,问途而不得。闻丙戌间[8],有徐姓者,莫详其名,不肯剃发,约其宗族数十人,携牛羊鸡犬,菜谷之种,耕织之具,凡人世资生之所需者毕备,攀援而上,剪茅架屋数十间,随塞来路。去之三十年,其亲串曾莫得其音尘,不知其生死如何也。昔陶渊明作《桃花源记》,古今想望其高风,如三神山之不可即,然亦寓言,以见秦之暴耳[9]。秦虽暴,何至人人不能保有其身体发肤?即无桃花源,亦何往而不可避乎?故是时之避地易,而无有真避者;今日之避地难,徐氏乃能以寓言为实事,岂可及哉[10]!

诸士奇,字平人,姚之诸生也[11]。崇祯间与里人为昌古社,效云间几社之文[12]。两京既覆,遂弃诸生,载《十三经》《二十一史》[13],入海为贾。其时日本承平,悬金购中国之书,士奇至,日本试之以文,善之,曰:"自大唐之来吾土者,莫不自言为相公。此乃真相公也。"[14]三十年不返,族人皆疑其已死。余近遇补陀僧道弘,言日本有国师诸楚宇,余姚人也,教其国中之子弟,称诸夫子而不敢字[15],尝一至补陀,年可六十矣。余因详讯其状貌,则楚宇为士奇之别号也。余尝友士奇,不知其有异也。使后世而有知士奇,当有愿为之执鞭者,然则毋谓今人不如古人,交臂而失之,似余之陋也[16]。

蜀郡任永、冯信不肯仕公孙述,皆托青盲,至妻淫于前,子入于井而不顾[17]。余读史而甚之,以为何至于是,及身履其厄,而后知其言之可悲也。

——清萧穆抄本《南雷集外文》

[1]薙发令:谓薙发令。顺治二年六月,清兵下苏州,颁薙发令,令士民"薙发留辫"。东南士民多宁肯全发死,不愿薙发者。古时"蛮夷"有"髡发齐眉""文身髡发"之习。此髡发更有别指。

321

[2] 活埋土室:《后汉书·袁闳传》:"延熹末,党事将作。闳遂散发绝世,欲投迹深林。以母老,不宜远遁,乃筑土室,四周于庭,不为户,自牖纳饮食而已。"不死闻:《老子》:"鸡犬之声相闻,民至老死不相往来。"比屋:屋舍相邻,借指邻人。

[3] 蜉蝣:喻短暂生命。陶弘景《水仙赋》:"佥自安于蜉蝣,编无羡于鹄年。"蜉蝣朝生暮死,《淮南子·诠言训》谓"不过三日"。

[4] "鸿飞冥冥"二句:言不如远走避祸。典出扬雄《问明篇》:"曰:'治则见,乱则隐。鸿飞冥冥,弋人何慕焉?'"冥冥,高远。弋,射猎。

[5] 雁宕山:在乐清县东九十里,绵亘数百里,有紫极峰、天柱峰、卓笔峰、招贤石、大龙湫诸胜,峰峦怪奇。"其顶有宕六七区"三句:李孝光《雁宕山记》:"客问山以雁名,胡谓也? 予为言长老相传,绝顶上有大湖,冬春雁过入南海,常栖止其中,居人以为名。"宕:同"荡",浅水湖。

[6] 李五峰:李孝光字季和,号五峰,乐清人。隐雁荡五峰下,率众讲学。至正间,召为秘书监著作郎,迁秘书监丞。著有《五峰集》二十卷、《雁山十记》。《元史》有传。"山鼠如小儿"二句:李孝光《雁宕山记》:"山上无膏烛,地炉中烧木叶苇竹。山鼠来,与人相向坐。"

[7] "余辛巳岁"句:崇祯十三年庚辰岁末至十四年辛巳春,宗羲往来台越,暇日游天台、雁宕诸胜,有《台雁笔记》一卷。

[8] 丙戌:顺治三年。是年六月,清兵渡钱塘江,严令薙发易服。

[9] "昔陶渊明"五句:陶渊明《桃花源记》所记为假托,故曰"寓言"。秦恃武力兼并天下,多暴政,故云"以见秦之暴"。三神山:蓬莱、方丈、瀛洲。《史记·秦始皇本纪》:"齐人徐市等上书,言海中有三神山,名曰蓬莱、方丈、瀛洲,仙人居之。"

[10] "秦虽暴"九句:借秦时避地易,今日避地难,隐斥满人之暴甚于秦人。

[11] 诸士奇:今或谓即清初避地日本的朱之瑜。之瑜先祖改姓诸。《两异人传》所记士奇至日本事,得自普陀僧道弘,与之瑜事迹不甚合,姑可存疑。之瑜字楚屿,号舜水,余姚诸生。弘光时,荐授江西按察司副使,不赴。黄斌卿镇舟山,之瑜往依之。与冯京第往日本乞师,未果。后寓居东瀛,讲良知之学。著有《朱舜水集》。见荀任《朱、张二先生传》。

[12] 昌古社:崇祯九年、十年间,余姚士子里中结昌古社,诸硕庵、诸来聘主之。陈子龙闻其才名,招入几社。硕庵、来聘因与昌古诸务讲经世之学。见黄宗羲《诸硕庵六十寿序》。来聘字九征,初名圣学,明季诸生。光绪《余姚县志》卷二十三《列传十五》:"居邑之第十堡,构昌古斋,藏书万卷。与符如龙、诸如锦、周肇修、诸奇士结社,互相砥砺,名动四方。"云间几社:云间,谓松江。崇祯二年,陈子龙、夏允彝、徐孚远、周立勋、杜麟征、彭宾创立几社,文会之余,颇事古学。

[13] 两京:明北京、南京。北都覆于崇祯十七年三月,南都覆于翌年五月。《十三经》:《易》《书》《诗》《周礼》《仪礼》《礼记》《春秋左氏传》《春秋公羊传》《春秋穀梁传》《论语》《孟子》《孝经》《尔雅》。《二十一史》:《史记》《汉书》《后汉书》《三国志》《晋书》《宋书》《南齐书》《梁书》《陈书》《魏书》《北齐书》《周书》《隋书》《南史》《北史》《新唐书》《新五代史》《宋史》《辽史》《金史》《元史》,明时合称"二十一史"。

[14] 相公:诸生之称。

[15] 补陀:梵语补陀落迦(Potalaka)音译,又写作普陀、补陁。普陀落迦山,一名梅岑山,今属舟山。国师:犹宾师,不居官而尊者。苟任《朱张二先生传》载朱舜水在日本,"水藩主德川光国聘为宾师,宠待孔厚"。黄宗羲所记诸士奇事,与之相类,且谓"楚宇"为士奇别号。未详其误信传闻,移朱舜水事于诸士奇,抑或朱舜水即诸士奇。

[16] 执鞭:持鞭驾车,指景仰追随。《论语·述而篇》:"富而可求也,虽执鞭之士,吾亦为之。"《史记·管晏列传》:太史公曰:"假令晏子而在,余虽为之执鞭,所忻慕焉。"交臂而失之:失之交臂,语本《庄子·田子方》:"吾终身与汝,交一臂而失之,可不哀与?"

[17] 任永:字君业,西汉末犍为人。冯信:字季诚,西汉末广汉郡郪人。《后汉书·李业传》:"是时犍为任永及业同郡冯信,并好学博古。公孙述连征命,待以高位,皆托青盲以避世难。永妻淫于前,匿情无言。见子入井,忍而不救。信侍婢亦对信奸通。及闻述诛,皆盥洗更视,曰:'世适平,目即清。'淫者自杀。光武闻而征之,并会病卒。"公孙述:字子阳,扶风茂陵人。王莽末起,豪杰并起,公孙述自为辅汉将军、蜀郡太守。建武元年,自立为帝,建元龙兴。建武十二年,刘秀遣师讨灭之。见《后汉书·公孙述传》。

关　键　词

天下兴亡

天下兴亡,源于孔子"为政以德""天下有道"、孟子"保天下""保民而王"之说,具体指向以"仁义""王道""平治"标准来评判天下"兴"与"亡",与国家兴替、国家存亡并非同一概念。在儒家传统观念中,天下兴亡不等同于国家存亡。如径谓国家兴亡即天下兴亡,不加区别,实不免于误解。孔、孟怀"平治天下"之志,欲拯溺天下。其所谓"兴亡",非指一家之天下的兴替或诸侯国的存亡,而重在仁义是否行施,生民是否安乐,治国是否有道。《孟子·梁惠王上》载梁惠王问:"德何如则可以王矣?"孟子曰:"保民而王,莫之能御也。"《孟子·梁惠王下》则曰:"乐天者保天下,畏天者保其国。"《孟子·尽心下》又指出:"不仁而得国者有之矣,不仁而得天下未之有也。"言天下兴亡,所指甚大,故孟子将"保天下"与"保国"相区别开来。顾炎武《日知录·正始》概括这一思想说:"有亡国,有亡天下。亡国与亡天下奚辨?曰:易姓改号,谓之亡国;仁义充塞,而至于率兽食人,人将相食,谓之亡天下","是故知保天下,然后知保其国。保国者,其君其臣肉食者谋之;保天下者,匹夫之贱,与有责焉耳矣!"以"保天下""保民"为本,崇尚仁义、德道、礼乐,从而审视天下"兴亡",构成儒家独具价值的"天下"观与"兴亡"观。而不拘于一家之天下的存亡,这也超越了一般意义上的国家兴亡观。儒家的天下兴亡观虽形成甚早,但"天下"与"兴亡"联用,至宋以后始大流行(如苏辙《诗论》

"其言上及于君臣父子、天下兴亡、治乱之迹"),此前多用"天下存亡"代之。

匹夫有责

匹夫有责,源于孔、孟担当天下之身体力行与言说倡导,具体指向士民百姓关心天下兴亡,勇于担当其责。"匹夫"一词,在《论语》《孟子》中多次出现。孔、孟所说的"匹夫",即庶人、小民、百姓。在孟子、荀子看来,匹夫与天子之别乃在"穷""势"不同。孟子称尧、舜皆"匹夫而有天下"。"有责",责意为任,"有责"即承任、担当。《论语》不言"有责"而言"己任"。其中载曾子曰:"士不可以不弘毅,任重而道远。仁以为己任,不亦重乎?死而后已,不亦远乎?"(《论语·泰伯篇》)孔子身体力行,每曰"以吾从大夫之后,不敢不告也"(《论语·宪问篇》),"如有用我者,吾其为东周乎?"(《论语·阳货篇》),时人称其"知其不可而为之"(《论语·宪问篇》)。孟子则说:"如欲平治天下,当今之世,舍我其谁也?"(《孟子·公孙丑下》)匹夫有责,与儒学的天下兴亡观联为一体。顾炎武《日知录·正始》概括说:"保天下者,匹夫之贱,与有责焉耳矣!"梁启超《变法通议·论幼学》接踵顾氏说:"夫以数千年文明之中国,人民之众甲大地,而不免近于禽兽,其谁之耻欤?顾亭林曰:'天下兴亡,匹夫之贱,与有责焉已耳!'人人以为吾无责也,其亡忽焉也;人人以为吾有责也,其兴浡然也。"清末民初学者喜言匹夫有责。今人以"天下兴亡,匹夫有责"为固定用语,或谓出自梁启超,不免误解。梁氏未直提此语,按文献记载,此语较早见于尚秉和《辛壬春秋·清臣殉难记》:江阴赵彝鼎尝自称:"国家兴亡,匹夫有责。"匹夫关心天下兴亡,以身作则,体现了庶人担当天下的精神,其义重在"保天下""保民"。

道存国存

道存国存,原为荀子之说,与孟子"保天下"之说相辅相成,构成儒家天下兴亡之辨的核心内容,指向以"有道"为标准,衡量国家兴亡。《荀子·君道篇》云:"道者何也?曰:君道也。君者何也?曰:能群也。能群也者何也?曰:善生养人者也,善班治人者也,善显设人者也,善藩饰人者也","四统者俱而天下归之,夫是之谓能群。不能生养人者,人不亲也;不能班治人者,人不安也;不能显设人者,人不乐也;不能藩饰人者,人不荣也。四统者亡而天下去之,夫是之谓匹夫。故曰:道存则国存,道亡则国亡。"孟子求能"保天下""安天下之民",荀子所论"道存则国存,道亡则国亡"与之同调。就儒家所辨"兴亡"而言,国亡不意味天下亡,国兴不意味天下兴。当君道不失,国家遭遇大厄,"保天下"与"保国"合为一体,宋朝士民抗元,明朝士民抗清,俱是"保国"而"保天下"。宋、明之社既屋,士民犹多不屈,以"道存"求"国存"。如郑思肖《一是居士传》所云:"大宋粹然一天也,不以有疆土而存,不以无疆土而亡。"顾炎武《日知录》所说明于"大义",即是知"保天下"与"保国"之别,亦即知"道存则国存,道亡则国亡"之理。章炳麟《革命道德说》指出:"昔顾宁人以东胡僭乱,神州陆沉,慨然于道德之亡","匹夫有责之说,今人以为常谈,不悟其所重者乃在保持道德,而非政治经济之云云。"

夷夏之辨

夷夏之辨,通于"夷夏大防",是中华传统文化中的重要观念,指向崇尚衣冠礼乐、仁义道德。衣冠礼乐,仁义为本,是华夏文明的创造,始于唐虞,奠立于三代,孔子集其大成。《论语·八佾篇》:"子曰:'夷狄之有君,不如诸夏之亡也。'"其意指华夏无君,而礼乐、仁义犹存,夷狄虽有君,终归于野蛮。孔子贬斥夷狄,立于礼乐、仁义之上。所谓夷夏之辨,其根本即在明于"文明"。重衣冠礼乐,崇信仁义,是华夏民族的立根之本,也是华夏民族信仰的核心。因此,"夷夏"亦成为判断天下兴亡的重要标准。如郑思肖持"夷夏大防"以辨"正统",议论激烈。《古今正统大论》云:"中国之事,系乎正统;正统之治,出于圣人","夷狄行中国事,非夷狄之福,实夷狄之妖孽",《中庸》曰:'素夷狄行乎夷狄。'此一语盖断古今夷狄之经也","君臣华夷,古今天下之大分也,宁可紊哉!"郑思肖尊华夏,抑夷狄,以夷狄入主中原为天下灭亡。夷夏之辨有一定的民族狭隘性,但又非纯粹的民族自大,其实质是崇尚仁义道德、礼乐文明制度,不当视为落后的观念。

舍生取义

舍生取义,是与"天下兴亡,匹夫有责"密相关联的一种传统价值观,指向重仁义道德,轻世俗利禄,乃至轻生死,甘为天下兴亡、道存国存而捐躯献身,抛头颅,洒热血,九死不悔。舍生取义,语本《孟子·告子上》:"生,亦我所欲也;义,亦我所欲也。二者不可得兼,舍生而取义者也。生亦我所欲,所欲有甚于生者,故不为苟得也。死亦我所恶,所恶有甚于死者,故患有所不避也。"儒家重义轻利,然生死事大,于生死关头当作何抉择?孟子的主张是舍生取义。此亦即司马迁《报任少卿书》所说:"人固有一死,或重于太山,或轻于鸿毛。"儒家又重于"有为",讲求有补于世,不赞同无谓的轻生死。《论语·宪问篇》载孔子曰:"岂若匹夫匹妇之为谅也,自经于沟渎,而莫之知也。"邢昺疏:"谅,信也","言管仲志在立功创业,岂肯若庶人之为小信,自经死于沟渎中,而使人莫知其名也。"(《论语注疏》)数千年来,值天下变故,士民百姓多以身许国,舍生忘死,不畏险虞,如屈原《离骚》所云"亦余心所之向兮,虽九死其尤未悔",文天祥《过零丁洋》所云"人生自古谁无死,留取丹心照汗青",夏完淳《狱中上母书》所云"人生孰无死,贵死所耳",林则徐《赴戍登程,口占示家人》所云"苟利国家生死以,岂因祸福避趋之",谭嗣同《狱中题壁》所云"我自横刀向天笑,去留肝胆两昆仑",谱写出一曲曲雄壮的悲歌,而舍生取义也成为传统价值观的核心内容之一。

从容就义

舍生取义,是中华传统价值观的核心内容之一,而舍生往往有先后、缓急之异,故世人又有"慷慨杀身""从容就义"之辨。士民百姓激于一时大义,"慷慨杀身",固可称道,然宋代以后士论颇议"从容就义",以为较之更难。《二程遗书》卷十一《师训》云:"感慨杀身者易,从容就义者为难。"《朱子语类》卷九十六载:"从容,谓徐徐。但义理不精,思之再三,或汩于利害,却悔了,此所以为难。"黄宗羲《兵部左侍郎苍水张公墓志铭》云:"语曰:'慷慨赴死易,从容就义难。'所谓慷慨、从容者,非以一身较迟速也。扶危定倾之心,吾身一日可以未死,吾力一丝有所未尽,不容但已。"究其所辨,盖在强调舍生,如非一时慷慨,必深明大义而始能如此。今以从容就义为成语,通常释作为正义牺牲,无所畏惧。大抵无误,但不辨慷慨与从容之别,仍未尽得其实。

忧危竑议

忧危竑议,是匹夫担当天下精神的一种具体外现。儒家论天下之"亡",指向乱世道丧。匹夫忧怀天下,起而救之,竭其思虑,发为竑论正议,辨明是非,陈说大义,进献良策,以为经邦济世之用。如贾谊上《陈政事疏》,欧阳修作《朋党论》,陈东上《登闻检院上钦宗皇帝书》,胡铨上《戊午上高宗封事》,陈亮上《中兴五论》《上孝宗皇帝第一书》等,辛弃疾进《美芹十论》,叶伯巨上《万言书》,解缙上《大庖西封事》,方孝孺作《深虑论》,王阳明上《奏闻宸濠伪作檄榜疏》,海瑞上《治安疏》,汤显祖上《论辅臣科臣疏》,杨涟上《劾魏忠贤二十四大罪疏》,黄尊素上《劾奏逆阉魏忠贤疏》,刘宗周上《恸哭时艰疏》《明国是疏》《冒死陈言疏》,龚自珍作《明良论》,章炳麟作《革命道德说》等皆是。或进中兴之略,或陈治安之策,或献除弊之计。或举证古今,婉作风戒,或指摘时弊,直言极谏。其人或为布衣,或为朝中正士,或为下层文吏。以直言获罪而死者,不胜枚举,以上列举陈东、叶伯巨、杨涟、黄尊素俱以直言死。这种抗论直言之行,古人常称之为批鳞直谏、批鳞折槛、批鳞请剑、批逆龙鳞。《论语·宪问篇》:"子曰:'邦有道,危言危行;邦无道,危行言孙。'"邦无道,士人犹"危言危行",正体现了士人竭忱天下、百折不屈的精神。